普通高等教育“十一五”国家级规划教材

国家自然科学基金50779045和中国博士后科学基金20080440681项目资助

港口航道工程导论

Gangkou Hangdao Gongcheng Daolun

● 李炎保　蒋学炼　编著
● 顾民权　主　审

特邀审阅　刘济舟　梁应辰　吴　澎
黄景瑗　王海滨　彭玉生

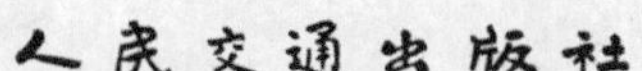

内 容 提 要

本书为港口航道与海岸工程专业普通高等教育"十一五"国家级规划教材,全面扼要地介绍了该专业的基本知识和当代港口航道工程技术的发展。全书由正文和附录两部分构成。正文共6章,包括绪论、港口水域与水工建筑物、河港及内河航道工程、港口航道工程项目管理与法律法规、港工技术实务、中外港口及港工技术发展。附录收录了5篇我国港口航道工程创新成果的文献,以帮助读者从更广阔的视野了解港口航道工程技术的新发展。

本书是港口航道与海岸工程专业大学本科教科书;也可作为土木、水利、交通运输、工程管理等相关专业为拓宽专业口径而设置的港口航道课程的教材;还可供从事港口航道工程建设与管理的工程技术人员参考。

图书在版编目(CIP)数据

港口航道工程导论/李炎保,蒋学炼编著.—北京:人民交通出版社,2010.5

ISBN 978-7-114-08237-5

I.港… II.①李…②蒋 III.①港口工程-高等学校-教材 ②航道工程-高等学校-教材 IV.U6

中国版本图书馆 CIP 数据核字(2010)第025633号

普通高等教育"十一五"国家级规划教材

书　　名:港口航道工程导论
著 作 者:李炎保　蒋学炼
责任编辑:钱悦良
出版发行:人民交通出版社
地　　址:(100011)北京市朝阳区安定门外外馆斜街3号
网　　址:http://www.chinasybook.com
销售电话:(010)64981400,59757915
总 经 销:北京交实文化发展有限公司
印　　刷:北京虎彩文化传播有限公司
开　　本:787×1092　1/16
印　　张:12.375
插　　页:1
字　　数:294千
版　　次:2010年6月第1版
印　　次:2023年8月第8次印刷
书　　号:ISBN 978-7-114-08237-5
定　　价:30.00元

序

港口是水路与陆路运输转换的枢纽，航道是水路运输的载体，港口与航道是综合运输的重要组成部分，是发展国民经济的重要基础，在经济全球化的今天，更是参与全球经济合作与竞争的战略资源。改革开放以来，我国的港口与航道得到迅速发展，形成了水运基础设施的合理布局，沿海地区建设了举世瞩目的大型原油、铁矿石、煤炭、集装箱码头；内河航道条件大为改善，港口的专业化、机械化水平不断提高，中国水运工程的技术水平正在引领着全球的发展方向。

在30年大规模的港口、航道建设中，国家从经济社会发展需求和有效利用资源出发，开展了全国、分区域港口与航道布局规划。在宏观规划指导下，各地区、各港口分别编制了各自的发展规划，科学规划成为水运发展建设的指导性文件。为合理开发港口、航道资源，勘查、科研、设计单位开展了大量的研究工作，为工程实施奠定了基础。针对中国辽阔的幅员、复杂各异的建设环境，我国工程技术人员创造了无数先进的工程技术和管理理论。30余年的水运发展，我们已经形成了完整的规划管理、前期研究、工程建设和标准规范等体系，并在实践中收到良好的效果。

本书是在当前港口与航道建设与管理已形成体系的基础上编写的，包含了基本概念、工程技术、项目管理与法律法规；技术实务包括了港口规划与前期工作、工程勘察、科研、设计、施工、维护全过程；并引荐了中外港口的发展概况。作为导论，本教材给予初入该行业的学生和水运工作者一个考虑问题的框架和思路，引导大家进入工作状态时应该考虑哪些问题，需要掌握和学习哪些知识，有什么工程实例可以借鉴。但是真正深入解决问题，还是需要气象、水文、地质地貌、工程力学、港口航道工程、社会经济等各领域深入的基础理论学习。

相信本导论会对大家的学习和行业入门给予帮助。

蒋　千

交通运输部原总工程师

2010年4月23日

前言 Qianyan

《港口航道工程导论》作为普通高等教育"十一五"国家级规划教材，是本专业第一本全面介绍专业知识和学科体系、引导读者入门的教科书。此教材以积累20年教学经验、经过三轮修改、校内多年使用的天津大学港口航道与海岸工程专业《港口航道工程概论》讲义为基础，吸收了同学们对前三轮讲义的意见和建议，充分运用本课程作为高等学校水利学科新世纪教改立项、天津大学大学生文化素质教育教改立项、天津大学优秀课程建设三个验收评审均获得优秀项目的教学改革成果，按照港口航道与海岸工程专业国家特色专业建设指导思想而编著。力求构建帮助读者全面扼要掌握专业基本知识，了解当代港航工程科学发展，提高文化和专业素质的知识体系。

《港口航道工程导论》的编写，受益于国家经济高速平稳可持续发展对水运工程建设的旺盛需要，受益于"三年改变港口面貌"以来30多年，特别是新世纪我国水运工程科技水平的迅速提高，受益于水运工程界对经验总结和理论深化的重视。教材吸收了近年来港口航道工程专著、教材、期刊论文及其他科研成果、工程总结和技术经济统计数据。借鉴了土木工程、水利工程、海洋工程、工程管理等多本专业概论教材，在内容取舍、布局谋篇上取百家之长，根据港口航道工程专业特点和现代高等工科教育强调人才综合素质和创新能力培养的需要，在系统介绍专业基本知识之外，着意安排了专业特点和基本内容的概括、工程事故和工程灾害分析、防波堤技术进展、通航水利枢纽、港口航道工程项目总承包、水运工程规范标准体系、港口工程法律法规体系、包括从港口规划与前期工作、项目实施到设施维护管理全过程各阶段工作要点的港工技术实务、世界港口分布、中外港口发展与著名港口选介、港口工程技术发展趋势分析、新世纪我国港口航道工程技术创新与研究方向等内容，介绍了高等学校港口航道与海岸工程本科培养目标和课程设置。本书附录从交通部编撰的《水运工程技术创新文集》中选取了介绍长江口深水航道治理、上海港外高桥港区现代集装箱码头建设集成创新技术、洋山深水港外海建港技术、山区河流航道整治和湘江航运开发株洲航电枢纽工程关键技术5个技术创新项目的文献，利用这些代表性的工程实例和科研成果展示新世纪我国港口航道工程技术的成就。

本书的编写经过了初稿、专家审阅稿和最终稿三个阶段。参加初稿编写的有:李炎保(第一章第一、二节,第二章第一、三节、第六章第三节)、卢昭(第一章第三节)、蒋学炼(第二章第二、四节,第三章)、徐少鲲(第四章)、庄茜(第五章)、徐梦珍(第六章第一节)、吴米玲(第六章第二节)。专家审阅稿和最终稿由李炎保、蒋学炼完成。插图由徐少鲲、蒋学炼、刘璠、黄东旭、赵雁飞、谭凤等整理。

编著者衷心感谢港口航道工程界多位专家两度审阅本书书稿。国家设计大师、中交第一航务工程勘察设计院有限公司原总工程师顾民权教授接受邀请担任本书主审。参与审阅的专家有:中国工程院刘济舟、梁应辰院士,国家设计大师、中交水运规划设计院吴澎副院长、总工程师,湖南交通科学院原副总工程师黄景瑗,中交第一航务工程局有限公司原副总工程师王海滨,中交水运规划设计院有限公司第一设计所彭玉生所长。专家们诸多宝贵修改建议,使本书内容更加充实、实用,更能反映当代港口航道工程技术水平,并改正了若干谬误。

衷心感谢交通运输部原总工程师蒋千为本书作序并提出补充修改建议。

本书广泛引用了书末参考文献所提供的研究成果和观点,谨向参考文献作者致谢。并感谢中交第一航务工程局有限公司岳铭滨副总工程师、中交第一航务工程勘察设计院有限公司柴信众副院长,中交第三航务工程勘察设计院有限公司程泽坤总工程师,交通运输部天津水运工程科学研究院航道研究室主任李一兵研究员,交通运输部规划研究院孙国强主任工程师、李蕊工程师,湘江航运建设开发公司甘茂辉工程师等业界人士对本书编写所给予的帮助。

教材定稿仓促,编者水平有限,书中不妥之处,敬请批评指正。

编著者

2010年4月10日

目录 Mulu

第一章　绪论

第一节　港口与港口航道工程的基本概念

一、定义

港口按其功能与作用可定义为水陆联运的交通枢纽,国民经济的基础设施。港口功能与作用通过对进出港口的船舶、车辆、货物的服务来实现。服务船、车、货是港口的基本功能,根据这一基本功能,辞书和港口工程专业著作通常以“具备一定设施和条件,供船舶停泊、人员上下、货物装卸与转换运输方式,并为船舶提供各种服务的场所”来定义港口。在世界经济一体化的今天,港口正向国际贸易综合物流枢纽和国际贸易后勤基地等多功能方向发展。

按照用途,港口可分为商港、军港、渔港、游艇港、避风港等。按照所处位置,港口可分为河口港、海港和内河港等。鉴于普通高等院校所设港口航道与海岸工程专业,基本以商港为主要教学内容,因此本书编写重点亦在于此。

为实现所承载的各项功能,港口必须拥有足够的水域、陆域和码头等设施。港口工程即兴建港口所需各项设施的工程技术的总和,包括港址选择、工程规划设计及各项设施的修建与维护(如各种水工建筑物、装卸设备、系船浮筒、航标等)。港口工程是土木水利工程的分支学科,与土木水利工程的许多分支,如水文水资源、治河工程、道路工程、铁路工程、桥梁工程、房屋工程、给水和排水工程等保持密切的联系。

航道是港口的重要组成部分。除了港口组成中作为港内外水上通道的航道,一般意义的航道是“以组织水路运输为目的,在江河湖海及港湾水库中可供规定尺寸的船舶航行的水域。”沿海航道开发和内河航道整治各有其独特的工程特点。通常将沿海航道开发纳入海港总体布置或河口海岸动力学的研究范围,内河航道整治则相对于港口工程独立存在,是航道工程的主要研究内容。航道工程与港口工程一起形成了土木水利工程的一个独立学科分支,这是港航工程的学科定位。本书部分章节分别讲述港口工程和航道工程各自涉及的专门技术,部分章节则介绍它们的共同特性,相应章节标题对此有所说明。

作为交通运输基础设施建设业务,港口航道工程又称为“水运工程”。本书多数章节以“港口航道工程”表述,但在第四章讲述港口与航道工程标准规范和法规体系时,按照本行业标准规范管理习用术语,采用“水运工程”的称谓。

二、港口的组成

为实现水陆联运交通枢纽的功能,港口需要具备各类配套设施,依据空间划分,港口主要由水域、码头和陆域组成,图 1-1-1 为港口组成示例。

1. 港口水域

为港界以内、供港口专用的水域,用以供来港船舶进出,在港内航行、停泊、靠离码头、装卸以及进行其他水上作业。港口水域要求有比较平稳的水面、满足船舶操纵需要的范围与足够的水深、良好的挂锚土质和恰当的布置。

2. 港口码头

是港口不可缺少的建筑物,处于水域和陆域交界的部位,用于停靠船舶、上下旅客和装卸货物,是港口生产活动的中心。为实现港口码头功能,除了码头水工建筑物以外,还应布置码头前方作业地带、仓库堆场和连接通道。

本书第二章将详细介绍港口水域组成与布置、码头建筑物分类与结构。

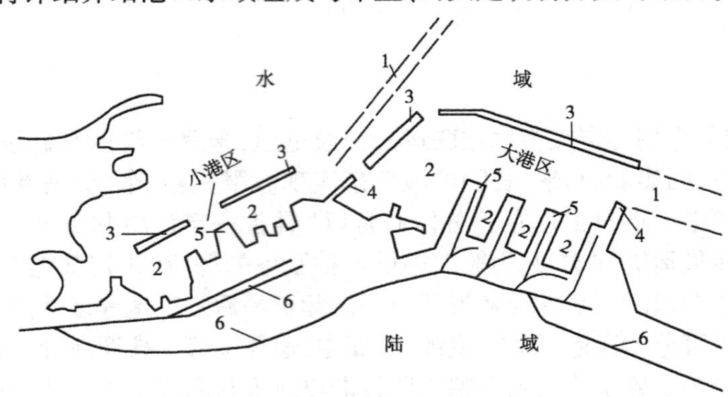

图 1-1-1 港口组成示例

1-进港航道;2-港池;3-岛式防波堤;4-突堤式防波堤;5-码头;6-铁路

3. 港口陆域

包括装卸、仓储、集疏运、生产生活辅助及船舶航修站等设施。装卸机械包括用于码头前方、库场内和船舱内的各种起重、装卸、搬运机械。仓库、堆场供货物在装船前或卸船后短期存放,其中矿石、钢铁等不怕日晒雨淋的货物,可在堆场储存。在客运码头上设置客运站,供旅客候船休息。集疏运设施包括道路、铁路、管道、内河水道等。港内道路和铁路供运输机械运行,并与城市道路、铁路和疏港道路相连接。铁路是我国许多港口集疏运的主要方式,一般在库场前后设置专用线,码头附近还设有分区车场,对来往装卸线的车辆进行编送。生产生活辅助设施主要包括:①给排水设施;②供电系统;③通信设施;④辅助生产建筑,如流动机械库、机械修理厂、消防站、办公楼等;⑤消防设施;⑥环保设施,如散货堆场的洒水除尘、防尘网等;⑦安全生产设施。随着现代港口商业贸易功能的拓展,现代港口的通信设施已发生了质的变化,表现为以通信网络传递为基础,结合具有一定结构特征的标准经济信息和计算机系统,实现贸易事务文件的非纸质处理,即电子数据交换。图 1-1-2 为原油码头陆域组成示意。

三、港口规模的特征指标

表征港口规模的特征指标主要有港口吞吐量、港口水深和码头泊位数,它们决定了港口的生产能力。

1. 港口吞吐量

是指一年间经由水运输入、输出港区并经过装卸作业的货物总量,计量单位为吨。货物由

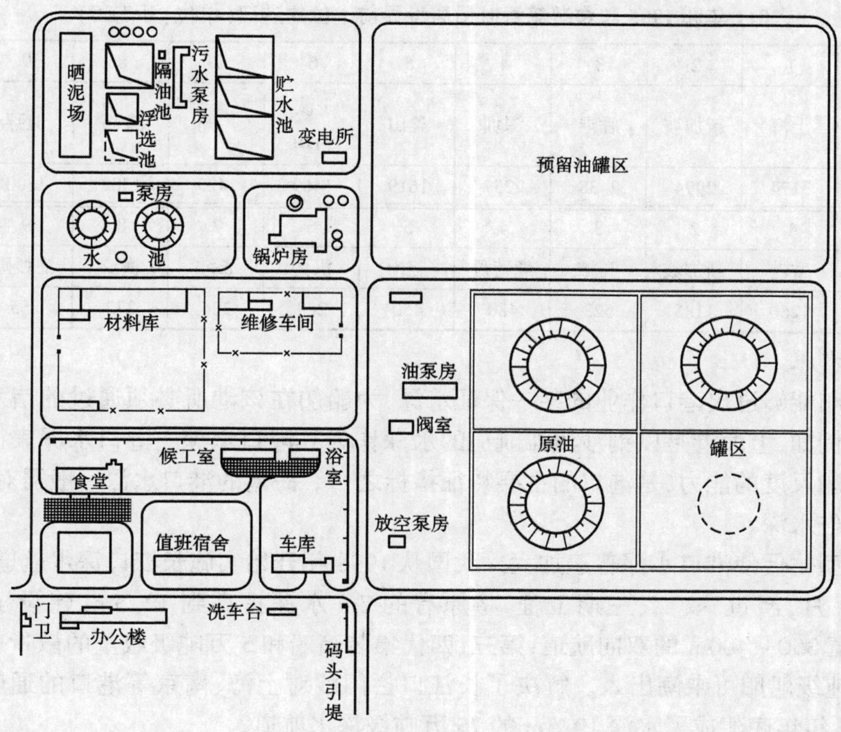

图 1-1-2　原油码头陆域布置示意图

水转陆或由陆转水时，1 吨装卸量计为 1 吨吞吐量，当货物水转水（如江海联运船转船）时，1 吨装卸量计为 2 吨吞吐量。对于集装箱货物，常用计量单位为以 20 英尺长集装箱作为换算单位的标准箱，通常记为 TEU（Twenty-feet Equivalent Units）。

港口通过能力是指在给定的水域、陆域和设施设备条件下，采用合理的泊位利用率，通过合理的生产组织，在单位时间内所通过的货运量，当单位时间用一年时，称为“年通过能力”。港口通过能力受航行作业系统、装卸作业系统、存储分运作业系统、集疏运系统、信息与商务系统能力的制约。

港口吞吐量与港口营运和腹地经济发展密切相关，表 1-1-1、表 1-1-2 列出了 2011 年和 1995 年世界货物及集装箱吞吐量前 10 位港口的数据，表明港口吞吐量随着经济全球化迅速增加，同时也折射出我国及亚洲地区与世界其他地区经济增长速率的对比。

2011 年和 1995 年货物吞吐量居世界前十位的港口（单位：亿吨）　　表 1-1-1

2010 年	1	2	3	4	5	6	7	8	9	10
港口	上海	宁波-舟山	新加坡	天津	鹿特丹	广州	苏州	青岛	大连	唐山
吞吐量	7.276	6.934	6.157	4.534	4.334	4.315	3.801	3.732	3.369	3.121
1995 年	1	2	3	4	5	6	7	8	9	10
港口	新加坡	鹿特丹	南路易斯安那	千叶	上海	名古屋	横滨	蔚山	香港	光阳
吞吐量	3.054	2.911	2.0704	1.762	1.656	1.426	1.314	1.272	1.271	1.084

2011 年和 1995 年集装箱吞吐量居世界前十位的港口(单位:万 TEU)　　表 1-1-2

2010 年	1	2	3	4	5	6	7	8	9	10
港口	上海	新加坡	香港	深圳	釜山	宁波-舟山	广州	青岛	迪拜	鹿特丹
吞吐量	3174	2994	2438	2257	1619	1469	1423	1302	1300	1188
1995 年	1	2	3	4	5	6	7	8	9	10
港口	香港	新加坡	高雄	鹿特丹	釜山	汉堡	长滩	横滨	洛杉矶	安特卫普
吞吐量	1260	1185	523	480	450	289	284	272	255	232

2. 港口水深

是指船舶能够进出港口作业的某一保证水深,为船舶在该港所必须通过的诸水域中最浅处的水深。例如,上海港是以铜沙浅滩航道的水深作为其港口水深。港口水深表征港口可以接纳进港船舶尺度的能力,是港口的主要特征指标之一。海港的港口水深一般需对外公布,因此也称作公告水深。

船舶大型化促使港口水深普遍加大。我国从 1998 年开始实施长江口深水航道治理工程,到 2010 年 3 月,经过一、二、三期工程,将原有的 7m 水深提高到 12.5m,建设了一条全长 92.2km、底宽 350 ~ 400m 的双向航道,第三、四代集装箱船和 5 万吨级载重的散货船可以全潮通行,10 万吨级船舶可乘潮出入。解决了长江口拦门沙对上海、南京等港口的通航限制。天津港于 2007 年年底建成了水深 19.5m 的 25 万吨级深水航道。

水深与起算水位密切相关。航海海图标示的水深称为海图水深,从理论深度基准面起算。理论深度基准面通常采用该海域的理论最低潮位或大潮平均低潮位。海图上某位置标注的水深加上某一时刻的潮位即该处某一时刻的实际水深。确定港口水域各部分水底高程时,所依据的水位根据使用要求有所不同:停泊地和码头前水域采用设计低水位;进港航道及港池可考虑船舶乘潮进出港,采用乘潮水位。上述各种起算水位根据港口海域的潮汐统计规律确定。潮汐是由于月球和太阳引潮力的作用所引发的海洋水面周期性升降。潮汐变化除取决于当地经纬度之外,还受到地形、水文、气象的影响。

港口的设计水深由设计船舶满载吃水确定,并应加上安全裕度,包括波浪对船舶吃水的影响、因航行而增大的船舶吃水、因装载不均匀产生纵倾而增加的吃水等组成的富余深度。不同吨级船舶满载吃水变化范围列于表 1-1-3。

不同吨级船舶满载吃水(供参考)　　表 1-1-3

船舶载重吨	1 万吨	2 万吨	5 万吨	10 万吨	15 万吨	20 万吨	25 万吨	30 万吨
满载吃水(m)	8.5 ~ 9.0	10.0 ~ 10.4	12.6 ~ 13.3	15.2	17.7 ~ 18.1	19 ~ 19.1	20.8	22.4

3. 码头泊位数

是指港口码头可同时靠泊船舶的数量。一个泊位是港口装卸作业的一个基本单元。一座码头可能由一个或几个泊位组成,视其布置形式和位置而定。泊位的基本尺度包括码头岸线长度和码头前水深。码头岸线长度应满足船舶安全靠泊作业和系缆的要求,其值为设计船型的船长加上船与船之间必要的安全间隔。安全间隔根据船舶大小而有所不同,一般为船长的 1/10 ~ 1/8。在斜坡式码头和直立式码头之间,以及港池的根部,要适当加大安全间隔。在河港中，当流速超过 2m/s 以上时，应适当加大安全间隔。

泊位的数量和规模是衡量港口或码头规模的重要指标。泊位的规模由可接待船舶的吨位和泊位通过能力来表征。船舶尺度、货物种类、货物流向、装卸设备效率与数量决定了泊位的通过能力。表 1-1-4 为港口常见泊位通过能力。

泊位通过能力举例

表 1-1-4

泊位种类	停船吨级	货物流向	年通过能力(万吨)
多用途	15000t	装·卸	40～50
集装箱	4300～6000TEU	装·卸	30～50 万 TEU
原油	25～28 万吨	装·卸	1700～2000
煤炭	5 万吨	装	800～1000
		卸	300～400

一年中船舶实际占用泊位的时间与可作业时间的百分比称为泊位利用率，是衡量泊位使用效率的一个参数，也是计算泊位通过能力的一个指标。提高泊位利用率虽可以增加港口吞吐量，但过高的泊位利用率也说明船舶在港等待的时间增加，会影响港口的竞争力。

四、港口的基本功能

现代交通运输包括铁路、公路、水运、航空和管道 5 种方式，各种运输方式有其特点与适用对象，现代交通运输已逐步构建了长途大宗物资以铁路、水运为主，中短途（600km 以内）以公路运输为主，长途客运以航空运输为主的综合运输网络。其中，港口的基本任务是作为水陆联运枢纽，安全、迅速、优质、经济地将抵达港口的货物，通过港口生产作业系统运送出港。

交通运输量以运量和周转量表示。运量是指一定时期内，实际运送的旅客人数或货物吨量。周转量是指一定时期内，实际运送的旅客人数或货物吨量与其运输距离的乘积。周转量能够较全面地反映运输的产品数量，是考核运输生产的重要产量指标，也是运输部门核算运费、计算分析运输成本和劳动生产率的依据。按照货运周转量统计，水运在各种运输方式中占有明显的优势（表 1-1-5）。

2010 年不同运输方式占我国交通运输总量的比重（%）

表 1-1-5

运输对象	统计指标	铁路	公路	水运	航空	管道
货运	运量	10.67	76.34	11.48	0.02	1.47
	周转量	18.53	32.28	47.29	0.11	1.79
客运	运量	5.29	93.21	0.68	0.82	—
	周转量	31.07	54.09	0.24	14.60	—

港口的基本功能，是通过由船舶航行与靠泊、装卸、存储、集疏运子系统组成的港口生产作业系统来完成的。其中，装卸系统连接了其他子系统，实现货物运输方式在车—船、船—船之间的转换。港口装卸工艺设计是港口工程的核心，其设计流程为：依据运载货物的船型、车型，货物种类、流量、流向、集疏运条件，确定货物装卸、存储、换装方式→主要作业机械选型→进行工艺流程设计，配置装卸工艺系统的相关设施，确定堆场、仓库规模→核定系统通过能力。港口规划及港工建筑物的设计，都要满足港口装卸工艺设计对港口作业系统的要求。

从运输存储条件及装卸工艺的角度考虑,港口货物可分为四大类:件杂货、干散货、液体货和集装箱货。凡成件运输和保管的货物,不论有无包装,均称为件杂货,这是港口的传统货种。由于包装形式、形状、大小及重量各不相同,种类繁多,件杂货的装卸效率低下,使得船舶花费大量时间停泊在港内装卸,每年航行天数不超过200天。货物散装化、集装化是提高港口装卸效率的重要措施。干散货包括散装谷物、煤炭、矿石、散装水泥、矿物性建筑材料及化学性质比较稳定的块状或粒状货物,便于连续装卸堆存。液体货,也称液体散货,包括石油、石油产品、植物油和液化气等,通常通过港内管道装卸输运,储罐存放。集装箱货是将件杂货集中装入标准化的大体积集装箱成组运输,可以大大提高装卸效率、降低运输费用。1956年,美国首次采用这种方式,使得每吨货物的装卸成本从5.83美元降低到0.15美元。集装箱的尺寸和吨位已实现国际标准化,通常以长20ft(6058mm)、宽度高度均为8ft(2438mm)、额定重量20320kg的集装箱为一国际标准箱,缩写为TEU。在实际营运中,长40ft、宽高8ft、额定重量为30480kg的40ft箱更为常用,相当于2个标准箱。货物集装箱化对国际物流乃至全球经济发展产生了革命性的影响,加速了经济全球化进程。

港口货物装卸可分解为装卸船作业、水平运输、库场作业三个环节。每种作业都有专用的装卸机械设备。以集装箱货物为例,装卸船作业采用岸边集装箱起重机(俗称桥吊),堆场和装卸车作业采用集装箱跨运车、集装箱正面吊运机、轮胎式龙门起重机、集装箱叉车或轨道式龙门起重机等多种机械,可根据各自的特点相互结合,优势互补。集装箱水平运输通常采用牵引车拖带半挂车,即底盘车来完成。

码头陆域由码头前沿作业带、堆场仓库、道路和辅助生产区域组成,各部分布置及尺度应满足装卸作业需要。图1-1-3、图1-1-4分别为件杂货码头与集装箱码头的布置实例。

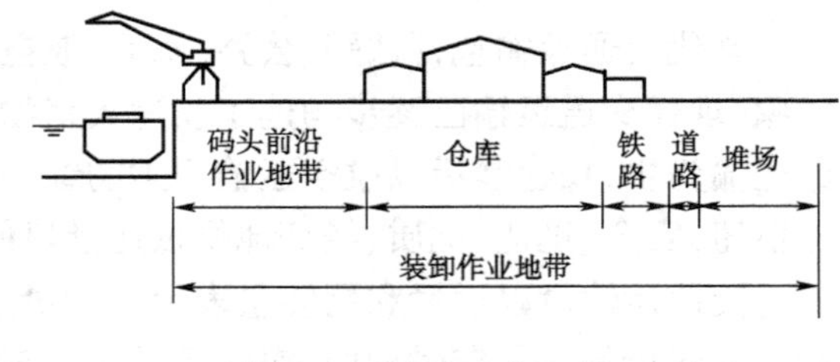

图1-1-3 件杂货码头组成

五、现代港口的功能发展

经过长期的历史变革,港口已成为一个重要的经济、贸易和文化的交汇点。港口不仅仅是运送货物和接送旅客的交通枢纽,而且还具备了工业、贸易和商业功能,在国民经济和地区经济发展以及社会事业的进步中发挥了重要作用。事实上,多数国家将港口城市看成其经济发展的增长点,十分重视港口多种经济功能的开发。经过长期的发展,港口所在城市已经成为各国经济最为发达的地区。世界著名的港口城市,如伦敦、纽约、东京、鹿特丹、高雄、神户、洛杉矶、香港、新加坡等,不仅是世界重要的航运中心,而且还成为重要的经济、金融和贸易中心,这些都是现代港口多功能发展的例证。为此,联合国贸易与发展会议秘书处在1992年的《港口服务销售和第三代港口的挑战》报告中,提出了港口功能发展分代的概念,总结了在世界经济不同发展时期港口所经历的功能发展过程:以货物转换运输方式为主要功能的第一代港口;面向工业,临港产业得到迅速发展的第二代港口;面向商业,成为物流信息流交汇的综合流通枢纽、国际商贸基地的第三代港口。随着经济全球化的加速、信息时代的到来,港口功能仍在不断完善与扩展,正在为港口业界与航运经济学者们热烈讨论的第四代港口功能的概念,其内涵集中于描述港口在世界经济发展中的作用,以及港口为实现这种作用应具备的服务水平。第

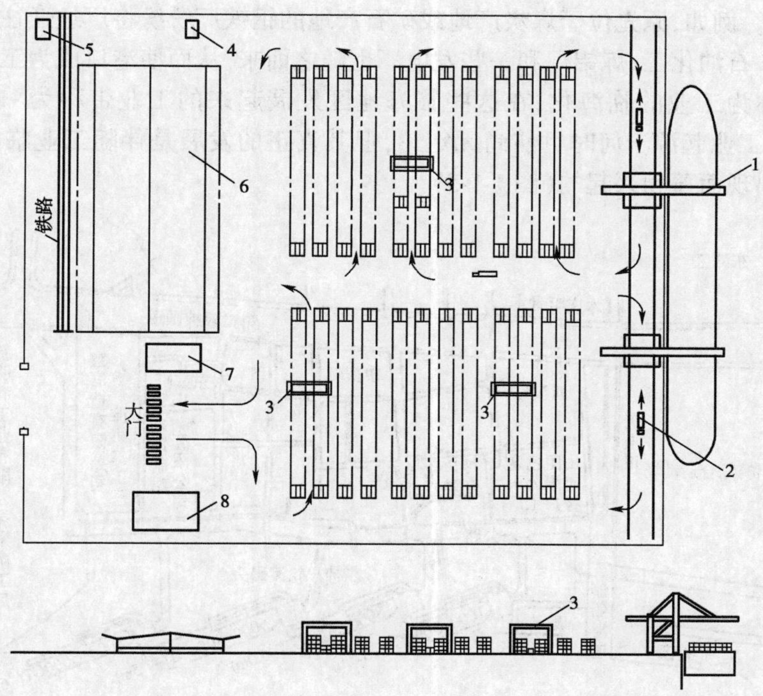

图 1-1-4 集装箱码头布置实例

1-岸边集装箱装卸桥;2-拖挂车;3-轮胎式龙门起重机;4-加油站;5-电力站;6-拆装箱库;7-办公室;8-维修车间

四代港口的核心功能将由保证经济活动顺畅完成转为推动经济活动有效运行,其服务要实现柔性化、准时化、精细化、敏捷化。

从这个意义上来说,现代港口的概念已经有别于传统意义。因此,有必要重新认识和研究港口的功能范围,从而制定出符合现代经济发展的港口政策。

1. 现代港口的临港产业功能

临港产业分两种,一种是依靠港口深水条件并服务于航运业的工业,如造船、修船、港口工程等。另一种是原材料和产成品大量依靠船舶运输的工业,如冶金、石油、汽车制造等。

港口产业究竟起源于何时目前尚有不同的看法。早在 19 世纪后期,就有沿水设厂,利用水上运输降低成本的工业布点。

现代港口与工业已经紧紧地联系在一起,港口不仅仅为现代工业提供运输服务,而且也提供了现代工业发展的理想场所。经济学家分析商品成本时发现,运输成本在商品成本中占有很大的比重,尤其是那些原料需要大量进口或产品需要大量远销的工业。根据规模经济理论,在其他条件不变的情况下,大批量的运输可以有效降低单位成本。而水运正是进行这种大批量运输最理想的运输方式,显然,大船的运输成本比小船低。因此,在港口地区建厂不仅可以利用大船运输的优势节省水运成本,而且可以减少原材料或产成品的中转次数,从而减少内陆运输成本,并保证产品的完好。在港口地区建厂还可以利用与国际市场便捷的交通和信息联系的优势,及时调整产品种类、结构,以适应市场变化的需要。另外,在港口地区建厂也可凭借港口的临水优势满足工业的大量用水需求。正因为如此众多的优势,20 世纪 50 年代起,随着世界经济的复苏,大批位于原材料产地或依赖水运的工业开始向临海地区(尤其是港口地区)

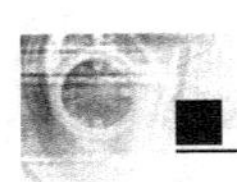

转移、集聚建厂。例如,原先位于煤炭产地或矿石产地的钢铁厂纷纷将厂址迁往港口或港口周围地区,炼油厂、石油化工、炼铝厂和一些发电厂也随之而来,从而使港口成为工业聚集地。人们将这种现象称为工业的临海化,在这些临海地区发展起来的工业带称为"临海工业发展区"。尽管港口工业起源于何时目前尚无定论,但其真正的发展是伴随工业临海化以及临海工业发展区的出现而蓬勃兴起的(图 1-1-5)。

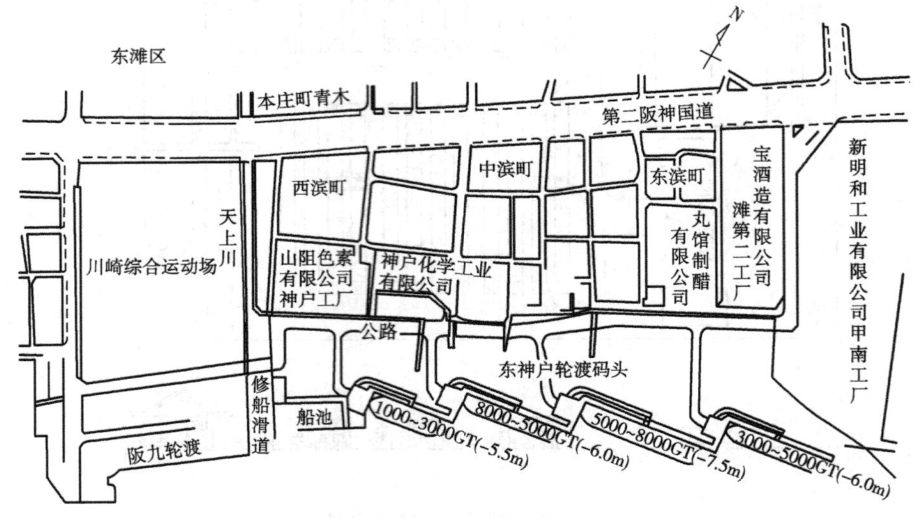

图 1-1-5 日本东神户轮渡码头工业分布图

2. 现代港口的商贸功能

港口的贸易功能与港口的运输及物流功能紧密相连。最初,任何货物(建港物资除外)进入港口都以运出该港为目的。为了中转运输,不少货物必须在港口作短暂或较长时间的停留,这只是为了等待船舶或其他运输工具(火车、汽车)将其疏运出港,因此这种停留是纯运输性的。但随着工业和运输业的发展,货物在港口的停留出现了新的含义。

港口的贸易功能(主要指转口贸易)很大程度上得益于港口的中转运输功能。由于港口是远洋船舶、沿海船舶、内河船舶以及内陆运输工具(汽车和火车)的连接点,国际港口通过船舶与国际交易市场紧密相连,货主可以很方便地将货物运往港口储存,并根据国际市场行情的变化决定抛售或购入货物,这促成众多贸易公司在港口或港口城市设立机构。由于实物商品市场的发展,港口城市的期货市场和拍卖业得到了很大发展。例如安特卫普港就有谷物、木材、水果、咖啡、烟草、纺织纤维、植物油脂、糖、肉、石油产品、橡胶等大宗交易,近几年还发展了机械、电子设备、化工产品、罐装食品及粮食产品等的交易。这些交易已经完全脱离了港口原有的运输功能,出现了纯粹的商业转手交易,即在港口成交(购入或卖出)的货物可以不经过港口进行实物运输,直接从国外购入或销往国外。据统计,每年在安特卫普进行的交易达 900~1000 亿欧元。近年来,各种形式的交易市场在我国也迅速发展,如全国最大的港口城市上海,就有粮油和金属交易市场等大型商品交易市场。由于多数情况下物流是商流的继续,因而这些交易市场的存在,无疑会为航运和港口提供货源。

3. 现代港口的物流功能

现代港口的仓储已经不仅仅是为了运输中转的需要,它已成为综合物流的一个重要环节。

所谓物流，是指伴随商品买卖的物品流动，涉及从原材料产地到产品最终消费点上的物资流动全过程。这一过程包含众多环节和活动，如货物运输、仓储、物资处理、保护性包装、存货控制、工厂和仓库的位置选择、市场预测、海关服务、信息流管理等等。在物流管理中，仓储是一个非常重要的环节，仓库位置的选择往往影响到整个物流成本的高低，最终必然影响产品的竞争力。由于大船运输具有规模经济性，可以一次性将大量货物运往港口，比小船或其他运输工具(如载货汽车)的单位运输成本低得多。这样，既可以将货物储存在港口不间断地供应市场需要(产成品)或满足工厂生产需要(原材料)，又可以达到降低产品单位成本的目的。

港口优越的地理位置和现代化设施是现代物流的重要基础。连接海内外腹地四通八达的集疏运通道、高效运行的现代化装卸和货物换装系统、充足且具备灵活应变能力的仓储设施、适应现代商贸物流所需要的信息网络，使得港口成为现代物流枢纽的最佳选择。

不少企业在港口建立了仓库或物资配送中心(Physical distribution center)。例如美国的福特(Ford)汽车公司和孟山都(Monsanto)化学公司就在安特卫普港设立了配送中心。而鹿特丹港设立了中国内地、印度尼西亚、新加坡和中国香港物流中心。为适应企业在港口设立仓库和配送中心的要求，世界主要港口都专门开辟了一定面积的区域，配备必要的设施为企业提供仓储和物资配送服务。如鹿特丹港分别在埃姆海汶(Eemhaven)、波特莱克(Botlek)和马斯维莱克特(Maasvlakte)设立了面积分别为35公顷、55公顷、80公顷的物资分拨区(Distripark)。新加坡开平分拨区有112150m^2的堆存空间。日本横滨港的“综合物流码头”占地面积为92800m^2，不仅具有保管、发送、流通加工和信息交流功能，而且增加了销售和展览等商流功能。港口当局和相关公司一般会在物资分拨区向客户提供报关、保税、装卸货、流通加工、运输发送、信息管理等多种功能性服务，因此港口的物流功能有别于传统仓储功能，不仅可以缩短运输时间，而且还可使货物改变运输方式，直接完成流通全过程，提高货物的附加价值。

4. 自由港与保税港区

自由港也称自由口岸，按国际惯例，自由港应包含港口或港口的一部分。自由港允许全部或绝大多数外国商品豁免关税进出。自由港位于关税区以外，外国商品可在自由港内不支付关税进行储存、包装、分拣、加工或销售。只有当外国商品从自由港进入所在国关税区时才纳税。外国船舶进出自由港时仍须遵守主权国家的有关卫生、移民、治安等政策和法规。

主权国家建立自由港与保税港区，大多是为了一定的经济目的，如吸引外国投资和货物，扩大进出口贸易，扩大货物的国际转口运输，并通过保税港区加工、贸易、金融等功能，从国际上获取多方面的经济利益。由于商品在保税区进入、存放、加工、展销等均不交纳关税，不受配额限制，不受外汇管制，同时可提供接近终点市场的储存加工基地，提供展销窗口，便于等待转口出售时机并节省运费，给制造商提供了进入邻近港口的海内外市场的方便，也给所在港口增添了经济活力。

我国沿海的自由港目前采取了保税港区、港口后方保税区、保税物流园区等多种形式。

保税港区是经国务院批准设立的，在港口作业区和与之相连的特定区域内，集港口作业、物流和加工为一体，具有口岸功能的海关特殊监管区域。保税港区是海关按照我国国情实际需要，借鉴发达国家海关的先进管理经验，与国际通行做法相衔接，适应跨国公司运作和现代物流发展需要的新型监管区域，是我国目前港口与陆地区域相融合的保税物流层次最高、政策最优惠、功能最齐全、区位优势最明显的监管区域，是真正意义上的境内关外，是在形式上最接近自由贸易港的政策模式。

我国的保税港区是在保税区的基础上发展形成的。保税港区叠加了保税区和出口加工区税收和外汇政策,在区位、功能和政策上优势更明显。截至2008年年底,国家已经批准建设了上海洋山、天津东疆、大连大窑湾、海南洋浦、宁波梅山、厦门海沧、青岛前湾、深圳前海湾、重庆两路寸滩、江苏张家港等12个保税港区。

港口后方的保税区、保税物流园区等是靠近港口作业区,但是采取独立于港口运作方式的区域。港口仍采用公共化的广泛服务的传统作业方式,外贸货物离开港口海关监管之后再进入保税区的海关监管范围之内。目前沿海大中型对外开放港口的后方大多设置了各类保税区。

5. 无水港

现代港口作为物流供应链环节功能的发展,推动了内陆无水港的建设。所谓无水港是指在内陆地区建立的具有报关、报验、签发提单等港口服务功能的物流中心。在无水港内设置有海关、动植物检疫、商检、卫检等监督机构为客户通关提供服务。同时,货代、船代和船公司也在无水港内设立分支机构,以便收货、还箱、签发以当地为起运港或终点港的多式联运提单。在功能方面,内陆无水港远远超出了一般内陆物流集散点所具有的中转和“一关三检”等业务,可具有保税、加工、配送等“综合物流”作用。无水港与沿海港口的区别,主要是不具备可供船舶作业的港口设施和可供建港的岸线及水域。

无水港的建设对内陆城市经济繁荣、沿海港口物流功能发挥、多式联运的发展等起着重要作用。中西部地区有了内陆“无水港”,国际运输业可直接到中、西部内陆地区发展,这将极大地促进中西部地区外贸发展,改善其投资环境,吸引国内外商家投资,充分发挥中西部的资源优势,从而为中西部经济持续发展注入强大的动力。内陆“无水港”的建设对运输业、货主、沿海港口等都将产生重要影响。首先,“无水港”可以直接改善多式联运企业在内陆的服务质量,将货物从“港到港”的简单运输方式发展为“门到门”甚至“货架到货架”的多式联运方式。其次,对货主而言,功能齐备的内陆无水港可以就近办理货物的各种进出口通关手续,节约成本,提高效率。还有,无水港可为沿海港口提供稳定的货源,保证所参与的供应链顺畅流通,提高其集疏运能力,促进沿海港口的良性发展。

第二节　港口航道工程的特点

港口与航道工程作为土木水利工程的分支,既具备土木水利工程的基本属性,又有因其服务对象和工程环境不同而具有的独特个性。本节主要论述土木水利工程的基本属性在港航工程中的体现和港航工程的环境特点。关于港航工程的服务对象,即车、船、货对港航工程的需求,已在本章第一节四中叙述,此处不再重复。

一、土木水利工程的基本属性及其在港口航道工程中的体现

土木水利工程是建造各类工程设施的科学技术的总称,既包括与人类活动有关的各类工程设施,如建筑工程、公路与城市道路工程、铁路工程、桥梁工程、隧道工程等,也包括在土地上应用各种材料和设备进行的勘测、设计、施工等工程技术活动。

土木水利工程需要解决的问题,主要表现为4个方面:一是形成人类活动所需要的、功能

良好、舒适美观的各种建筑物及其配套设施的空间和通道，这是土木水利工程的根本目的和出发点。二是形成能够抵御自然或人为作用的抗力。前者如地球引力、风力、气温和地震作用等，后者如振动、爆炸等，这是土木水利工程之所以存在的根本原因。三是充分发挥所采用材料的作用。土木水利工程是应用石、砖、混凝土、钢材、木材、合金材料、塑料等在地球表面的土层或岩层上建造的，材料所需资金占工程投资的很大部分，这是建造土木水利工程建筑物的根本条件。四是通过有效的技术途径和组织手段，利用社会能够提供的设备条件，"好、快、省"地组织人力、财力和物力，把社会所需要的工程设施建造成功，这是土木水利工程的最终归宿。

综合而言，土木水利工程具有下述 4 个基本属性：

①综合性。建造一项工程设施一般要经过规划、勘察、设计和施工 4 个阶段，需要综合运用工程地质勘察、水文地质勘察、工程测量、土力学、工程力学、工程设计、建筑材料、建筑设备、工程机械、建筑经济、施工技术和施工组织等学科知识以及电子计算机、实验、测试等技术。图 1-2-1 列出了工程技术和土木水利工程所涉及的各方面要求和相关领域，图 1-2-2 为土木水利工程与相关学科的关系。

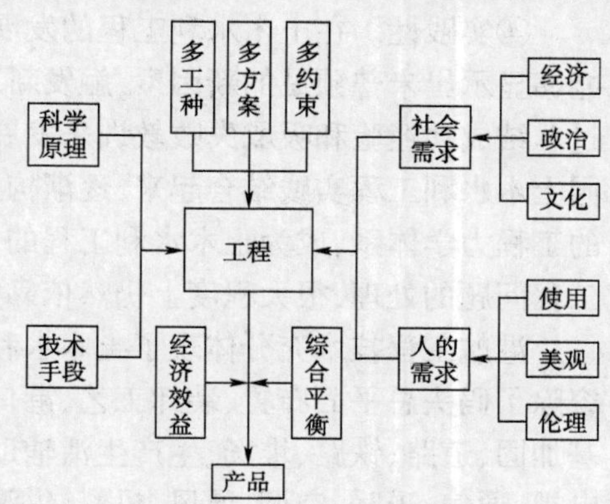

图 1-2-1　工程技术和土木水利工程所涉及的相关领域和各方面要求

②社会性。土木水利工程是伴随着人类社会的发展而发展起来的，各个历史时期建造的工程设施反映了当时的社会、经济、文化、科学和技术水平，成为社会历史发展的见证之一。例如中国的长城、都江堰、京杭大运河、赵州桥、应县木塔，埃及的金字塔，希腊的巴台农神庙、科洛西姆圆形

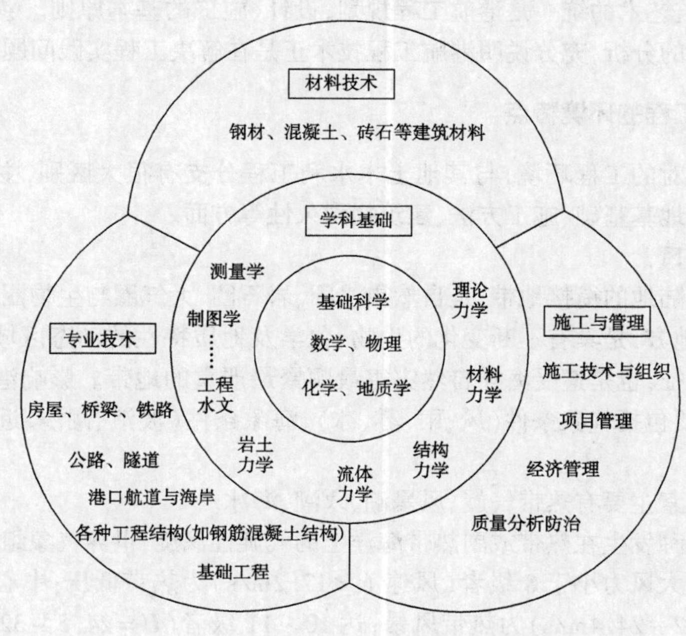

图 1-2-2　土木水利工程与相关学科的关系

竞技场(罗马大斗兽场)等都是当时社会生产力、科学技术与人文发展的标志。

③技术、经济和艺术的统一性。人们总是力求最经济地建造一项工程设施,用以满足使用者的预定需要。而一项工程的经济性又是和所采用的建筑技术密切相关的,表现在工程选址、总体规划、设计和施工技术中。在符合功能要求的前提下,土木水利工程还是一门空间艺术,从两个方面表现出美感,以满足人类的审美需要:首先是总体布局、自身体形、比例尺度、线条、色彩、质感、韵律、虚实凹凸、明暗阴影及与周围环境的协调和谐;其次是附加于工程设施的细部装饰。工程设施的造型和装饰往往表现出地方、民族或时代的风格。

④实践性。在土木水利工程的发展过程中,工程实践经验通常先行于理论,工程事故往往能够显示出未曾预见的新因素,触发新理论的研究和发展。在初始阶段,土木水利工程主要通过总结成功经验和吸取失败教训来发展。17 世纪始,以伽利略和牛顿为先导的近代力学研究同土木水利工程实践结合起来,逐渐构成以材料力学、结构力学、流体力学、岩体力学等为主体的工程力学体系,成为土木水利工程的基础理论,使之逐渐从经验发展成为科学。但至今不少工程问题的处理,很大程度上仍然依靠实践经验。

港航工程技术充分体现了土木水利工程的上述基本属性。①以码头设计为例,其设计内容除了码头总平面布置、装卸工艺、港口水工建筑物这些基本项目外,还应包括陆域形成及地基加固、道路、铁路、堆场、生产生活辅助建筑物、给排水、供电及照明、计算机管理系统及工业电视、通信、采暖、空调、通风、机修、供油、消防和环境保护设计等内容,反映了港航工程的综合性。②港航工程的技术进步,以社会经济发展的要求为动力,以当代科技发展水平为依托。例如,船舶大型化推动了深水筑港技术的发展;经济全球化促进港口功能拓展,要求港口规划布置与之适应,并对高效专业泊位建设提出了要求;信息时代的到来、机电一体化和装备制造业的发展,保证了港航工程新技术、新工艺、新材料、新设备的层出不穷,充分说明其社会性。③技术、经济和建筑艺术的统一是港航工程规划、设计、施工的基本原则。④本节二关于港口航道工程环境特点的分析,充分说明港航工程技术正是在解决工程实践问题的过程中发展的。

二、港口航道工程的环境特点

港航工程所面对的工程环境,与其他土木水利工程分支有很大区别,主要表现在环境荷载、河流海岸演变、地基基础、施工方法、建筑物耐久性等方面。

1. 强烈的动力因素

海岸是海洋与陆地的衔接地带,是自然界水圈、岩石圈、大气圈与生物圈相互作用最频繁、最活跃、最剧烈的地方,是具有不断变化的生物、化学及地质特性的动态区域,兼有海、陆两种不同属性的环境特征,也是遭受海洋自然灾害最频繁最严重的地带。影响港口建设和营运的自然动力因素,主要包括气象条件(风、雨、雾、冰)、海象条件(波浪、潮汐、近岸海流、海啸)和地质条件(地震)。

灾害性气象因素主要有热带气旋、风暴潮、寒潮、海冰。

热带气旋是一种发生在热带或副热带海洋上的气旋性涡旋,世界气象组织将之分为四级:凡中心附近平均最大风力小于 8 级者(风速 $U<17.2\text{m/s}$)为热带低压;中心附近最大风力达 8~9 级者($U=17.2\sim24.4\text{m/s}$)为热带风暴;达 10~11 级者($U=24.5\sim32.6\text{m/s}$)为强热带风暴;达 12 级或以上者($U>32.7\text{m/s}$)为台风。当强烈的热带气旋移动至近海且发展成热带

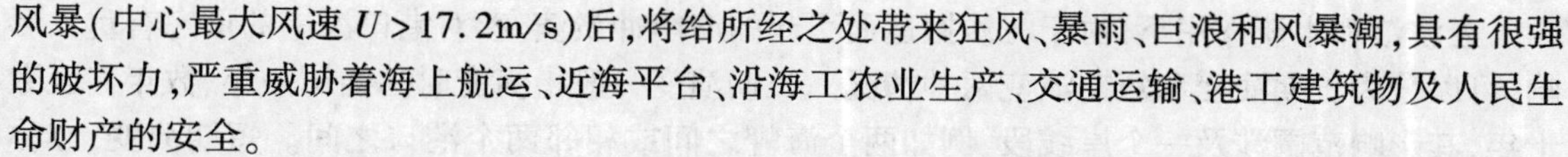

风暴（中心最大风速 $U>17.2\mathrm{m/s}$）后，将给所经之处带来狂风、暴雨、巨浪和风暴潮，具有很强的破坏力，严重威胁着海上航运、近海平台、沿海工农业生产、交通运输、港工建筑物及人民生命财产的安全。

风暴潮是热带气旋或温带气旋行近大洋边缘的大陆架浅水海域时，导致潮位发生异常升降运动的现象，这在海湾或河口地区表现更为明显，又称气象海啸或风暴增水。当风暴增水（或减水）与当地天文大潮的高潮（或低潮）相遇时，潮位暴涨（或暴落）将导致海塘溃决、海水漫侵，或者码头泊地和航道水深浅枯、通航中断、港口营运瘫痪。风暴潮发生的同时往往伴有狂风、巨浪和暴雨，若再遇上天文高潮，将酿成巨灾。据统计，世界上平均每年因沿海风暴潮灾害造成的经济损失近 60 亿 ~70 亿美元。

寒潮是一种影响范围较大的灾害性天气。寒潮大风引起的风暴潮对港口、航道以及海堤均构成一定威胁，如江苏海堤曾多次遭受寒潮大风增水的破坏。

海冰可造成航道冰封、海运中断，致使港口营运瘫痪，甚至危及海岸建筑物和船舶的安全。

海浪是海难事故的最主要海象原因，是海洋经济开发的最大障碍。近代研究表明，海洋破坏力的 90% 来自海浪。

海浪是发生在海洋中的一种海水波动现象。一般所指的海浪是由风产生的波动，周期为 0.5 ~25s，波长为几十厘米到几百米，波高一般为几厘米到 20m，在某些罕见的情况下可达 30m 以上。海浪的空间范围一般从几百公里至上千公里，时间尺度由几小时至几天。海浪影响区域随大气扰动因子的移动而移动，因而一次波高大于 3m 以上的海浪过程可影响北起渤海、黄海、东海，南至台湾海峡和南海北中部海面，有时甚至影响到日本海、日本以南、中国台湾以东洋面、巴士海峡和菲律宾附近海域，影响时间多达数天。

海浪在外海给航海、海上施工、渔业捕捞和海上军事活动等带来灾害。海浪行进到近海区域，不仅冲击沿海堤岸、海塘、港口码头等各类水工建筑物，还伴随风暴潮，沉损船只、席卷人畜、致使大片农作物和各种水产养殖珍品被淹受损。另外，海浪引起的泥沙运动会造成港口和航道淤积。

2. 复杂的河流海岸演变规律

河流海岸处在不断演变中。古希腊哲学家赫拉克利特的名言“人不能踏进同一条河里”，是对这种演变特性的形象描写。

海岸处于海陆交汇的地带，各种动力作用明显，其类型也多种多样。从地貌学角度，按海岸形态、成因、物质组成和发展阶段等特征分类，包括基岩海岸、砂（砾）质海岸、淤泥质海岸和生物海岸等类型，其中砂（砾）质海岸和淤泥质海岸又可统称为平原海岸。不同类型的海岸有其特定的演变规律。

海岸泥沙运动主要受制于两种动力要素，即波浪和潮流（包括它们的派生水流，如传质流、沿岸流、裂流或称离岸流、沿堤流及余流等）。在入海口附近的海岸，泥沙运动还受到河流及盐淡水掺混的影响。一般情况下，海床泥沙在波浪作用下的受力情况与运动形态均与单向恒定流作用下的情况有所不同。这是由于在波浪作用下，泥沙始终承受着周期性波动的水流作用和沙层内周期性波动的渗流作用。沿海地区的岸滩冲淤变化是风、浪、流、潮及其他因素综合作用的结果。岸滩蚀退、淤长或维持稳定，取决于岸滩泥沙补给或搬运速率。

在波浪和水流作用下，由于泥沙搬运而引起的海岸冲淤演变，对港口海岸的形态有重大影响，可以分为长期演变和短期演变两种情况。长期演变一般指演变时间经历一年、数年甚至数十年，其影响范围涉及一个岸线段，例如两个海岬之间或相邻两个港口之间。短期演变，亦称季节性演变，影响范围主要在击岸波带，岸滩剖面随季节作节律性摆动，如风暴型海岸剖面（沙坝剖面）和涌浪型海岸剖面（滩肩剖面）。港口海岸工程建设往往会影响岸滩冲淤演变。例如，突堤、丁坝、离岸堤和挖槽等会全部或部分拦截沿岸输沙，使上游发生淤积而下游发生冲刷，沿岸输沙率愈大，冲淤变化幅度愈大，直至上游淤积体发展和岸线调整到一定程度，绕过建筑物向下游运行的泥沙数量逐步回升，上游淤积和下游侵蚀现象才趋于缓和。工程引起的岸滩演变，也会对工程本身造成威胁，如防波堤口门和进港航道的淤塞等。泥沙问题常常是决定港口工程成败的关键。

河床演变是水流与河床相互之间动态作用的反映。水流作用于河床使河床发生变化，河床又反过来作用于水流影响水流结构，二者相互依存、相互制约。水流与河床的相互作用表现为泥沙的冲刷、搬运和堆积过程。任意河段在一定水流和泥沙条件下均具有一定的输沙能力，如果上游来沙量与输沙能力相适应，则水流处于输沙平衡状态，河床将保持相对稳定；如果上游来沙量与输沙能力不适应，则水流处于输沙不平衡状态，河床将发生相应的冲淤变化。河床的冲淤变化改变了河段的水流和泥沙条件，反过来又引起水流输沙能力的变化。冲刷使河床降低，过水断面增大，流速减小，输沙能力减弱，最终会使冲刷停止；淤积使河底升高，过水断面减小，流速增大，输沙能力增加，最终会使淤积停止。因此，水流与河床的相互作用具有自动调整能力，会使得河床演变向着相对平衡的方向发展。航道整治即利用河床演变的这种特性来改善通航条件。

3. 以软土地基为特征的工程地质条件

港工建筑物的地基应满足两个基本条件：①强度：作用于地基的荷载不得超过其极限承载力，并有足够的安全裕度；②变形：建筑物的沉降和不均匀沉降必须限制在容许范围内。对于承受水平荷载的水工建筑物，如码头、防波堤、驳岸和挡土墙等，还应考虑地基抵抗水平荷载的稳定性。

港口的工程地质条件异常复杂，有淤泥、淤泥质土、粘土、粉土、砂土、砂砾土、卵石、岩石等，地基处理难易是港口选址优劣的重要参考条件。

我国沿海地区，特别是在黄河、长江、海河、钱塘江、闽江和珠江等入海口附近，土层大多属于近代沉积层，强度低、压缩性高，在其上建造建筑物时，需进行地基加固处理，这往往是港航工程必须首先解决的课题。针对众多复杂的地质条件，我国港口工程界已发展了多种地基加固方法，如真空预压法等。

岸坡的稳定与否是港口工程建设中主要研究的工程地质问题之一。在我国的港口工程建设过程中，曾发生过多起岸坡失稳事故，可从地貌、土质、地下水和施工 4 个方面总结原因：①地貌。当岸坡坡度大于 1∶3时有失稳可能，应仔细验算岸坡稳定，验算时应特别注意选取符合土层实际情况的力学指标。如岸坡呈上缓下陡坡形，又处于河流冲刷岸段时，对稳定最为不利。②土质。淤泥和淤泥质土形成时代新、固结慢、土质差且灵敏度较高，是最容易发生岸坡失稳的土质。当软土下卧之硬土层面向江海倾斜时，对岸坡稳定尤为不利。③地下水。地下水位动态滞后，使岸坡中的地下水位明显高于岸坡前水位，所形成的地下水动水压力是岸坡失

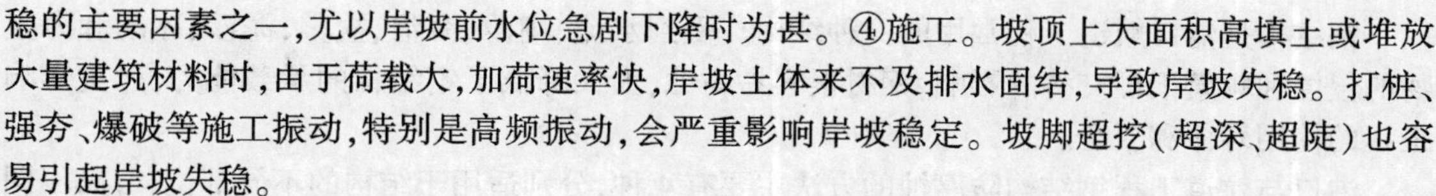

稳的主要因素之一，尤以岸坡前水位急剧下降时为甚。④施工。坡顶上大面积高填土或堆放大量建筑材料时，由于荷载大，加荷速率快，岸坡土体来不及排水固结，导致岸坡失稳。打桩、强夯、爆破等施工振动，特别是高频振动，会严重影响岸坡稳定。坡脚超挖（超深、超陡）也容易引起岸坡失稳。

4. 困难的水上施工条件

港口航道工程施工最大的特点是水上作业，由于受到气象、水文、地质等环境条件影响，比其他土木工程的施工具有更高的难度。

虽然某些港口采用挖入式港池等干地施工法进行建设，但大部分港航工程要以天然海域作为施工现场。海上施工常以工程船舶作为施工平台，常见的有：①疏浚、填筑用船。如挖泥船、碎石船、钻岩船、拖轮、顶推船、泥驳、发电机船、起锚船等。②结构物施工用船。如打桩船、起重船、砂井打设船、混凝土搅拌船、运输船、测量船、钻探船、磁性探测船等。③改善海洋环境用船。如海面清扫船、油回收船等。

海上作业经常借用浮力来方便施工。如码头、防波堤工程中的沉箱（每个约 500～3000t）安放工艺，通常是利用浮力使它在海上漂浮，然后拖运至施工现场沉放就位安装。

在海上建造结构物容易受到气象、海洋水文条件等的影响，尤其水下浇筑混凝土非常困难，因此港口工程中多采用预制混凝土结构，如沉箱、混凝土方块等。

水上施工受海洋环境影响很大。波浪引起施工船舶的剧烈摆动，使得安全难以保证，同时也易造成沉箱的填充料和回填料流失、混凝土模板冲走等事故。潮流也会限制港口工程施工的进行。例如，流速一旦超过某一数值，抓斗式挖泥船的抓斗会因被冲动而无法进行疏浚作业。另外，在海洋动力因素作用下，水上施工船舶本身的系泊也很困难。港口施工要合理利用潮位的涨落变化，即“候潮施工作业”，譬如趁落潮现浇混凝土，反之趁涨潮拖运吃水较大的沉箱等。

水下施工采用潜水作业的情况较多，但大部分作业需依靠潜水员手工操作，且潜水员数量有限，因此很难大幅度提高潜水作业的能力。

5. 特殊的结构材料防腐耐久要求

港口水工建筑物处于复杂的海洋环境作用之中：①机械作用。波浪、水流和泥沙对建筑物的作用；②化学作用。溶解在海水中的化学元素与建筑物材料的相互作用；③物理作用。当附着于建筑物的水分蒸发时，自溶液中沉淀的各种盐结晶体，或者空隙内水结冰时构成冰结晶体的压力，将作用于建筑物结构材料孔壁上。上述作用对结构材料产生腐蚀，加快材料的破坏，因此必须对结构材料采取特殊的防腐措施，特别是结构的干湿变化区。

钢筋混凝土结构的耐久性问题，一直是严重影响港口工程使用寿命的痼疾。华南、华东和北方多次普查表明，钢筋混凝土码头使用寿命最长的不过 30 年，最短的只有 7 年，多数在10～15 年就需要大修。其破坏特点可归纳为：海港码头较内河码头破损严重；南方码头较北方码头破损严重；高桩码头较其他形式码头破损严重；处于水位变动区和溅浪区的部位较其他部位破损严重；钢筋锈蚀是耐久性破坏的主要形式；一旦发生破损就会连续发展，造成严重损坏。究其原因，主要是干湿交替、盐雾聚集、冻融循环的恶劣海洋环境造成孔隙裂缝，加速氯离子入侵，促使钢筋锈蚀、混凝土保护层胀裂脱落，而施工质量、超载、振动、冲撞等是加速钢筋混凝土构件破坏的人为因素。

钢结构是港口航道工程常用的一种结构。受到水流、潮汐、海浪、盐雾、泥沙、冰凌和海生物的侵蚀和频繁干湿交替的影响，钢材很容易腐蚀，大大降低了钢结构的承载能力，严重影响工程的使用寿命和安全。

港口与航道工程钢结构防腐蚀的方法主要有4种，分别适用于结构的不同部位，有其不同的效果。钢结构在海水环境下依其遭受腐蚀程度的不同，在垂直方向上划分为大气区、浪溅区、水位变动区、水下区和泥下区5个区域。外壁涂覆防腐蚀涂层或施加防腐蚀包覆层主要适用于海用钢结构的大气区、浪溅区和水位变动区，也可用于水下区。电化学的阴极防护分为外加电流的阴极保护和牺牲阳极前阴极保护，前者主要应用高硅铸铁阳极材料在使用期由恒电位直流供电，后者主要应用铝基阳极材料。通常，电化学防护应与涂层防护联合进行，在平均潮位以下其保护效率可达85%～95%。主要应用于水下区、泥下区，也可用于水位变动区。在海港工程中碳素钢的单面年平均腐蚀速度以浪溅区为最高，达0.20～0.50mm/年，可以根据要求的使用年限预留富余腐蚀厚度作为防腐措施。在普通钢材的冶炼中加入一定量的锰、铬、磷、钒等稀有金属或元素，可以提高其耐海水腐蚀的性能，但因其技术复杂、造价昂贵，在港口与航道工程中很少应用。

三、港口航道工程的工程事故与工程灾害

工程事故是指工程结构因自身缺陷或使用不当等原因造成破坏，无法继续完成其预定功能，或者对邻近建筑物和环境造成危害的事件；工程灾害则是由于自然或人为因素引起的工程结构灾害性损坏。工程事故与工程灾害在土木水利工程中时有发生，一旦出现，往往造成重大人员和财产损失。因此，所有工程项目在设计施工和使用过程中都应高度警惕，预防并及时处置这类意外事件。

港口航道工程在实施与使用过程中也难免出现工程事故和工程灾害。而工程技术人员的素质和经验也往往可以从其预防、察觉和处置工程事故和工程灾害的能力上表现出来。

在港口航道工程中，工程事故和工程灾害的主要原因可初步归结为：地基承载能力和稳定性不足；外荷载超过预期设计特性；设计施工处置过失；使用不当；结构和材料耐久性不足。各类原因有多种具体表现或形成因素，一次事故往往由一两个主要因素诱发、其他因素综合影响叠加造成。

我国沿海和长江珠江下游沿岸软土地基分布广泛，地基承载能力和稳定性不足造成的建筑物滑坡、塌陷和其他形式的建筑物失稳在港口工程事故中数量居于首位，码头岸坡变形往往还会造成码头结构损坏。

港口工程环境条件恶劣，限于观测资料积累的期限和观测手段，水文地质条件的设计代表值往往包含较大不确定性。具体工程所在区域的水文地质和其他动力环境特征往往存在地域独特性，给工程事故和工程灾害的预防带来困难。

不少质量事故源于管理的疏忽，设计施工任何一个环节的大意都可能酿成重大事故。结构受力模式确定、设计参数选取、建筑物在施工和使用过程可能出现的受力状态的分析、结构细部处理是预防工程事故和工程灾害的关键。工程事故和工程灾害常发生于施工过程，这时结构抵御设计荷载的能力还在形成中，但已经处于建筑物完成后要遭遇的工程环境，结构薄弱部位的暴露和不利外荷载的组合容易造成在建建筑物的损坏。

码头使用期的损坏主要是由超载或后方堆载不当所引起的。造成码头使用期损坏的另一因素是船舶对码头的破坏性碰撞。由于码头扩建改造,新港区、新码头投入使用,其平面布置、结构特性及邻近水域水文气象特点一时不为船舶驾驶人员甚至领航人员所熟悉,很容易出现碰撞事故。

凡事预则立,不预则废。减少工程事故与工程灾害的损失贵在预防。项目实施过程中要始终注重借鉴类似工程既有案例的经验与教训,有效预见和控制风险源,采取针对性的预防措施,制定应急预案。发生工程事故后要采取应急措施,防止事故发展,排除险情,减少损失,并组织防护补救。事故过后要认真调查、分析原因、吸取教训,通过对事故的处理和分析来提高设计施工和管理的技术水平。

四、港口航道工程基本内容与特点的概括

本书的基本内容可概括为:一个定义(港口、航道及港航工程的定义),两种功能(港口的基本功能与宏观功能),三项特征指标(吞吐量、港口水深、码头泊位数),四类水工建筑物(码头、防波堤、航道整治和通航建筑物、船厂水工建筑物),五大工程环境特点(动力因素、河海演变、施工、地基、材料),设计六要素(环境、功能、结构、材料、地基、施工),学科六门类(理、工、文,经、管、法)。港口与航道的定义不仅说明了它们的基本特征,也规定港口航道工程的基本内容是为水路运输提供必要的设施和条件。港口生产系统围绕实现港口基本功能的需要而配备。港口规划布置和建筑物设计应该保证港口宏观功能的充分发挥。吞吐量、水深、泊位数三个特征指标决定了港口的生产能力,确定三个特征指标是港口规划与总体布置的基本内容,涉及港工科学及相关学科的多方面知识。码头、防波堤与其他防护建筑物(防沙堤、导堤等外海防护建筑物和护岸等)、船厂水工建筑物(船坞、船台、滑道等)、航道工程建筑物(船闸和升船机等通航建筑物、航道整治建筑物等)是港口航道工程学科涉及的主要建筑物,是本专业设计、施工、科研的对象。动力因素、河流海岸演变、地基、施工与建筑物耐久性所规定的港口航道工程五大工程环境特点,是港航工程建设必须面对的技术关键,也是港口航道工程学科的主要范畴。设计六要素规定港口航道工程设计应该根据当地的自然环境和社会经济外部协作条件,以及建设项目的功能需求,选用安全适用、经济合理、美观环保的结构和材料,采用针对性的地基处理方法,选择先进可行以及确保安全、质量、成本、工期要求的施工工艺与方案。港口航道工程的上述特点要求本专业技术人员和准备从事这一专业的大学生掌握坚实宽广的知识,可概括为“理、工、文、经、管、法”,即要求他们掌握理科知识基础,熟悉工程科学技术方法,具备深厚的人文社会知识底蕴,学会以经济观点处理工程问题,懂得管理科学,了解与工程相关的法律法规,这样才能面对复杂的工程环境,又好又快又省地建造出满足功能要求、经济适用、符合科学发展观的各种港航工程。

第三节　高等学校港口航道与海岸工程专业介绍

一、土木工程类专业学生的培养目标

1998 年教育部颁布了新的本科专业目录,土木工程专业正式规范于“大土木”的框架。

“大土木”范畴不是以前土木工程相关专业的简单归并与重复，而是更高意义上的整合与扩展。它是我国高等教育在改革开放形势下，多年来教育教学改革成果的体现，也是当今科技进步所要求的土木工程专业的新发展。考虑大学本科专业培养模式的历史和发展趋势，新的本科专业目录中土木工程专业分为本科专业目录和工科引导性专业目录两种。后者是构筑在更广阔的专业知识和目标之上的培养模式。这里介绍工科引导性专业目录的培养目标与知识能力要求，作为港口航道与海岸工程专业拓宽知识领域的参考。

对学生业务的培养目标为：培养掌握各类土木工程学科的基本理论和基础知识，能在房屋建筑、地下建筑(含矿井建筑)、隧道、道路、桥梁建筑、水电站、港口及近海结构与设施、给水排水和地基处理等领域从事规划、设计、施工、管理和研究工作的高级工程技术人才。

对学生业务的培养要求是：主要学习工程力学、岩土工程、结构工程、市政工程、给水排水工程和水利工程的基本理论和基础知识，受到工程制图、计算机应用、专业实验、结构设计及施工实践等方面的基本训练，具备从事建筑工程、交通土建工程、水利水电工程、港口工程、海岸工程和给水排水工程的规划、设计、施工、管理及相关研究工作的能力。

要求毕业生获得以下 7 方面的知识和技能：

(1)具有较扎实的自然科学基础，较好的人文社会科学基础和外语语言综合能力；

(2)掌握工程力学、流体力学、岩土力学、工程地质学和工程制图的基本理论和基础知识；

(3)掌握土木工程材料、结构计算、构件设计、地基处理、给水排水工程和计算机应用方面的基本知识、原理、方法与技能，初步具有从事土建结构工程的设计与研究工作的能力；

(4)掌握建筑机械、电工学、工程测量、施工技术与施工组织、工程监测、工程概预算以及工程招标等方面的基础知识、基本技能，初步具有从事工程施工、管理和研究工作的能力；

(5)熟悉各类土木工程的建设方针、政策和法规；

(6)了解土木工程各主干学科的理论前沿和发展动态；

(7)掌握文献检索和资料查询的基本方法，具有一定的科学研究和实际工作能力。

本专业涉及的主要学科：力学、土木工程、水利工程。

本专业主要课程：工程力学、流体力学、土力学、土木工程材料、地基与基础、工程地质学、工程水文学、工程制图、计算机应用、混凝土结构、钢结构、工程结构、给水排水工程、施工技术与组织管理。

主要实践性教学环节：工程制图、认识实习、测量实习、工程地质实习、专业实习或生产实习、结构课程设计、毕业设计或毕业论文等，实践环节一般安排 40 周左右。

主要专业实验：材料力学实验、土木工程材料实验、结构实验、岩土物理力学实验等。

在土木工程学科的系统学习中，不仅要注重知识的积累，更应注意综合素质的培养。从成功的土木工程师的实践经验中可以发现以下 4 种能力的重要性：

(1)自主学习能力。课堂所学的东西总是有限的，土木工程内容广泛，新的技术又不断出现，因而自主学习，扩大知识面，自我成长的能力非常重要。

(2)综合解决问题的能力。实际工程问题的解决总是要综合运用各种知识和技能，在学习过程中要注意培养这种综合能力，尤其是设计、施工等实践工作的能力。

(3)创新能力。社会在进步,经济在发展,对人才的创新要求也日益提高。所以在学习过程中要注意创新能力的培养。

(4)协调管理能力。现代土木工程不是一个人能完成的,少则几个人、几百人,多则需成千上万人共同努力才能成功。为此培养自己的协调、管理能力非常重要。做事要合理、合法、合情,要有团队精神,这样才能顺利开展工作,事业才能更上一层楼。

二、港口航道与海岸工程专业的培养目标与课程体系

港口航道与海岸工程专业的培养目标:培养适应社会主义现代化建设需要,德智体美全面发展,具有扎实的自然科学、人文科学基础,具备计算机、外语的应用能力,获得工程师的基本训练,掌握港口、航道与海岸工程领域以及相关工程领域(水利、海洋和土木工程)的规划、勘察、设计、施工、管理等基本知识与技能,知识面宽、能力强、素质高、有创新精神的高级工程技术人才。

本专业培养应用型技术人才,学制4年,在校时间3~6年,修满规定学分,成绩合格者准予毕业,成绩优良者可授予工学学士学位,专业人才培养应达到以下规格要求:

1. 良好的素质结构

具有良好的思想道德素质、文化素质、专业素质和身心素质。思想道德素质包括政治素质、思想素质、道德品质、法制意识、诚信意识、团队意识;文化素质包括文化素养、文学艺术修养、现代意识、人际交往意识;专业素质包括科学素质和工程素质,其中科学素质包括科学思维方法、科学研究方法、求实创新意识,工程素质包括工程意识、综合分析素养、价值效益意识、创新精神;身心素质包括身体素质和心理素质。

2. 合理的能力结构

具有较强的获取知识和应用知识的能力及一定的创新能力。获取知识的能力包括自学能力、表达能力、社交能力、计算机及信息技术应用能力;应用知识能力包括综合应用知识解决问题能力、综合实验能力、工程实践能力;创新能力包括创造思维能力、创新实验能力、科技开发能力、科技研究能力。

3. 完整的知识结构

具有较坚实的基础理论知识和较宽广的专门知识,包括工具性知识(外语、计算机及信息技术应用、文献检索、科技写作等)、人文社会科学知识(思想道德、政治学、法学、社会学、心理学等)、自然科学知识(数学、物理等)、工程技术知识(工程制图、力学原理、工程原理、工程环境等)、经济管理知识(工程经济、工程管理等)、专业知识(港口航道与海岸工程、水利工程、土木工程领域的专门知识)。

港口航道与海岸工程专业知识涉及土木、水利、海洋三大领域,专业教育知识体系涵盖从事港口工程、航道工程及海岸工程的勘察、规划、设计、施工及管理工作所需要的基本知识。专业课程体系由普通教育、专业教育和综合教育三部分组成,包含14个方面,总体结构如图1-3-1所示。

实践教学是课程体系的重要组成部分。实践教学以加强基础、突出工程设计、全面提高实际工作能力为目标,以基本实验为基础、以设计为主线、以工程训练和科学研究为依托。实践教学体系的基本结构如图1-3-2所示。

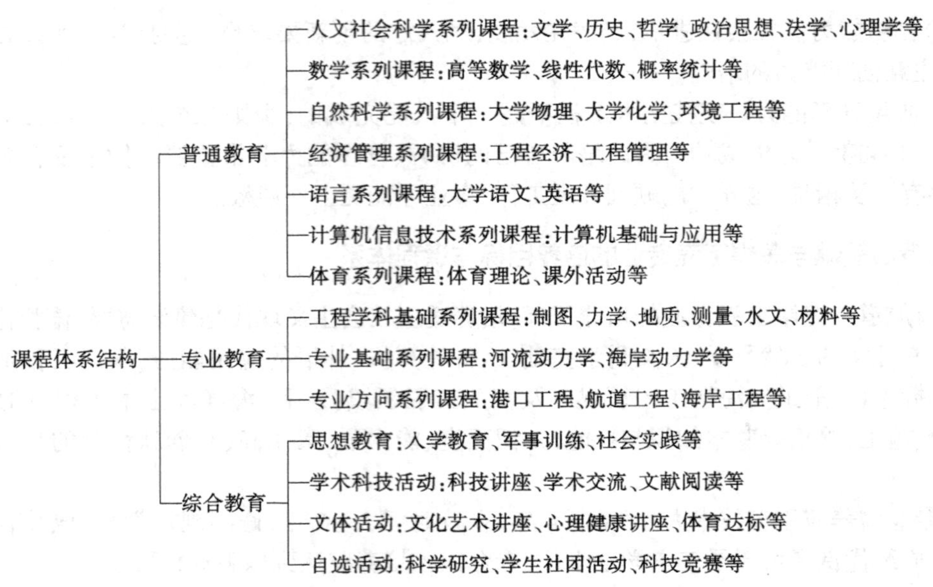

图 1-3-1　港口航道与海岸工程专业课程体系结构

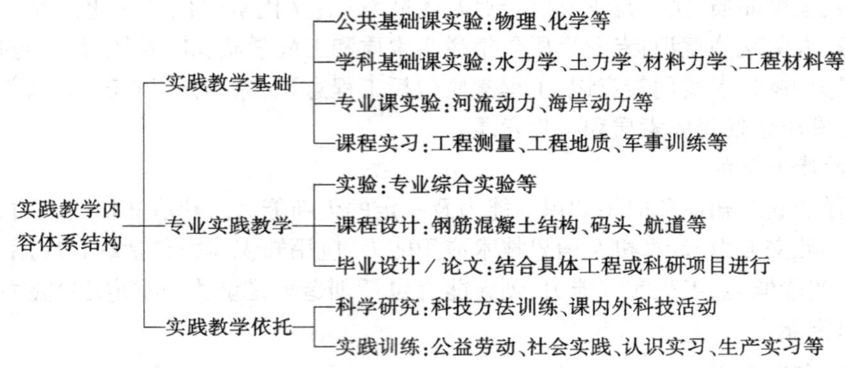

图 1-3-2　港口航道与海岸工程专业实践教学体系

三、港口航道与海岸工程专业的学科基础课知识单元

1. 理论力学

本课程是港口航道与海岸工程专业的重要基础课。培养学生掌握物体平衡与运动的基本理论与分析方法,为进一步学习后续力学课程打下坚实的基础。本课程理论严谨,系统性强,可较好地培养学生抽象思维能力。本课程还密切联系工程实际,实用性强,可培养学生理论联系实际的能力。

课程主要知识点如下:

(1)理论力学基本概念:静力学公理,力、力矩、力偶等概念,常见约束,受力分析,示力图;

(2)力系的简化:合力、合力矩、主矢量、主矩概念,各力系的简化结果及计算,重心、形心概念;

(3)力系的平衡:各力系平衡的充分与必要条件,平衡方程及应用,静定与超静定的概念,物体系统的平衡分析;

(4)有摩擦的平衡分析:滑动摩擦、滚动摩擦、摩擦角、自锁等概念,有摩擦的平衡分析;

(5)点的运动:矢量表示法,直角坐标表示法,自然表示法,速度、加速度的概念及计算;

(6)刚体的运动:平行移动、定轴转动,平面运动的描述及运动方程,刚体上一点的速度和加速度的计算;

(7)合成运动:运动合成与分解的概念,速度合成定理,加速度合成定理(牵连运动为平动和转动);

(8)质点动力学方程:牛顿运动定律,质点运动微分方程;

(9)动力学普遍定理:质心、动量、冲量的概念,质心运动定理,动量定理,动量矩,动量矩定理,动能、功、动能定理,机械能守恒定理,普遍定理综合应用;

(10)达朗贝尔原理:惯性力,达朗贝尔原理及应用;

(11)虚位移原理:自由度、约束、虚位移等概念,虚位移原理及应用。

2. 材料力学

本课程是港口航道与海岸工程专业的重要技术基础课。培养学生掌握各种变形状态下分析杆件的内力、应力、变形的理论与方法,以及杆件的强度、刚度、稳定性计算的理论与方法,为学生进行杆件结构的设计打下力学基础。

课程主要知识点如下:

(1)绪论:变形固体的概念,基本假设,构件分类、外力分类;

(2)内力:拉压、扭转、弯曲杆件的内力、内力方程、内力图;

(3)应力:拉压、弯曲杆件横截面上正应力分布及计算,扭转、横力弯曲杆件横截面上切应力分布及计算,强度条件及应用;

(4)变形:正应变、剪应变、拉压杆件变形计算,扭转杆件变形计算,弯曲杆件挠度及转角计算,刚度条件及应用;

(5)材料力学性质:典型塑性材料的力学性质,典型脆性材料的力学性质,材料的弹性常数 E、G、γ 及其关系;

(6)应力状态:平面应力状态分析,应力圆,主平面和主应力、主应变,简单三向应力状态,广义胡克定律;

(7)强度理论:强度理论概念,四个基本强度理论,莫尔强度理论,各强度理论的相当应力及其应用;

(8)组合变形:拉弯组合变形,斜弯曲,偏心压缩,截面核心,弯扭组合变形;

(9)压杆稳定:稳定性的概念,细长压杆的临界力,非细长压杆的临界力,压杆稳定计算的安全系数法和折减系数法;

(10)动荷载和交变应力:匀加速直线运动和匀速转动构件的应力计算,竖向冲击和水平冲击,交变应力,构件疲劳破坏,疲劳强度计算。

3. 结构力学

本课程是港口航道与海岸工程专业的重要技术基础课。培养学生在学习理论力学和材料力学等课程的基础上进一步掌握杆系结构内力的计算原理和方法,了解各类结构受力性能,为

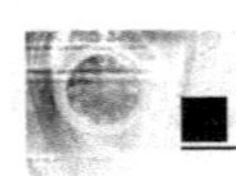

学习有关专业课程以及进行结构设计和科学研究打下良好的力学基础，并培养学生从事结构分析与计算等方面的能力。

课程主要知识点如下：

(1)绪论：结构力学的研究对象及任务，结构的计算简图，平面体系的几何组成分析；

(2)静定结构的内力计算：桁架、刚架、拱、组合结构的内力计算及内力图绘制，静定结构的受力特性；

(3)结构的位移计算：虚功原理，虚位移原理，虚力原理，荷载作用，温度改变及支座移动引起的结构位移计算，图乘法，互等定理；

(4)力法：超静定结构的概念，力法的基本原理，用力法计算超静定刚架、超静定桁架、超静定拱和超静定组合结构，对称性利用，温度变化及支座移动下超静定结构的计算，超静定结构位移计算，超静定结构的特性；

(5)位移法：等截面直杆的转角位移方程，位移法的基本原理，荷载作用下超静定刚架的计算，对称性利用，力矩分配法的概念及其应用；

(6)影响线及其应用：影响线的概念，用静力法作静定梁、桁架的影响线，用机动法作静定梁的影响线，结点荷载作用下的影响线，影响量的计算，最不利荷载位置的确定，内力包络图；

(7)矩阵位移法：矩阵位移法的基本概念，局部坐标系与整体坐标系中的单元刚度矩阵，整体刚度矩阵，等效结点荷载，单元杆端力的计算，平面刚架计算程序使用。

4. 水力学

本课程是港口航道与海岸工程专业的一门重要技术基础课。通过本课程的学习，使学生掌握液体运动的一般规律和有关的基本概念与基本理论，学会必要的分析计算方法和一定的实验技术，为专业课的学习、解决工程中水力学问题、获取新知识和进行科学研究打下必要的基础。

课程主要知识点如下：

(1)液体的主要物理性质：水静力学，液体运动的基本原理和基本理论，液体总流的基本原理，液体三元运动的基本原理，液体的层流运动和紊流运动，水流阻力和水头损失；

(2)有压管水流：明渠恒定均匀流，明渠恒定非均匀流，堰流与闸孔出流，泄水建筑物下游的水流衔接和消能，渗流，水力模型试验基本原理；

(3)水流流动类型：流动形态和局部流动现象以及它们的联系，发生这些现象的场合及相互转化的条件，如：恒定流和非恒定流，均匀流和非均匀流，渐变流和急变流，一元流、二元流和三元流，有旋运动与无旋运动，急流、缓流和临界流，水跃和水跌等；

(4)恒定平面势流：恒定平面势流的流速势及流函数、势流叠加法解平面势流、流网法解平面势流；

(5)渗流：渗流的基本概念、渗流的基本定律—达西定律、地下水的均匀渗流和非均匀渐变渗流、均质土坝的渗流、渗流场问题的理论基础、井的渗流、求解渗流问题的流网法、水电比拟法；

(6)波浪理论基础：势波的概念、微幅波理论、斯托克斯(Stokes)有限振幅波理论、作用在直立墙上的波浪力、作用在孤立结构物上的波压力；

(7)相似原理及水力模型试验：相似的基本概念、动力相似的基本准则—牛顿相似定律、相似条件、相似准则的导出、量纲理论、单项力作用下的相似准则、水力模型试验设计。

5. 土力学与地基基础

本课程是港口航道与海岸工程专业的重要技术基础课。通过本课程的学习，使学生掌握土的形成和分类方法、土的基本物理力学性质、土体渗流理论、土的压缩固结理论和强度理论；会进行土体渗流计算与分析，地基应力计算与沉降计算，地基承载力计算，土压力计算和土坡稳定分析，掌握常规的土工试验技能和确定计算参数的方法，达到能运用土力学的基本原理和方法解决实际工程中与土体有关的稳定、变形和渗流等工程问题，为以后从事专业工作和进行科学研究打下基础。

课程主要知识点如下：

(1)土的物理性质与工程分类：土的形成与组成，土的物理性质指标，土的工程分类；

(2)土的渗透性：渗流特性与达西定律，渗透系数测定(室内、原位)，二维渗流和流网特征，渗流力及土体渗透变形，静水和渗流情况下的孔隙水应力与有效应力；

(3)土的应力变形和固结：土体自重应力计算，土体附加应力计算，土的压缩试验与压缩性指标，地基沉降计算 e-p 曲线法，地基沉降计算 e-$\lg p$ 曲线法，土的单向固结理论—有效应力原理；

(4)土的抗剪强度理论：莫尔—库仑强度理论，抗剪强度测定，三轴试验中的孔隙应力系数，三轴试验中土的剪切性状；

(5)土压力与挡土墙：静止土压力计算，朗肯土压力理论，库仑土压力理论，工程中挡土墙土压力计算；

(6)土坡稳定分析：无粘性土坡稳定分析，粘性土坡稳定分析的整体圆弧滑动法、瑞典条分法、毕肖普条分法等；

(7)地基承载力：基本概念，按塑性开展区确定允许地基承载力，按假定滑动面确定地基极限承载力，按规范确定地基承载力；

(8)软土地基设计：软土及其工程特性，软土地基设计的内容和特点，软基设计所需工程地质资料，边坡设计，重力式建筑物地基设计和沉降量计算，建筑物地基观测设计，软土地基上修建建筑物的工程措施；

(9)软土地基处理：加速排水的措施，预压加固法，强夯法，换土法，振冲桩法，胶结法，土工织物的应用；

(10)几种特殊土地基及其处理：砂砾石地基，松砂地基及其处理，黄土地基，杂填土地基，胀缩土地基；

(11)天然地基上的浅基础设计：浅基础的类型、基础埋置深度的选择、基础底面尺寸的确定、无筋和配筋扩展基础设计、防止不均匀沉降的措施；

(12)桩基：桩基及其应用，单桩轴向承载力的确定，群桩的轴向承载力，轴向承载桩的负摩擦力。

6. 工程地质

本课程是港口航道与海岸工程专业的重要技术基础课。本课程培养学生掌握和了解与港工建筑物设计及施工有关的工程地质基础知识，为学习专业课及今后从事实际工作时分析应用工程地质资料打下基础。

课程主要知识点如下：

(1)地质学基础知识：地球构造、地质作用、地质历史、地质年代，造岩矿物及岩浆岩、沉积岩、变质岩等三大岩类，地层(古生物、地史)，地质构造(褶皱构造、断裂构造)及地质图判读等；

(2)水文地质学基础知识：地表洪水及其地质作用，地下水及其地质作用，岩溶等；

(3)岩土工程性质及特征：土的分类、成因，特殊土工程性质，岩石工程性质、风化作用，岩体及岩体结构，岩体的工程分类等；

(4)工程地质问题及治理：区域稳定问题(地应力、活动断层、地表)，地下建筑工程地质问题及处理，边坡(岩质边坡、土质边坡)变形与破坏等工程地质问题及相应加固技术，地基(岩基、土质地基)的工程地质问题，库区、坝区工程地质问题(库区渗漏、浸没、边岸再造、淤积、水库诱发地震、坝区渗漏、渗透变形、坝基(肩)岩体稳定等)，渠道及闸址工程地质问题；

(5)工程地质勘察：勘察任务及阶段划分，勘察技术与方法，各类工程地质勘察要求，水利水电、工业民用建筑、公路及桥梁等工程地质勘察，岩土工程地质勘察。

7. 工程制图

本课程是港口航道与海岸工程专业的重要技术基础课。通过本课程的学习，使学生掌握绘制和阅读工程图样以及解决空间几何问题的理论和方法，培养学生图示图解能力、空间想象能力和徒手、仪器及计算机绘图能力。本课程理论严谨，实践性强，与工程实践有紧密的联系，对培养学生的形象思维方法，增强工程和创新意识有重要作用。

课程主要知识点如下：

(1)投影法基本原理：

①点线面投影：点、直线、平面的正投影特性，两直线相对位置的投影特性，直线上的点和平面内的点、线作图方法，直线与平面、平面与平面的相对位置，换面法原理及其应用；

②基本体投影：棱柱、棱锥和常见回转体的形成及其投影特性，立体表面定点的方法；

③立体表面交线的投影：基本立体被特殊位置平面切割后截交线的作图方法，用面上取点和辅助平面法求基本立体表面相交时交线的作图方法；

④轴测投影：轴测投影原理和分类，形体的正等轴测图和斜二轴测图的绘制方法，椭圆的轴测投影；

⑤标高投影：点、直线、平面、同坡曲面、地形面的标高投影，在水平地面和地形面上求作开挖线、坡脚线和坡面交线的一般方法；

⑥水工曲面：曲面的分类，水工建筑物中常见曲面的形成、投影特性及其图示方法。

(2)阅读、绘制水工图样基础：

①组合体的投影：绘制组合体视图的方法，用形体分析法和线面分析法阅读组合体视图的方法，组合体的尺寸标注方法和要求；

②工程形体的表达方法：基本视图、辅助视图、剖视图、断面图、简化和规定画法；

③水工图的内容和特点：视图配置、图例、习惯及规定画法、图线、比例、尺寸标注等方法；

④水工结构图和施工图：绘制阅读水工建筑物图样的要点、方法、步骤，典型水工结构表达方法和图样的阅读。

(3)手工、计算机绘图的方法和技能:

①制图基础:《技术制图》标准的有关内容,绘图工具使用,计算机绘图原理;

②徒手和仪器绘图:徒手和仪器绘图的步骤、要求、方法;

③计算机绘图方法:用计算机进行二维、三维构形的技术,交互绘图的命令和方法,图形的修改;

④计算机图形管理:用图层、图块技术管理图元和图库的方法;

⑤工程图样的计算机生成:样板图的内容和构建,工程图样生成、存贮的特点、要求、方法。

8. 工程测量

本课程是港口航道与海岸工程专业的重要技术基础课。通过本课程的学习,使学生掌握测量学的基本理论、技术和方法,具有运用所学知识和技能分析、处理、解决工程中有关测绘问题的能力,了解测绘科学与技术的最新进展,促进本专业学生工程素质和能力的提高。

课程主要知识点如下:

(1)测量学的内容与作用,测量的基本工作与原则;

(2)水准测量的基本原理、测量仪器、测量方法及水准路线的计算;

(3)角度测量的基本原理、测量仪器、测量方法及水平角和竖直角的计算;

(4)距离测量的基本原理、测量仪器、测量方法;

(5)平面控制网的建立原理和方法,导线的布设方法和导线计算;

(6)地形图的基本知识,数字测图原理、方法及其应用;

(7)施工测量的基本工作,点的平面及高程位置放样;

(8)工程变形监测的基本技术、方法及数据处理;

(9)现代测量技术、全站仪作用、GPS 技术及数字化测图方法。

9. 工程材料

本课程是港口航道与海岸工程专业的重要技术基础课。本课程的目标是使学生了解材料的性能及其影响因素,理解材料的组成、结构与技术性质之间的关系及其有关的基本理论,熟悉有关材料的产品规格与应用方面的基本知识,学会常用材料的质量鉴定及材料试验方面的基本技能,为专业课提供有关建筑材料方面的基础知识,并为今后从事专业技术工作时能合理选择和使用建筑材料打下良好基础。

课程主要知识点如下:

(1)工程材料的基本性质:物理性质、力学性质,耐久性;

(2)气硬性胶凝材料:石灰、石膏;

(3)水泥:硅酸盐水泥,掺混合材料的硅酸盐水泥,特种水泥;

(4)水泥混凝土:基本组成材料,主要技术性质,外加剂,质量控制,配合比设计,特种和新型混凝土;

(5)砂浆:组成材料,主要技术性质,配合比设计;

(6)沥青及防水材料:石油沥青的成分,技术性质,改性沥青混凝土,常用防水材料;

(7)钢材:分类,技术性质,冷加工强化处理,技术标准和应用;

(8)合成高分子材料:常用合成高分子材料的特点及应用;

(9)实验教学内容:水泥基本性质,混凝土骨料,混凝土拌和,强度,沥青基本技术性质。

10. 钢筋混凝土结构

本课程是港口航道与海岸工程专业的重要技术基础课,通过本课程的学习,使学生系统地掌握钢筋混凝土结构特点、基本设计原理和设计计算方法,为进一步掌握有关专业课程以及毕业后从事相关工作打下坚实的基础。

课程主要知识点如下:

(1)钢筋混凝土材料的力学性能:钢筋、混凝土、钢筋与混凝土的粘结,水工混凝土结构的耐久性要求;

(2)钢筋混凝土结构基本计算原则与实用设计表达式:结构的功能要求和极限状态,结构的荷载与荷载效应,结构抗力,概率极限状态设计法,分项系数,承载能力极限状态与正常使用极限状态实用设计表达式;

(3)受弯构件正截面承载力计算:试验研究分析,单筋矩形截面、双筋矩形截面和T形截面受弯构件受弯承载力计算;

(4)受弯构件斜截面承载力计算:斜裂缝的形成与应力状态的变化,无腹筋梁的抗剪性能,有腹筋梁斜截面受剪承载力计算,受弯承载力,梁的配筋构造要求;

(5)受压构件承载力计算:轴心受压构件与偏心受压构件截面承载力计算,偏心受压构件斜截面承载力计算;

(6)受拉构件承载力计算:大、小偏心受拉构件及其区分,小偏心受拉构件与大偏心受拉构件正截面承载力计算,偏心受拉构件斜截面承载力计算;

(7)受扭构件承载力计算:受扭构件的基本概念,纯扭构件的受扭承载力计算,弯、剪、扭构件受剪扭承载力计算;

(8)钢筋混凝土构件正常使用极限状态验算:正常使用极限状态的基本概念,钢筋混凝土构件抗裂验算,钢筋混凝土构件裂缝宽度验算,钢筋混凝土受弯构件变形验算;

(9)钢筋混凝土梁板结构:梁板结构简介,单向板肋梁楼盖,双向板肋梁楼盖;

(10)预应力混凝土结构:预应力混凝土概述,预应力混凝土受弯构件计算,预应力混凝土构件的构造。

11. 高级语言程序设计

本课程为土木、水利类学科基础课的平台课,其作用和教学目标是使学生较全面地了解计算机程序设计语言的基本内容、基本结构和编程方法,为应用程序解决工程实际问题打下基础。

课程主要知识点如下:

(1)计算机程序设计的语言基础:包括常用控件、组织方式、数据类型、运算符、公共函数等;

(2)程序设计的算法基础及基本语句;

(3)数组的应用及文件的管理;

(4)图形处理及多媒体应用技术。

12. 河流动力学

本课程是研究河流运动、发展变化规律的一门科学,是港口航道与海岸工程专业的主要专业基础课。该课程的主要任务是使学生掌握泥沙运动及河床演变方面的基本概念、基本理论

及分析方法，为学习后续专业课程，将来从事港航、海岸工程建设和进行泥沙运动方向的科学研究打下基础。

课程主要知识点如下：

(1)河流泥沙的几何特性、重力特性及水力特性，各种绕流状态下的泥沙沉速计算方法；

(2)推移质泥沙的起动、沙波运动、动床阻力、推移质输沙率等基本概念和计算方法；

(3)河流含沙量沿水深分布规律以及水流挟沙力、悬移质输沙率、含沙量沿程分布规律及计算方法；

(4)异重流的特性及其基本概念，河床演变概念、类型及河床稳定度和河相关系等基本概念，潮汐河口水流、潮波运动特性，河口区盐淡水混合以及潮汐河口泥沙运动特征；

(5)河床纵向变形和细部变形计算以及河床变形极限状态估算。

13. 海岸动力学

本课程是港口航道与海岸工程专业的主要专业基础课。教学目标是使学生认识与掌握海岸动力因素(包括波浪、近岸波浪流和海岸带潮波)的基本理论，以及海岸泥沙运动(包括沙质和淤泥质海岸)的基本规律及其岸滩演变，使学生在港口选址、港口与航道的回淤分析及海岸工程的环境影响等方面有一定的基础知识，为学习专业课程以及今后从事科学研究打下基础。

课程主要知识点如下：

(1)海岸动力因素(波浪、潮流与近岸波浪流)的基本理论及其在海岸地区的变化规律；

(2)海岸地貌基本知识及海岸演变基本规律；

(3)波浪作用下的泥沙运动基本规律、波浪或波流共同作用下输沙率的估算方法；

(4)岸滩泥沙运动基本规律及其对海岸变形、港口及航道淤积的影响；

(5)淤泥质海岸泥沙运动的规律和港口及航道回淤量的估算方法。

14. 工程水文学

本课程是港口航道与海岸工程专业的重要技术基础课，主要任务是使学生认识水文现象的一般规律，培养学生初步掌握工程水文学的基本原理，初步具有不同资料条件下进行水文分析和计算的能力，为学习专业课、从事专业工作和进行科学研究打下基础。

课程主要知识点如下：

(1)水文学的研究方法和进展；

(2)水文测站网的布设、水文观测项目、水位观测设备和方法及水文资料统计基础知识；

(3)设计洪水的基本概念、设计通航水位及设计流量的确定方法和基本资料；

(4)海浪要素的统计规律、深水波浪要素的推算方法、波浪进入浅水后的变形计算；

(5)潮汐现象与成因、潮汐推算方法和应用；

(6)工程中设计水位、潮位、波浪要素的确定标准和方法。

15. 工程项目管理

本课程是港口航道与海岸工程专业的一门专业课，主要任务是向学生介绍工程项目管理的基本知识、基本理论、基本方法，使学生初步具有工程项目管理的能力。

课程主要知识点如下：

(1)工程项目管理概念：工程项目，项目管理，项目分解，工程建设程序，工程项目可行性研究与评估，工程项目利益相关者；

(2)工程项目管理组织：工程项目管理组织模式，项目管理组织机构，项目经理；

(3)工程项目招投标与合同管理：工程招标方式，招标程序，投标准备与策略，工程变更与索赔；

(4)工程项目计划：进度计划，资源计划，工程概预算，工程质量计划；

(5)工程项目控制：工程进度控制，工程费用控制，工程质量控制；

(6)工程收尾管理：工程竣工验收，后评价，审计。

16. 工程模拟技术

本课程是港口航道与海岸工程专业的一门专业课，主要任务是培养学生综合运用基础课与专业课知识进行科学试验研究的能力。通过课程教学，使学生初步掌握模型试验的基本理论、方法和技能，培养学生进行科学试验研究的兴趣，提高学生的科研素质和综合动手能力。

课程主要知识点如下：

(1)模型试验的基本概念与相似理论；

(2)因次分析及其应用；

(3)水工定床和动床模型试验设计理论；

(4)结构工程模型试验的研究内容和试验方法；

(5)模型试验的基本设备、量测技术和工程模拟技术的新动态。

四、港口航道与海岸工程专业的专业课知识单元

1. 港口规划与布置

本课程为港口航道与海岸工程专业的必修专业课，向学生介绍港口规划与总体布置的相关知识，内容涵盖除港口水工建筑物结构设计以外的所有与港口工程设计有关的内容。包括港口的基本概念、港口的组成及其功能、港口服务对象的营运特性及其对港口规划与布置的影响、与港口建设相关的港址自然条件资料的收集与分析、码头规模确定、码头平面设计、港口水域设计、港口陆域设施配置、港口发展规划与可行性研究、港口工程与环保等。

课程主要知识点如下：

(1)港口的基本概念：港口的定义、分类、组成、功能，港口生产作业的四大系统；

(2)港口营运：货物在港内的作业方式，腹地、吞吐量、通过能力及船舶尺度的基本概念，货物、旅客、船舶的营运特征及对港口规划与布置的影响，吞吐量预测方法；

(3)港口规划调查及分析：气象、海象、河口条件对港口建设和营运的影响；

(4)码头及码头平面设计：码头平面布置的基本类型，最优泊位数的概念和计算方法，码头泊位尺度和码头前沿高程的确定，提高港口通过能力的方法及各类码头平面布置的基本原则；

(5)水域及外堤布置：港口水深的确定方法及影响因素，航道设计，港内波高估算，防波堤布置，导航设施的设计；

(6)港口陆域设施：港口铁路的组成和功用，港口铁路和港口道路的基本概念和布置原则；

(7)港口发展规划和港区规划：港口可行性研究基本概念，港口发展规划的内容及港址选

择的基本原则；

(8)港口经济评价概念、理论与相关指标的资料收集与计算方法；

(9)港口环境评估与保护：环境保护基本概念，港口工程中的环保内容，港口环境保护评估方法。

2. 港口水工建筑物

本课程是港口航道与海岸工程专业的必修专业课，其任务是使学生掌握港口各类水工建筑物—码头、防波堤和修造船建筑物的作用荷载、结构形式、构造要求和计算与设计方法，为从事港口工程的设计、施工、科研和管理等工作奠定基础。

课程主要知识点如下：

(1)码头建筑物的形式和作用：码头形式与结构特点，作用于码头的使用荷载、船舶荷载、土压力、地震荷载，作用组合；

(2)重力式码头：块体码头、沉箱码头、大圆筒码头的结构形式和计算特点，带卸荷板码头的设计原理和方法，沉箱的设计计算方法及浮游稳定性计算；

(3)板桩码头：结构形式，单锚板桩墙的设计原理和计算方法，墙后主动土压力的分布特点和成因，按弹性线法计算板桩墙三要素的方法，锚碇结构特点和锚碇板的稳定性计算；

(4)高桩码头：各种高桩码头的结构形式、适用条件和优缺点，梁板式高桩码头上部结构布置、横向排架计算、各构件的计算原理和方法，无梁板码头计算方法，框架码头的结构；

(5)开敞式码头：开敞式码头结构形式和波浪力计算，高桩墩台的结构布置和结构计算；

(6)斜坡码头和浮码头构造组成及应用条件；

(7)防波堤概述：防波堤的功能及各种结构形式，设计波浪的确定；

(8)斜坡式防波堤：结构形式，波浪与斜坡堤相互作用特点，斜坡堤的断面设计，块体稳定重量、砌石护面厚度、堤顶胸墙波压力计算，地基稳定性验算；

(9)直立式防波堤：结构形式，堤前波浪形态及有关波压力的计算方法，重力式直立堤的计算内容及计算方法；

(10)修造船水工建筑物概述：船舶上墩下水的水工建筑物的类型及适用条件，船厂水工建筑物功能与布置原则；

(11)机械化滑道：纵向滑道、横向滑道的工作特点及适用条件，滑道主要尺度的确定及轨道基础常用形式，轨道荷载确定的方法，纵向滑道上船首压力的概念及其在高、低水位时的分布，天然地基上轨道基础计算的基本理论及长梁计算公式，轨枕道碴结构的计算方法；

(12)干船坞：船坞的工作原理，重力式、锚固式和排水减压式坞室结构、施工及适用条件，坞墙及坞底板计算特点，运用初参数法计算天然地基上底板的方法。

3. 航道整治工程

本课程是港口航道与海岸工程专业的必修专业课，其任务是使学生掌握河床演变学的基本理论和基本概念，基本河型的成滩原因、演变规律、整治措施，整治工程的设计方法，整治建筑物的结构与构造，为从事航道整治工程打下基础。

课程主要知识点如下：

(1)航道工程的基本概念：船队的基本知识，航道的基本条件，航道工程的意义，我国航道现状；

(2)河道演变基本原理:河道的基本特征、河性及稳定河道的概念,弯曲河段、分汊河段、散乱型河段、游荡型河段以及浅滩河段的河床演变规律;

(3)浅滩整治:正常浅滩、交错浅滩的成滩原因、演变规律和整治措施,优良河段基本特征;

(4)整治工程设计:整治水位、整治线的基本概念及确定方法,整治建筑物的结构和构造;

(5)河口演变规律和河口航道整治措施。

4. 渠化工程学

本课程是港口航道与海岸工程专业的必修专业课,主要介绍渠化工程规划的基本知识及船闸的设计方法,为从事渠化工程积累必要的专业知识和基本技能。

课程主要知识点如下:

(1)内河船舶的特点及其航行条件:天然河流的特点及改善通航条件的工程措施,通航建筑物的类型,渠化工程选址和总体布置要点;

(2)渠化工程的定义和主要功能;

(3)船闸基本尺度的确定方法:船闸通过能力的计算,过闸时间的确定,船闸耗水量及省水措施,船闸在水利枢纽中的布置原则、布置要求及布置方式;

(4)船闸输水应满足的基本要求:输水系统的主要形式及其水力特征,集中输水系统的几种形式及各自特点,分散输水系统的几种类型及各自特点,输水系统的选型原则,输水系统的水力计算;

(5)船闸结构的工作特点:闸室结构主要形式及各自特点,闸首结构形式及各自特点,引航道上的建筑物(包括导航建筑物及靠船建筑物),船闸的细部构造;

(6)船闸渗流特点以及防渗措施:渗流计算的内容及计算假设,渗流计算的几种方法;

(7)作用在船闸结构的荷载,主要荷载计算,设计情况与荷载组合,分离式闸室结构的计算内容和步骤,整体式闸室结构的计算内容和步骤,连底式闸室结构的计算内容和步骤,整体式闸首结构计算内容和特点,闸首边墩和底板的计算情况和步骤;

(8)闸门、阀门的功用和特点:闸门、阀门的基本要求,常用的几种门型,人字门的主要组成部分,人字门的类型及传力顺序、设计情况及荷载、主要构件计算,人字门启闭机械的基本要求;

(9)升船机工作原理、分类与垂直升船机简介。

5. 海岸工程

本课程是港口航道与海岸工程专业的必修专业课,主要介绍海岸工程的基本类型、功能、特点和用途,基本的计算方法,并介绍国内外典型工程实例和发展趋势,使学生逐步建立起工程概念,学会综合运用已学过的基础知识分析和解决海岸工程实际问题。

课程主要知识点如下:

(1)我国海岸带概况、环境特征及资源利用,海岸形态与影响海岸线变化的主要因素;

(2)海岸防护建筑物设计标准、设计潮位与设计波浪计算,建筑物断面形式和构造及设计方法;

(3)海岸防护建筑物地基稳定与沉降量计算及软基处理,护岸类型、构造和稳定计算;

(4)丁坝和潜坝的平面布置、特点与功能效果及结构形式;

(5)人工补滩的作用与方法；

(6)围海工程类型及堤线布置,围海堵口水力计算和龙口水力计算。

6. 水运工程施工

本课程是港口航道与海岸工程专业的必修专业课,从施工机械、施工技术、施工组织设计与工程管理等方面讲述水运工程施工的基本规律、基本工种和主要建筑物的施工技术,编制施工组织设计和概算的基本方法、组织安全施工的常识,以使学生具有水运工程施工的基本知识,为从事水运工程施工和管理打下初步基础。

课程主要知识点如下：

(1)常用施工机械的类型及工作原理；

(2)施工条件及自然条件的分析,施工工程量的计算方法与原则；

(3)一般工程(土方、爆破、疏浚、混凝土和钢筋混凝土、桩基、沉井和地下连续墙、码头、船闸、外堤)的施工设备、施工方法及质量检验标准；

(4)施工进度计划与施工组织设计、施工总图设计。

五、开设港口航道与海岸工程专业的高等院校

目前国内招收港口航道与海岸工程专业的高等院校约20余所。其中,大连理工大学、天津大学和河海大学的港口航道与海岸工程专业建立于新中国成立初期,当时称为水道与港口工程专业。20世纪50年代开设本专业大专、中专班,以后招收本专业本科生的院校有南京航务工程专科学校(2000年并入东南大学)、长沙航务工程学校(1978年更名长沙交通学院,2003年与长沙电力学院合并组建长沙理工大学)、重庆交通学院(2006年更名为重庆交通大学)。改革开放以来,又有杭州大学(1998年与原浙江大学组建为新的浙江大学)、青岛海洋大学(2002年更名为中国海洋大学)、武汉水利电力学院(2000年与原武汉大学等校组建为新的武汉大学)、华北水利水电学院、同济大学、大连水产学院、哈尔滨工程大学、上海海事大学、天津城市建设学院等院校先后开设了港口航道与海岸工程专业。

对应于港口航道与海岸工程专业的硕士和博士学位专业名称为“港口、海岸及近海工程”。除上列高校外,清华大学、华东师范大学、上海交通大学、中山大学、四川大学、西安理工大学、解放军理工大学以及南京水利科学研究院、中国水利水电科学研究院、国家海洋局、长江科学院等30余家教学科研单位拥有港口、海岸及近海工程专业博士和硕士学位授予权。

第二章　港口水域与水工建筑物

港口水域是到港船舶出入港口，在港内航行、停泊、靠离码头、装卸以及进行其他水上作业的场所。合理确定港口水域各组成部分尺度与平面位置是到港船舶安全有效作业的保证。港口水域布置是港口航道与海岸工程专业的专业课《港口规划与布置》的主要内容，本章第一节讲述港口水域各组成部分的功能与布置。

港口水工建筑物是港口的重要组成部分，包括码头、防波堤、护岸、修造船设施等。港口水工建筑物是港口设计、施工和科研的主要对象，除应满足强度、刚度、地基稳定性和沉降限制等方面的要求外，还应特别注意波浪、水流、泥沙、冰凌等动力因素的作用以及环境水（主要是海水）对建筑物的腐蚀，采取相应的防冲、防淤、防渗、抗磨、防腐蚀等措施。《港口水工建筑物》是港口航道与海岸工程专业的核心专业课。本章第二～四节介绍码头、防波堤及修造船水工建筑物三类主要港口水工建筑物。

第一节　港口水域

港口水域分为港外水域和港内水域。港外水域位于港口口门以外，包括进港航道和港外锚地。港内水域又可分为航行水域和作业水域。航行水域包括港内航道和供船舶转头或改换航向而专设的回旋水域，作业水域包括港内锚地、制动水域、回旋水域、港池、码头前水域（图 2-1-1）。

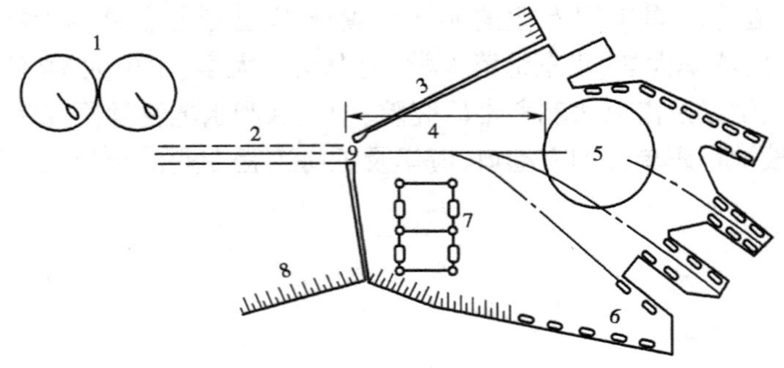

图 2-1-1　港口水域组成

1-港外锚地；2-进港航道；3-防波堤；4-制动水域；5-回旋水域；6-港池；7-港内锚地；8-护岸；9-口门

导航助航标志和防波堤也是港口水域重要组成部分。导航助航标志主要有灯塔、灯桩、导标、浮标和船舶交通管制系统。灯塔是船舶接近陆岸的主要标志，其射程一般为 10～25n mile（海里，1n mile = 1852m）。防波堤头、码头端部、岛礁以及其他可能威胁航行安全的地点通常布置灯桩，其射程视需要一般为 2～7n mile。为标示进港航道、引导船舶出入港口，配置导标

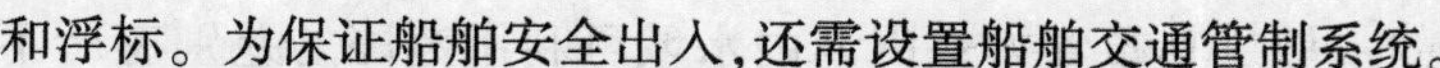

和浮标。为保证船舶安全出入,还需设置船舶交通管制系统。

船舶的装卸作业需要港内水面保持一定的静稳度,因此,在天然掩护不足的地点建港,需建设防波堤防止波浪、海流、海冰等的侵袭,以围护足够的平稳水域。在泥沙运动活跃的海岸,防波堤还起到防沙挡沙作用。

港口水域各部分的尺度,往往是以设计船型尺度为基准,根据港口营运要求和船舶驾驶人员经验,通过实船观测和近代船舶操纵模型实验等手段,经科学分析确定。

一、锚地

锚地是供到离港船舶临时停泊、联检、避风以及过驳作业等使用的专用水域,主要有以下5种:①引航锚地,等候引航员接引;②检疫锚地,供入港外轮等待卫生检疫;③停泊锚地,供船舶候潮、等待停靠码头;④避风锚地,具备较好的掩蔽条件,专供大风时船舶来此躲避风浪;⑤装卸锚地,供船舶在水上过驳。

锚地须确保有平稳而足够宽阔的水面和足够的水深,锚地水底的土质要适合挂锚。锚地的规模及尺度取决于同时系泊的船数、每个锚泊位占用的水域面积和系泊方式。对于港外锚地通常采用单锚系泊,港内锚地可采用锚泊、浮筒系泊或系船簇桩,在狭窄水域或河口地段,往往采用双浮筒系泊方式。

二、进港航道

进港航道是港口各泊位通向外海的通道。进港航道的选线和设计,应对当地海域的水文、气象、地形、底质等情况进行勘察与调查,合理利用环境条件,减少船舶在航道中的运行时间,将船舶受气象和水文因素的影响减小到最小程度。航道的选线,应充分利用天然水深,避免大量开挖岩石、暗礁和底质不稳定的浅滩。航道轴线方向尽量避免与强风及强流向成较大的夹角,有利于船舶操纵,减轻航道淤积,并可减小航道的设计宽度。航道选线应充分论证航槽开挖后可能引起的泥沙回淤,尤其要注意粉砂底质开挖航槽后有可能产生的骤淤。对于河口航道,还需着重分析河流、海洋动力和泥沙运动对其影响。航道选线在满足近期航行水深要求的同时,需结合港口的总体规划,为远景进港船型的加大留有余地。

航道基本尺度包括航道水深、航道宽度与转弯半径。航道水深的介绍见第一章第一节三。航道宽度指设计水深处(不含备淤水深)航道两底边线之间的距离。由航迹带宽度和为防止船舶错船时船吸、船舶与航道底边之间岸吸所需的富余宽度组成。转向角大于10°时,航道弯曲段应予加宽,以应对船体转向时产生的漂移。船舶航行时由于侧向风、浪、流作用或者船舶推进器的侧向偏转影响,总是在一定宽度的带状范围内摆动前进,其范围称为航迹带。

航道转弯半径应根据转角大小、船舶长度、掩护条件,结合航道水文地质和地形条件、船舶类型、航速、水深、航道宽度、船舶操纵性能综合确定。

三、港内作业水域

船舶进入口门时,为保证良好的操纵性能,一般保持4～6kn航速,进入港内水域后,船舶需制动减速,所漂行距离即制动水域长度。其尺度与船舶的吨位、主机的倒车功率及逆转时间等有关,一般取3～4倍最大设计船长。

回旋水域是船舶在港内掉头的水域。其布置方式因港内水域可利用范围的差别有所不同,有时可与口门附近的制动水域相结合,当港口采用顺岸码头布置时,亦可布置在港内水域的一端。回旋水域的尺度除与船型及吨位有关外,主要取决于船舶的操作方式。

港池系指码头前供船舶离靠泊位操作所需的水域,其尺度与码头的平面布置及船舶的操作方式有关,包括是否在码头前掉头及拖轮的使用,以及码头对岸是否有泊位等因素,港池宽度一般不小于1.5倍船长。

连接水域系指港内航道与码头港池衔接部分的水域。连接水域的尺度取决于船舶操纵要求,一般应按转弯半径不小于两倍船长考虑。

四、港内泊稳条件

为了保证船舶的正常作业和安全停靠,要求码头前水域平稳,必须确定恰当的泊稳条件。从实质上讲,港内泊稳标准即船舶运动量的限值。但由于波浪作用下船舶在码头前的运动量需要通过模型试验、实船测定或计算分析确定,难以统一标准。为此,长期以来都是根据码头前的波高值是否影响装卸作业来间接反映,并形成了若干估算码头前波高值的方法。这些方法简单易行,在初步方案设计阶段广泛被采用。

港口装卸作业的泊稳条件的具体判别指标是码头前沿的允许波高值 $H_{4\%}$,它与船舶吨位、来波方向以及不同货种的船舶和码头有关。部分船舶的允许波高值见表2-1-1,这里 $H_{4\%}$ 为波列累计频率4%的波高。

部分船舶装卸作业的允许波高值 表2-1-1

船舶吨级 DWT (t)	允许波高 $H_{4\%}$(m)							
	顺浪				横浪			
	油船	散货船	杂货船	集装箱船	油船	散货船	杂货船	集装箱船
10000	1.0	1.0	1.0	0.8	0.8	0.8	0.8	0.6
20000	1.2	1.2	1.0		1.0	1.0	0.8	
35000				1.0				0.8
50000	1.5	1.5			1.2	1.2		
100000	1.5				1.2			
150000	2.0	2.0			1.5	1.5		

第二节 码 头

码头位于港口水域与陆域交界,提供船舶系靠、装卸货物、上下旅客及各种辅助作业的港口基本设施,是主要港口水工建筑物之一。

停靠船舶、卸船装船、连接水域陆域的基本功能,规定了码头的工作条件:①要求码头前方与后方有适度的高度差,以实现水域陆域的连接和陆域排水;②码头前沿水深应满足设计水深,顶部高程应保证高水位下码头不被淹没;③为了实现水域陆域的连接,码头岸壁可以采用直立岸壁或者斜坡接岸,前者需要承受岸壁后方的侧向荷载作用,后者要求保证岸坡稳定;④码头上部结构应有足够的空间与强度,以布置前方装卸设备,承受装卸机械、货物和船舶作用的竖向和水平荷载。

一、码头分类

码头可按用途、平面轮廓、掩护条件、断面形状和结构形式等进行分类。

1. 按用途分类

主要包括货运码头和客运码头两类：

(1)货运码头。分为普通件杂货码头和专业码头。普通件杂货码头用于装卸各种件杂货，配备的装卸机械有较大的通用性。专业码头配备高效能的专用机械设备，用以装卸运量大、货物流量稳定的某种专门货物。专业码头按货种分，又可分为集装箱码头、石油码头、煤码头、矿石码头、散粮码头等，常有装船码头和卸船码头之别。

(2)客运码头。主要供旅客上下船用，设有旅客候船厅、行李房等。国际性客运码头还设有海关、防疫检查机构等。除此之外，还有客货兼顾的客货码头、滚装码头、港作船码头、修造船用的舾装码头和轮渡码头等。

2. 按平面轮廓分类

主要有顺岸码头、突堤式码头、墩式码头、岛式码头和系船浮筒 5 类：

(1)顺岸码头。其码头前沿线与陆域岸线平行，具有陆域宽广、船舶停靠方便、对水流和泥沙的影响较小等优点。采用高桩码头构建顺岸式码头时，根据码头与岸的连接方式又分为连片式和引桥式两种。连片式码头与岸上场地沿码头全长连成一片，其前沿与后方的联系方便，装卸能力较大。引桥式码头则用引桥将顺岸码头前方桩台与岸连接。

(2)突堤式码头。由陆岸向水域中伸出的码头。突堤两侧和端部均可系靠船舶，具有布置紧凑、管理集中的优点。

(3)墩式码头。即在水域中建造若干个独立的墩台，作为船舶系靠之用。主要用于装卸石油、散装谷物、煤和矿石等。

(4)岛式码头。建在外海深水处，码头与岸不相连接，一般供大型油船停靠，通过海底管道或管架桥装卸石油。

(5)系船浮筒。系泊方式有单点系泊和多点系泊，主要供大型油船系泊和装卸石油。

3. 按掩护条件

可分为有掩护码头与无掩护码头。

(1)有掩护码头：前者建在有掩护港口水域内。

(2)无掩护码头：又称开敞式码头，其特点是码头前水深大，受波浪力、水流力、船舶作用力影响大，施工条件差，因此在设计施工中需要特殊处理。在平面轮廓分类中的墩式码头、岛式码头和系船浮筒通常为开敞式码头。

4. 按断面形状分类

有直立式码头、斜坡式码头、半斜坡式码头和半直立式码头，如图 2-2-1 所示。

(1)直立式码头。又可分为岸壁式码头和透空式码头两大类，多建在水位变幅不大的港口，便于船舶系靠、货物装卸和车辆运转。

(2)斜坡式码头。多建在洪水季和枯水季水位变幅大的河段，岸坡较长，装卸效率低。

(3)半斜坡式码头。适用于枯水位时间较长而高水位时间较短的情况。

(4)半直立式码头。适用于高水位时间较长而低水位时间较短的情况。

半斜坡式码头和半直立式码头多建在内河或水库的小港口。

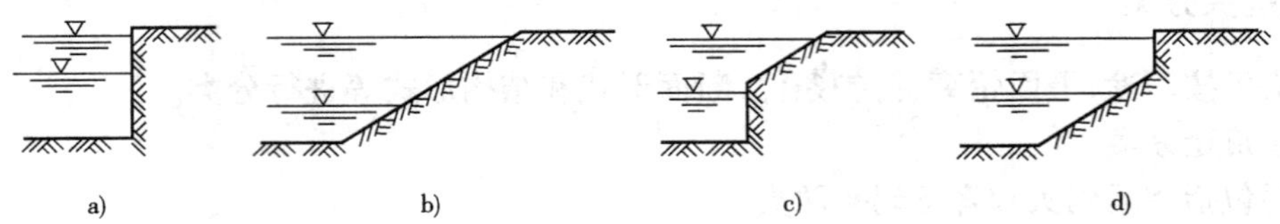

图 2-2-1 码头断面形式

a)直立式;b)斜坡式;c)半斜坡式;d)半直立式

5. 按结构形式分类

有重力式码头、板桩码头、高桩码头、锚碇墙式码头和浮码头 5 种。重力式码头、板桩码头、高桩码头是通常采用的码头结构,将在本节第二部分介绍。锚碇墙式码头由立板、底板、锚碇结构、基床和墙后回填体等构成(图 2-2-2),是兼有重力式码头和板桩码头特点的混合式码头。浮码头由趸船、活动引桥、撑杆及撑墩组成(图 3-2-7),适用于地质条件复杂,河床不稳定,不宜建固定式码头的情况。

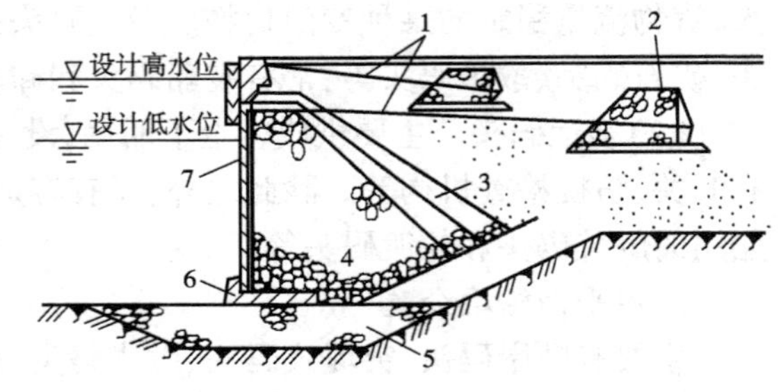

图 2-2-2 锚碇墙式码头断面

1-拉杆;2-锚碇结构;3-反滤层;4-抛石棱体;5-基床;6-底板;7-立板

二、码头的主要结构形式

1. 重力式码头

重力式码头依靠结构自重及其填料重量来阻止滑动、倾覆,由抛石基床、墙身、墙后回填体或抛石棱体、胸墙等部分构成。适用于地基较好、有大量砂石等建筑材料的地方。

按墙身结构的不同,重力式码头可分为方块码头、扶壁码头、沉箱码头、大直径圆筒码头和格形钢板桩码头等多种形式。

(1)方块码头。方块码头以预制混凝土方块作为墙身,又可分为实心方块码头、空心方块码头两大类。前者坚固耐用、维修工作量少,但地基应力大,混凝土用量多,水上安装及潜水工作量大,施工速度慢。后者较之前者约可节约混凝土用量 25%,并可减轻墙体自重,但其构件断面强度相对较差,采用错缝安装的多层空心块体常因出现点接触应力过大而导致工程事故。

实心方块码头有阶梯形、衡重式和卸荷板式三种,如图 2-2-3 所示。

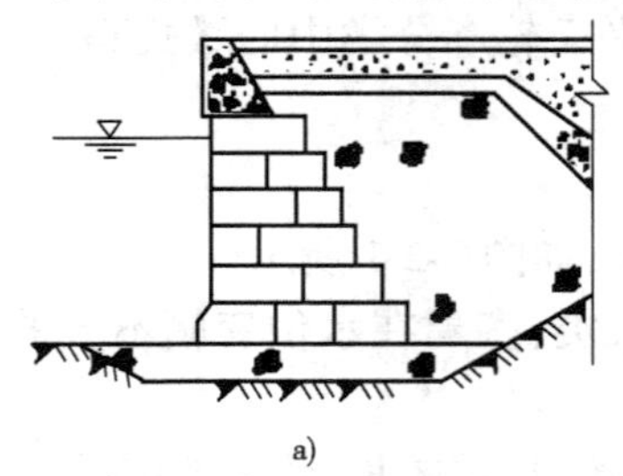

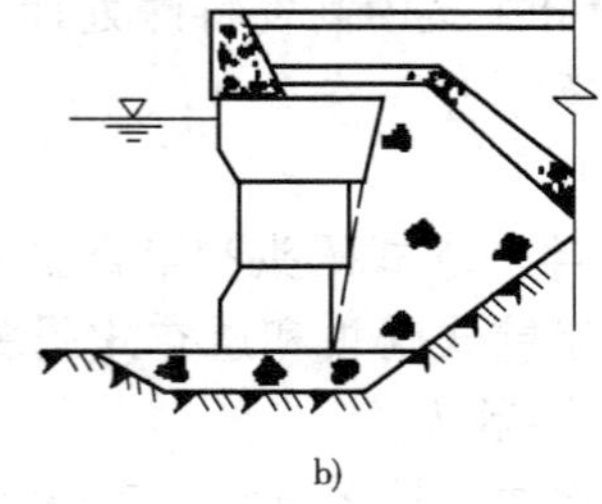

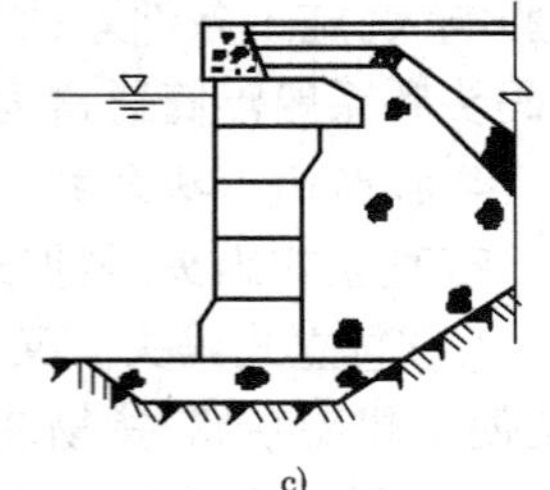

图 2-2-3 方块重力式码头的分类

a)阶梯式;b)衡重式;c)卸荷板式

阶梯形断面是一种古老的重力式断面形式，其断面和底宽较大，方块数量、种类和层数均较多，横断面方向的整体性差，基底应力不均匀。衡重式实心方块码头通过改变方块码放方式调整断面重心克服阶梯形方块码头底宽过大的缺点，减少混凝土用量。卸荷板式实心方块码头利用卸荷板遮帘作用减少墙后土压力、增加稳定力矩，显著减小码头断面，使地基应力趋于均匀。

空心方块码头的块体有工字形、双工字形、口字形及双口字形等形式，一般带有卸荷板，卸荷板以下的块体采用实心或空心方块。

(2)扶壁码头。扶壁是由立板、底板和肋板整体连接而成的钢筋混凝土结构(图2-2-4)。其优点是结构简单，水上安装及潜水工作量较方块码头大为减少，可一次出水，施工速度快，工程量少于沉箱。码头建筑物一般采用预制安装的扶壁，在有干地施工条件时，也可采用现浇的连续结构。扶壁结构可按肋板数分为单肋、双肋和多肋三种。由于受起重船能力的限制，扶壁式码头过去只用于中、小型码头，近年来随着起重船能力的增大，也开始用于大型深水码头。

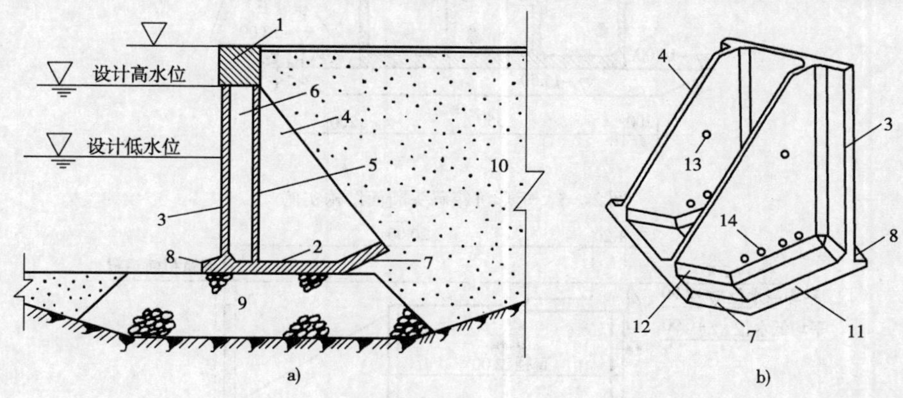

图2-2-4 扶壁式码头主体结构图及断面图

1-胸墙;2-底板;3-立板;4-肋板;5-隔砂板;6-反滤井;7-尾板;8-趾板;9-抛石基床;10-填土;11-内底板;12-加强角;13-吊孔;14-进水孔

(3)沉箱码头。沉箱为巨型有底空箱，箱内用纵横隔墙隔成若干舱格。沉箱码头整体性好，地基应力小，水上安装工作量小，可以一次出水，施工速度快，箱中填充砂石，水泥用量较方块码头少，但用钢量大。沉箱的预制和下水需要专门的预制场地及施工工艺。近年来，随着起重船能力的增大，在岸边预制后，用起重船吊运安装的吊运式沉箱被广泛地采用。另外我国也有利用专用浮坞制作沉箱拖运到深水区下沉起浮的施工工艺，如日照港煤码头就采用了此种施工方式。

按照平面形状，沉箱可分为矩形沉箱和圆形沉箱两种。矩形沉箱断面一般为对称式，也可采用非对称式，后者可节省混凝土，但制作和浮运较麻烦。当建造在波浪掩护条件较差的港口时，沉箱结构需采取适当的消浪措施，如图2-2-5中所示箱体外侧上部开设孔洞。圆形沉箱的受力情况与矩形沉箱有所不同，由于沉箱后侧为圆弧形，改变了墙后土压力强度分布，其总压力较矩形沉箱小。圆形沉箱内部填料压力按照贮仓压力计算，墙体受力为环向应力。圆形沉箱适合于用作外海引桥的桥墩或开敞式码头的系船或靠船墩，亦可用作顺岸码头的岸壁，如图2-2-6所示。

(4)大直径圆筒码头。大直径圆筒码头由预制薄壁钢筋混凝土无底圆筒组成(图2-2-7)，

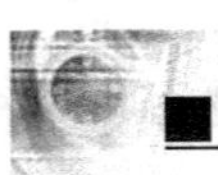

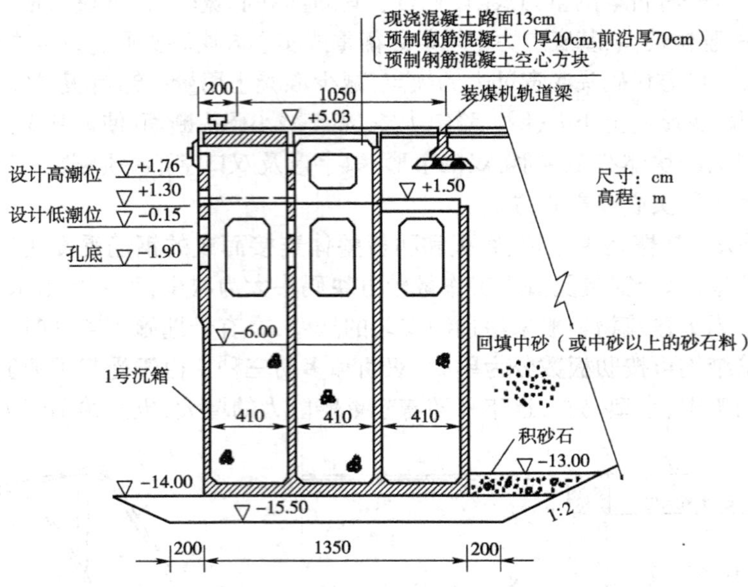

图 2-2-5　矩形沉箱码头断面结构实例

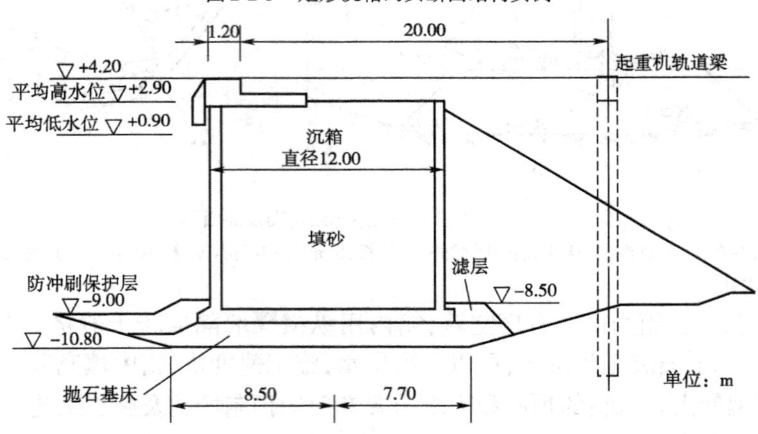

图 2-2-6　圆形沉箱码头断面结构实例

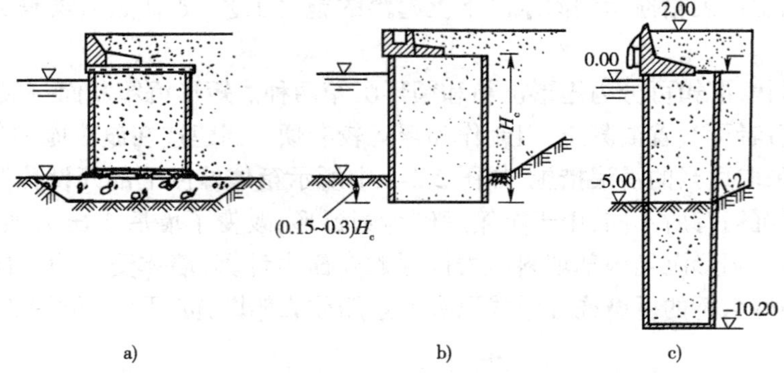

图 2-2-7　大直径圆筒码头的基本类型

a）基床式；b）浅埋式；c）深埋（插入）式

筒内填块石、砂或土，主要靠圆筒与其中填料整体形成的重力来抵抗作用在码头上的水平力。圆筒可放置于抛石基床上，也可直接沉入地基中。为了不使墙后填土流失，圆筒之间需采取堵缝措施。在抛填棱体顶面、坡面、胸墙变形缝和卸荷板顶面接缝处均应设置倒滤层。

(5)格形钢板桩码头。格形钢板桩码头是由直腹式钢板桩组成的格形结构，通过格仓填料构成重力式墙体。钢板桩格体是其主体部分，直接关系到码头的稳定性、耐久性、施工难易程度及使用性能。钢板桩格体可根据具体情况选择圆格形、扁格形、四分格形及偏圆格形等不同平面布置形式，如图 2-2-8 所示。

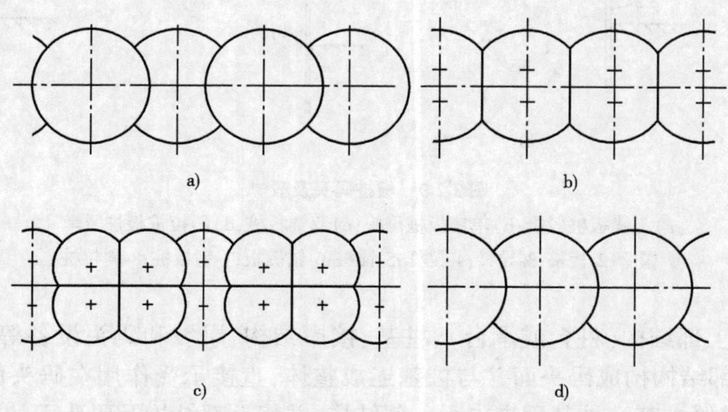

图 2-2-8　格形钢板桩码头的格体布置形式

a) 圆格形；b) 扁格形；c) 四分格形；d) 偏圆格形

2. 板桩式码头

板桩码头是由连续地打入地基一定深度的板型桩构成连续墙面，并由拉杆、帽梁(或胸墙)、导梁和锚碇结构等组成的直立式码头。板桩码头依靠板桩入土部分的侧向土抗力和安设在其上部的锚碇结构(对有锚板桩而言)的支承作用来维持稳定。

板桩码头的主要优点有：结构简单、用料省、工程造价低、施工简便等。挖入式港池采用板桩式码头时，可以先打板桩后挖墙前港池，能大量减少挖填土方量。板桩结构对复杂的地质条件适应性强，其缺点是耐久性较差。

按照材质分类，板桩码头可分为钢板桩、木板桩及钢筋混凝土板桩三种。钢板桩施工方便，可打入较硬的地基。钢板桩的断面形式主要有槽形、Z 形和平板形三种。前两种钢板桩的断面系数大，抗弯能力强，适用于建板桩壁岸；平面型的钢板桩的断面系数小，但其横向抗拉能力大，适用于格形结构。木板桩由于材料强度低、耐久性差，且要耗用大量木材，目前已很少采用。钢筋混凝土板桩用钢量少，材料易解决，过去常采用预制桩打入式施工，近年来发展了地下连续墙形式，有现场灌注式及插板式两种施工方法。有关软粘土地基上码头结构破坏实例的调查表明，各种码头结构中以钢板桩破坏的事例最少。

按照锚碇结构分类，板桩码头可分为无锚及有锚板桩两种(图 2-2-9)。无锚板桩呈自由悬臂工作状态，承受外荷强度小，仅适用于小型工程和荷载不大的情况。高度较大的码头，板桩墙后的土压力较大，为了减少板桩的跨中弯矩和墙体上端部向水侧方向的倾斜，通常在板桩墙体上部加设拉杆予以锚碇，成为有锚板桩墙。有锚板桩用拉杆或斜桩在板桩上部锚碇，以减少板桩的弯矩及位移。拉杆由墙体后面一定距离的锚碇结构锚碇，锚碇结构有锚碇板式及叉桩式两类。采用锚碇板作为锚碇结构时，应将锚碇板设于码头后方的土体破裂面之外。

为了使各单根板桩连成整体，共同工作，通常在板桩墙顶端加上帽梁。在拉杆与板桩墙连接处的外侧要设置水平导梁，使得每根板桩都能被拉杆拉住。当潮差不太大时，可将导梁与帽梁合并成胸墙。

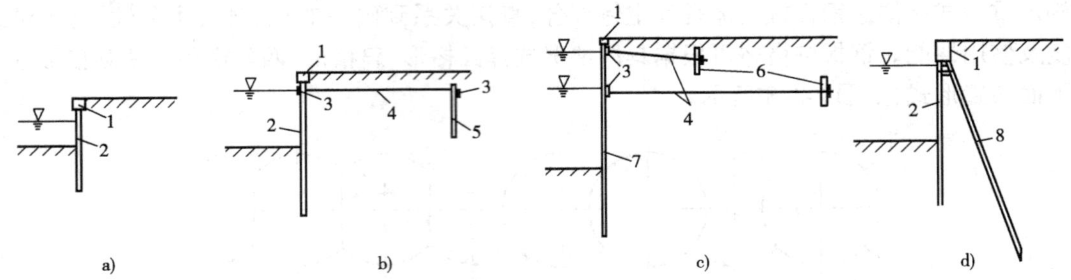

图 2-2-9　板桩码头及驳岸

a）无锚板桩驳岸；b）单锚板桩码头；c）双锚板桩；d）斜拉桩板桩驳岸

1-帽梁；2-板桩；3-导梁；4-拉杆；5-锚桩；6-锚碇板；7-钢板桩；8-斜拉桩

3. 高桩码头

高桩码头由上部结构（桩台或承台）、桩基、接岸结构、岸坡和码头设备等部分组成，如图 2-2-10 所示。上部结构构成码头面并与桩基连成整体，直接承受作用在码头面的垂向及水平荷载，并将其传递给桩基。桩基用来支承上部结构，并将上部结构及码头面的荷载传递到地基深处，同时也有利于稳固岸坡。接岸结构的主要功用是将桩台与港区陆域相连。高桩码头常用于浅层地基强度较低的软土情况。

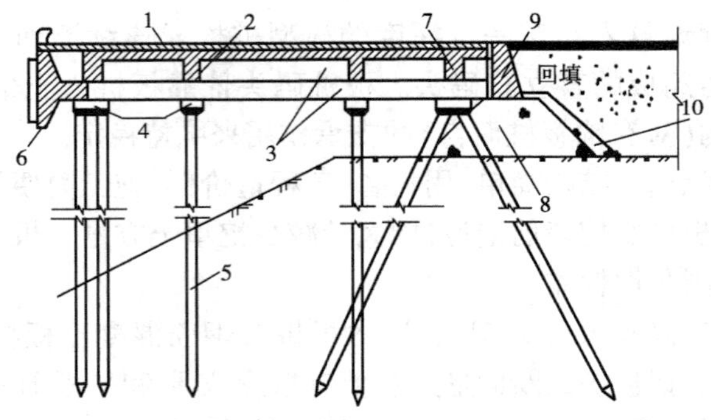

图 2-2-10　高桩码头的结构组成

1-面板；2-纵梁；3-横梁；4-桩帽；5-桩；6-靠船构件；7-轨道梁；8-抛石棱体；9-挡土墙；10-倒滤层

按照岸坡稳定的条件，可将高桩码头分为岸坡自身稳定型和岸坡依靠码头结构稳定型。前者指码头结构基本不承受侧向土压力，岸坡自身维持稳定，这一形式的高桩码头均为透空结构；后者指码头结构兼有挡土作用，承受相应的侧向土压力，岸坡依靠码头结构保持稳定，挡土结构一般采用板桩墙，板桩设在码头前缘的称为前板桩高桩码头，设在码头后侧的称为后板桩高桩码头。

按照上部结构的形式，高桩码头可分为梁板式、无梁大板式及框架式三种。梁板式高桩码头的上部结构由钢筋混凝土横梁、纵梁、面板及靠船构件等组成，受力方式明确，跨度较大，能充分发挥桩基的承载力。无梁大板式高桩码头的上部结构由预制大板及靠船构件组成，优点是结构简单，上部结构底面轮廓线少，不易腐蚀，施工速度快，缺点是对连续性集中荷载的适应性差，适用于以均布荷载为主的码头。框架式高桩码头的上部结构采用框架结构，桩台刚度大，但构造复杂，节点多，施工麻烦，现已很少采用。

高桩码头结构简单、能承受较大的荷载、用料省、施工速度快。透空式高桩码头对波浪的反射率小，有利于改善码头前的泊稳条件。高桩码头的缺点是耐久性较差，透空式上部结构的底部易受盐雾腐蚀而破坏，土体侧向变形易造成桩体开裂，码头抗震性能较差。随着船舶大型化，船舶吃水加大及靠船力增加，大型深水码头采用普通钢筋混凝土桩已不能满足承载要求，往往采用大直径预应力钢筋混凝土管桩或钢管桩。

第三节　防　波　堤

防波堤的主要作用是防御波浪对港口水域的侵袭，为船舶提供平稳、安全的停泊条件和作业水域。在砂质或泥质海岸，防波堤也起到减少或阻止泥沙进港的作用。对有冰冻的港口，防波堤也可减少港外流冰进入港内。另外，建造在河口或泻湖潮汐汊道口用以引导水流的导流堤，用于拦截沿岸漂沙的防沙堤，以及用于岸滩防护的离岸堤、潜堤、突堤（丁坝）等海岸堤坝，其设计与防波堤基本相同。

一、防波堤的平面布置

防波堤的平面布置需要考虑波浪、水流、风、泥沙、冰、地形、地质等自然条件，船舶航行、泊稳和码头装卸等营运要求以及施工、投资等因素，可采取单突堤、双突堤、岛堤与突堤混合布置的方式，图 2-3-1 为我国港口典型防波堤布置方式。

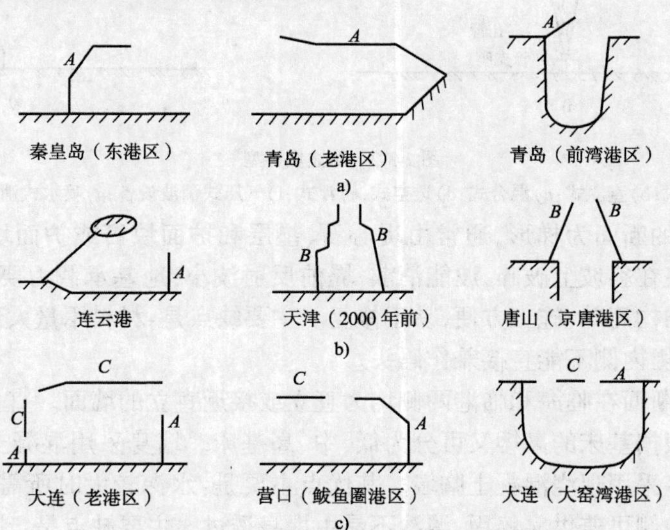

图 2-3-1　我国海港防波堤平面布置示例

a）单突堤布置；b）双突堤布置；c）岛堤与突堤混合布置

A-突堤；*B*-双突堤；*C*-岛堤

单突堤从海岸伸入海中，堤头到达适当深水处。主要应用于波浪频率集中在某一方位，泥沙运动方向单一，或港区一侧有天然屏障时，如秦皇岛东港区、青岛老港区的防波堤布置。双突堤自海岸两边适当地点，各筑一道突堤伸入海中达深水线，遥相对峙，两堤末端形成突出于

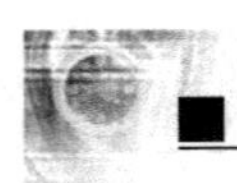

深水的口门，围成较大水域，保持港内航道水深，如唐山港京唐港区、天津港的防波堤布置。岛堤两端不与海岸相连，形同海岛，可拦阻迎面袭来的波浪与漂沙。岛堤多与突堤混合布置，形成多个口门，便于船舶进出，并阻挡迎面的风浪，如大连港老港区、大窑湾港区的防波堤布置。

二、防波堤的结构类型

防波堤按其断面形式和消波特性可分为斜坡式防波堤、直立式防波堤、混合式防波堤、透空式防波堤、浮式防波堤以及压气式和喷水式消波设备，见图 2-3-2。

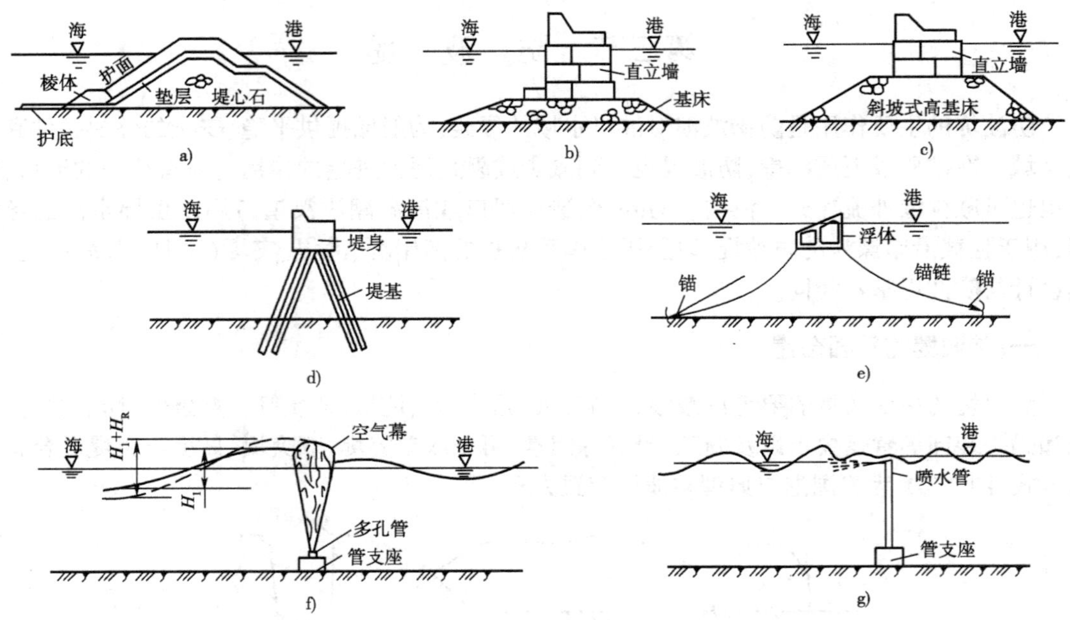

图 2-3-2　防波堤类型

a）斜坡式；b）直立式；c）混合式；d）透空式；e）浮式；f）气压式消波设备；g）喷水式消波设备

斜坡式防波堤的断面为梯形，通常由堤心石、垫层和护面块石或护面块体组成。其优点是：大部分入射波浪在斜坡上破碎，波能消散，堤前反射波小；地基承载力要求较低，对地基不均匀沉降不敏感；结构简单，施工方便，易于修复。主要缺点是：材料用量大致与水深平方成正比，不适合大水深；堤内侧不能直接兼作码头。

直立式防波堤断面在临海和临港两侧均为直立或接近直立的墙面。直立式防波堤的基础多采用抛石基床，根据基床的高矮又可分为低、中、高基床。墙身采用混凝土方块或钢筋混凝土沉箱结构，上部多采用现浇混凝土胸墙。其优点主要是：水深较大时所需材料比斜坡堤省、维修工作量小、堤内侧可兼供靠船用、漂沙不易由堤身透过。主要缺点是：地基应力较大，不适用于软弱地基；波浪在墙面反射，影响水面平稳。直立堤较适用于海底土质坚实，地基承载力较高和水深大于波浪破碎水深的情况。

混合式防波堤把斜坡堤与直立堤两种形式结合在一起，下部用斜坡堆石作为基础，上部用各种结构形式的直立式堤体抗御波浪。

透空式防波堤由支墩和没入水中一定深度的挡浪结构组成，利用挡浪结构挡住波能传播，以达到减小港内波高的目的，适用于水深较大而波高较小的情况。

浮式防波堤由有一定吃水深度的浮体和锚链系统组成，浮体可以阻挡波浪传播，使波浪破碎，并利用浮体上下浮动和前后摆动来吸收和消散波能，以达到减小堤后波高的目的。浮式防波堤修建迅速、拆卸简便、造价低，但消波有限，一般只作为临时性的防浪设施。

压气式消波装置利用放在水下的带有小孔的管子喷放压缩气体，形成一道上升泡沫，泡沫上升带动水体垂直向上流动，水流到达水面后又变成水平的表面流动，使得波浪的波长变短、波陡增大发生破碎，从而使进入港内的波能减少。其优点是不占用空间，对船舶航行无阻碍，安装拆卸简便，造价低，但用气量较大，运行费用高。

喷水式消波装置利用放置于水面附近的喷嘴喷射与入射波相反方向的水平表面流，使波浪破碎，达到消浪的目的，其优点与压气式防波堤类似，但运行费用更高。

这七种形式的防护建筑，前三种在港口广泛采用，后四种应用尚未普遍，多见于防波性能要求较低或临时性、实验性工程。

三、斜坡堤和直立堤的构造

1. 斜坡式防波堤

护面块体是斜坡式防波堤抵御波浪作用的主要构件，其水力特性和强度与形状密切相关。迄今为止出现的护面块体不下200余种，其中异型混凝土块体由于相互啮合好、空隙率大，具有良好的透水性和水力糙度，可使大部分波能消耗在护面层内，减小波浪爬高和反射，提高堤体稳定性。在我国广泛应用的块体，对于波高较大的情况主要有四脚锥体、扭工字块体、扭王字块体，波高较小时主要有四脚空心方块和栅栏板，这几种块体的形状见图2-3-3。

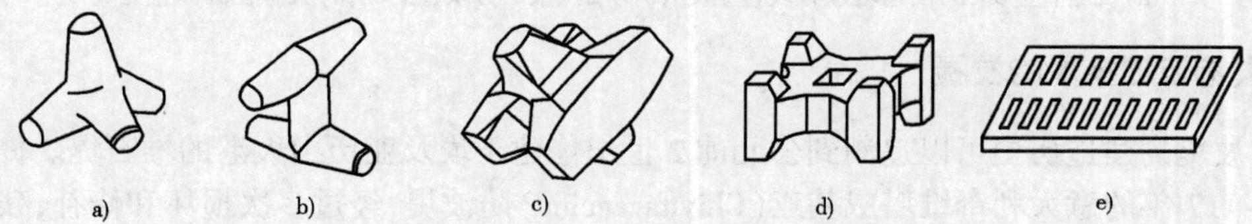

图2-3-3　常用的人工块体

a)四脚锥体(法国)；b)扭工字块(南非)；c)扭王字块体(法国)；d)四脚空心方块(日本)；e)栅栏板(中国)

2. 直立式防波堤

直立式防波堤按结构形式可分为重力式和桩式两种。

重力式直立堤以自重维持稳定，主要由墙身、上部结构和基床组成，其功能和构造与重力式码头类似。常用的重力式直立堤包括钢筋混凝土沉箱、混凝土方块和大直径圆筒等(图2-3-4)。

沉箱式防波堤整体性好，陆上预制好后水上现场安放，是直立式防波堤的常用结构。方块防波堤分为普通方块堤和大型方块堤两种，普通方块堤不需要起重能力大的施工船舶，但堤身整体性差，个别方块的沉陷或损坏会影响其他部分的稳定。大型方块堤的方块长度等于堤身的宽度，避免了横断面的错缝问题，由于自重较重，能承受很大波浪的作用。大直径圆筒防波堤外形为曲面，作用于圆筒不同部位上的波压力存在相位差，使得作用于圆筒堤上的总波压力比平面直墙减少5%～15%。由于圆筒不能浮运，需要大起重能力的施工船舶，空筒安装后应及时填料，以保证其稳定。

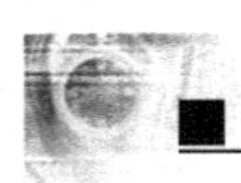

桩式防波堤是用桩构成墙身的直立式防波堤。桩可采用钢板桩、钢管桩、钢筋混凝土板桩和钢筋混凝土管桩等。桩式防波堤具有施工迅速简便，整体稳定性好的优点，但所需钢材较多，要有水上打桩机具，施工期抗风浪能力较差，耐久性不如重力式防波堤。桩式防波堤由墙身和上部结构组成，其上部结构与重力式防波堤无明显差异。为防止波浪对地基的淘刷，在临海一侧堤脚仍需抛填块石加以保护。设计时应验算桩式防波堤的整体稳定性和桩的强度。

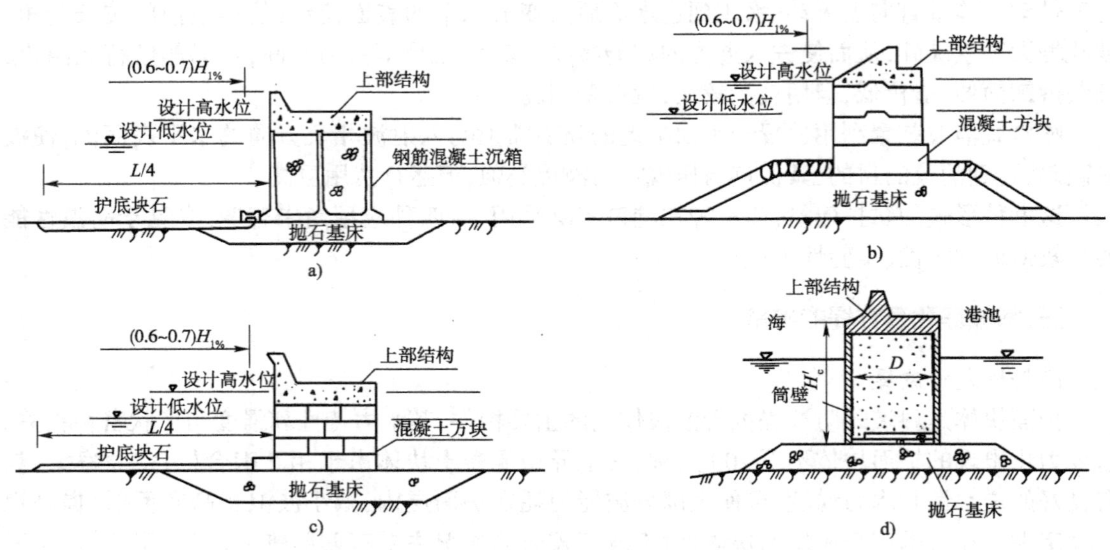

图 2-3-4　重力式直立堤断面示意图

a)沉箱直立堤；b)削角堤顶方块直立堤；c)胸墙挑浪的方块直立堤；d)大直径圆筒直立堤

四、防波堤技术的发展

防波堤的建造历史可以追溯到公元前 2 世纪修建于埃及亚历山大港的堆石堤。修建于公元 57 ~ 117 年的意大利奇维塔威基亚（Chivitavecchia）防波堤，经过多次损坏和修补，残留至今的堤身达到了平衡坡面，如图 2-3-5b）所示。近代防波堤出现于 18 世纪末到 19 世纪中叶，这一时期先后出现了现代港口常用的斜坡堤、混合堤、直立堤。其代表性建筑分别为法国瑟堡（Cherbourg）、英国普利茅斯（Plymouth）和英国多福尔（Dover）防波堤，如图 2-3-5c）~ e）所示。

防波堤结构的发展与人类对其工作机理认识的深化、设计施工技术水平的提高和对工程事故的分析密切相关。其变化趋势可归结为由斜坡堤变为混合堤或直立堤、基床由高变低、堤面坡度由缓变陡、新型护面块体和上部结构不断出现，新型防波堤的受损往往导致原有结构的复苏。

图 2-3-5 是高桥重雄归纳的近代防波堤发展过程和一些标志性防波堤。图 2-3-5a）展示了从早期防波堤发展到当代三种代表性的新型防波堤，即新型沉箱堤、水平混合堤和宽肩台防波堤，所经过的演化过程。新型沉箱堤源于直立堤的发展和空心方块、大型块体与沉箱的出现；随着四脚锥体、扭工字体等多种异形消浪块体的发明，人工护面块体尺度加大和形状变化，并将其放置于挡浪胸墙或沉箱之前产生了水平混合堤；预留堤身抛石体以形成适应海浪作用的动态平衡坡面，出现了宽肩台防波堤。图 2-3-5a）还列出了防波堤发展史中的若干重要事件，以及不同时期出现的计算护面块体稳定重量和直立堤波浪力的代表性公式。

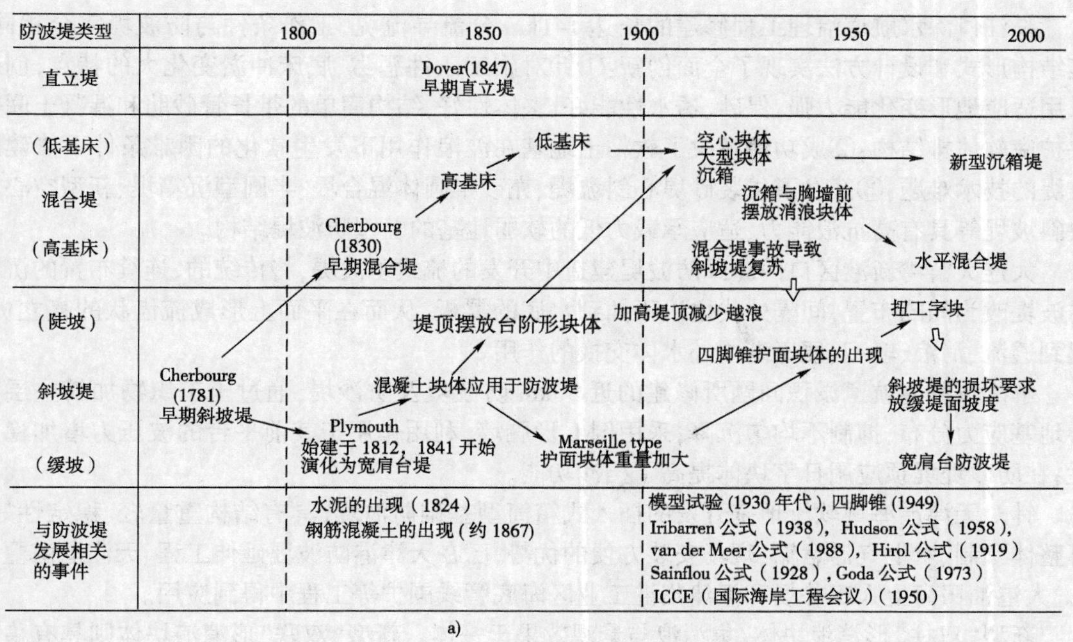

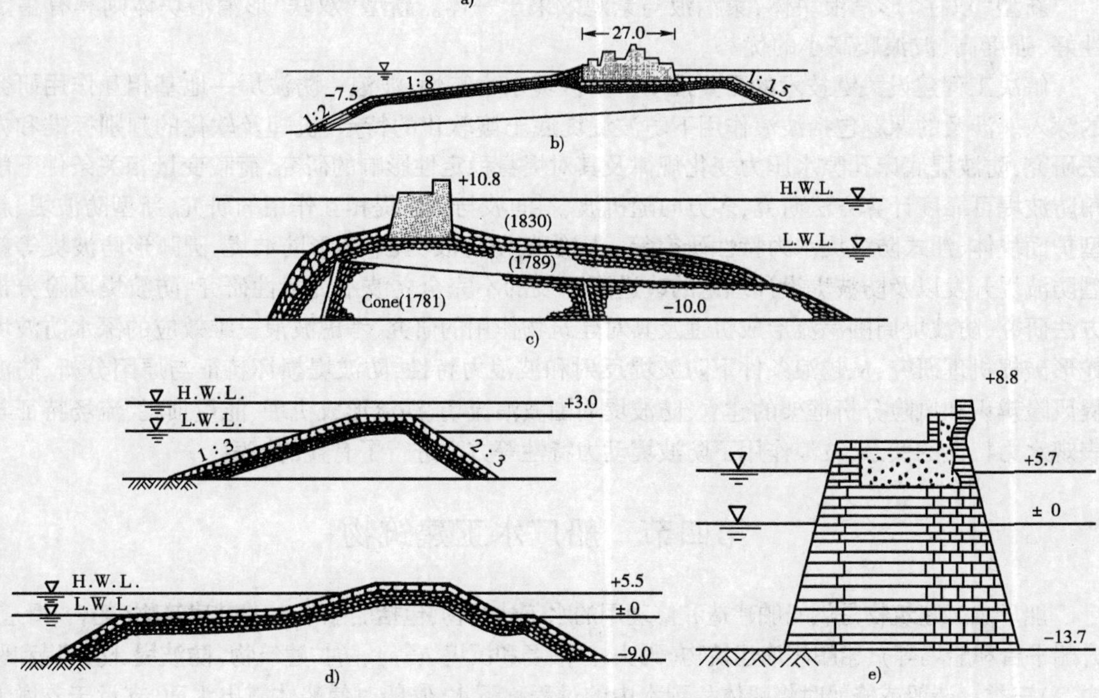

图 2-3-5　近代防波堤发展历程和标志性防波堤

a）近代防波堤发展历程；b）修建于公元 57～117 年保留至今的意大利奇维塔威基亚（Chivitavecchia）防波堤；c）近代史上早期修建的法国瑟堡（Cherbourg）防波堤；d）修建于英国普利茅斯的早期斜坡堤：上图为 1812 年的原始断面；下图为 1841 年修复改建的断面；e）1847 年修建于英国多福尔的早期直立堤

近年来，随着港口的大型化、深水化，以及恶劣工程环境下建港的需要，我国防波堤建设技术的发展和创新已进入国际先进行列。

长江口深水航道治理工程修建的长达141km分流导流堤，工作条件与防波堤完全相同，其结构形式和设计方法实现了全面创新：①针对施工条件恶劣、底床冲淤变化大的特点，创新采用适应地形变化能力强，保砂、透水性能好，整体性好，结构简单的带长管砂肋和混凝土联锁块护底软体排结构；②成功地解决了软粘土地基在波浪作用下发生软化的困难条件下修建防波堤的技术难题；③开发了袋装砂堤心斜坡堤、充砂半圆体混合堤、半圆型沉箱堤、新型空心方块斜坡堤等具有高抗浪能力、适应承载力低的软弱地基的轻型防波堤结构。

大连大窑湾新港区口门岛式防波堤建造中开发的梳式防波堤，将传统的、连续布置的沉箱防波堤改为间隔布置，间隔处代之以不插到水底的翼板，从而在平面上形成梳齿状的直立堤，起到透流、消浪、轻型、便于港内外水体交换的作用。

解决黄骅港航道淤积问题所修建的近30km防波堤及防沙堤，通过土工织物加筋垫层改善地基应力分布，抑制不均匀沉降；采用倒L形胸墙，利用作用于其前平台的波压力增加稳定性；在防砂堤堤顶应用日字块体提高了挡沙功能。

针对天津港海域软土地基开发的插入式箱筒型基础防波堤，具有结构重量轻、稳定性好、可整体预制、水上气浮运输、现场安装方便的优势，已在天津港防波堤延伸工程、天津港南疆围埝、大港油田海上人工井场和天津临港工业区海底管线围护等工程中得到应用。

新型“双柱”形消浪块体，集消浪与景观效果于一体。新型“双联”形消浪块体则具有稳定性好、强度高、波浪爬高小的优势。

解决工程建设关键技术的需要推动了防波堤水力特性、波浪—防波堤—地基相互作用研究的深入。涉及的课题包括波浪作用下防波堤堤底土壤软化的特点、机理及软化的判别标准和方法研究，防波堤底床孔隙水压力变化规律及其对堤身稳定性影响的研究，荷载变量相关条件下削角防波堤可靠度计算方法研究，多方向随机波、斜向波与防波堤相互作用的研究，新型防波堤、新型护面块体、浮式防波堤水力特性研究等。围绕削角防波堤、半圆形防波堤、圆弧形防波堤等新型防波堤开发以及防波堤设计理论的改进所开展的不完全立波水力特性研究、防波堤风险分析方法研究、防波堤周围涡流形成机理及其对建筑物作用的研究、考虑波浪三维效应的深水防波堤蛇形破损机理研究，从越浪条件下防波堤反射和波浪力特性，防波堤损坏特征与原因分析、防波堤风险辨识和风险分析框架的建立，防波堤周围波浪流场、涡流形成机理、能量损耗、流场特征与表观水力特性的关系，波浪作用下防波堤动力特性等方面进行了有益的探索。

第四节　船厂水工建筑物

船厂水工建筑物是供船舶建造和修理用的水工建筑物，包括船舶下水上墩建筑物（船台、滑道、升船平台和船坞等）、船舶停泊建筑物（码头、停泊场和沉坞坑等）、防护建筑物（防波堤、防沙堤和驳岸等）三类。造船或修船时将船体移到水中的过程称下水，修船时使船体露出水面，支承于支墩上以进行船体水下部分修理的过程称为上墩。下水、上墩建筑物是船厂最基本的水工建筑物。

一、船台与滑道

船台是专供修造船用的岸边陆上构筑物，配置有下水及上墩设施，是船厂的主要生产设施之一。船台两侧设有修造船用的装焊设备、起重设备和各种动力供应管道。船台按地坪特点分为

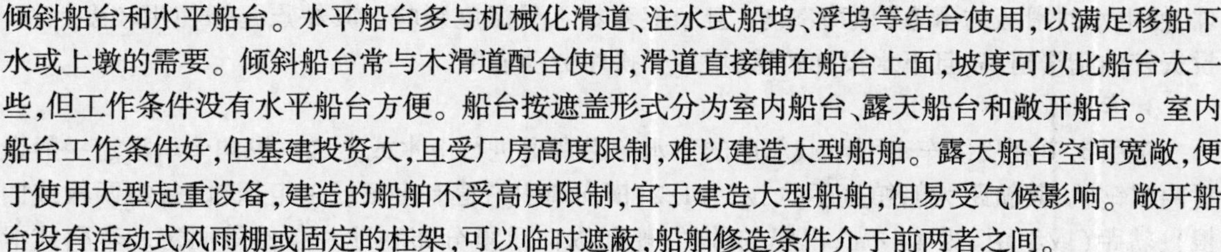

倾斜船台和水平船台。水平船台多与机械化滑道、注水式船坞、浮坞等结合使用,以满足移船下水或上墩的需要。倾斜船台常与木滑道配合使用,滑道直接铺在船台上面,坡度可以比船台大一些,但工作条件没有水平船台方便。船台按遮盖形式分为室内船台、露天船台和敞开船台。室内船台工作条件好,但基建投资大,且受厂房高度限制,难以建造大型船舶。露天船台空间宽敞,便于使用大型起重设备,建造的船舶不受高度限制,宜于建造大型船舶,但易受气候影响。敞开船台设有活动式风雨棚或固定的柱架,可以临时遮蔽,船舶修造条件介于前两者之间。

1. 滑道的种类

滑道是专供船舶下水或上墩用的构筑物,其上设有木质或金属滑轨。木质滑轨用于油脂滑道和钢珠滑道,金属滑轨则用于牵引式滑道。为承受下水船舶的重量,滑道需具有坚固的基础。

滑道种类较多,如图 2-4-1 所示。根据船体下水或上墩移动过程中船舶纵轴与滑道中心线的关系,可分为纵向与横向滑道:船舶纵轴移动方向与滑道中心线相一致时,称为纵向滑道;船舶纵轴垂直于滑道中心线,而下水移动方向与滑道中心线相一致时,称为横向滑道。纵向滑道一般设有 2 ~ 4 根轨道,其坡度与船的长度有关,船舶较短时坡度应陡一些。纵向滑道占用岸线短,需用的水域较宽,其主要优点是:轨道的总长度和滑道所占用的面积较横向滑道小,因而造价较低;所能承载的船舶较横向滑道大;当船舶上墩时,船轴与岸线垂直,容易在滑道水下部分的两侧布置横桥、墩柱等导向设备,便于船舶上墩时的定位;由于下水车长度大,牵引力沿车的纵轴作用于车的正中,故船舶升降时下水车不易发生倾斜。横向滑道坡度一般比纵向滑道为大。轨道之间的距离和轨道数量,根据船舶长度及其结构强度而定。横向机械化滑道以高低轨滑道和梳式滑道采用较广。由于船舶上墩下水时船舶纵轴与岸线平行,受水流影响较小,横向滑道所需的水域宽度较小,这一优点在河流中更为明显。横向滑道末端水深可较纵向滑道为小。横向滑道的主要缺点是:船舶上墩时定位不便;由于船舶移运方向与船轴垂直,移运时易发生偏扭;滑道轨道数目多,轨道总长度比纵向滑道长,造价一般较高;占用岸线较长。

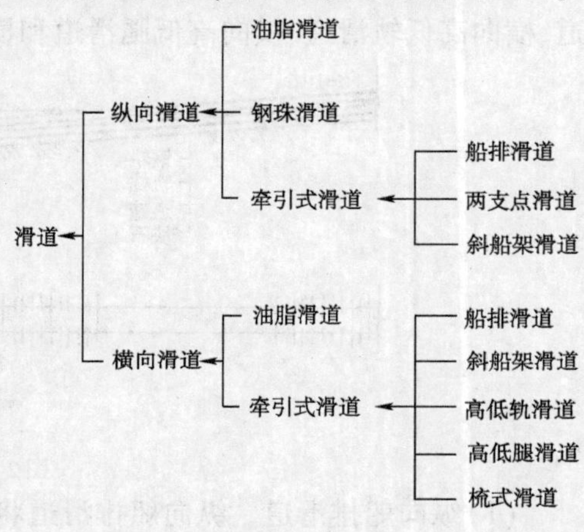

图 2-4-1　滑道的分类

2. 油脂滑道和钢珠滑道

油脂滑道以油脂作为木质滑道与滑板之间的润滑剂,摩擦阻力较大,主要用于船舶建造后下水,有时也用于小型船舶上墩。纵向油脂滑道的适用范围大,投资少,施工简便,维修工作量小,在我国积累了长期的使用经验。其缺点是要求有较宽广的水域,一条滑道只能满足单个船台的生产,船舶在船台上呈倾斜状态,造船作业条件较差,下水操作较复杂,劳动强度大(图2-4-2)。

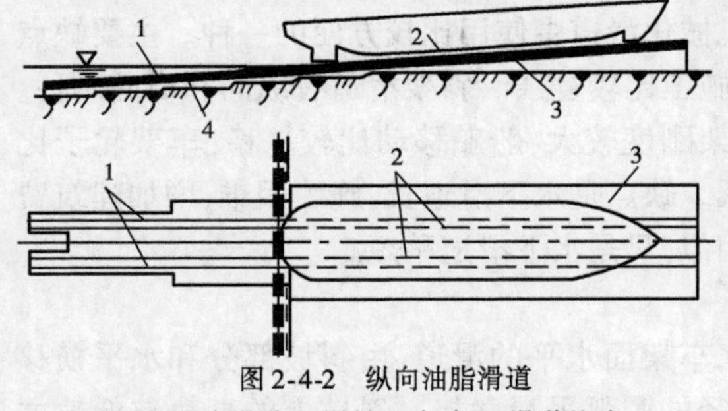

图 2-4-2　纵向油脂滑道

1-下水滑道;2-滑板;3-船台;4-滑道基础

钢珠滑道与纵向油脂滑道基本相同,仅将下水时的润滑剂改为特制的带有保距器的钢珠,使下水时滑板与滑道的摩擦减小,且摩擦系数不受温度影响。其缺点是需使用较多钢材,投资较油脂滑道高,且下水设施较重,增加了操作劳动强度。

3. 牵引滑道

牵引滑道利用绞车牵引承载船舶的下水车沿滑道进行下水或上墩。纵向牵引滑道一般设置两根钢轨,其轨距为船舶宽度的1/3~1/2;横向牵引滑道有多根或多组钢轨(每组两根或四根),轨距(或组距)为4~7m,视船舶种类、船舶纵向重量分布和地基条件等而定。牵引式滑道下水安全平稳,可提高船舶下水或上墩的效率和安全性,并可通过横移设施与多座水平船台结合使用,由于牵引能力受到设备和动力条件限制,通常只用于中小型船舶的下水上墩。根据下水车及其向船台转移方式的不同,牵引滑道有多种形式。常见的有纵向船排滑道、斜架滑道、横向高低轨滑道、横向高低腿滑道和横向梳式滑道。

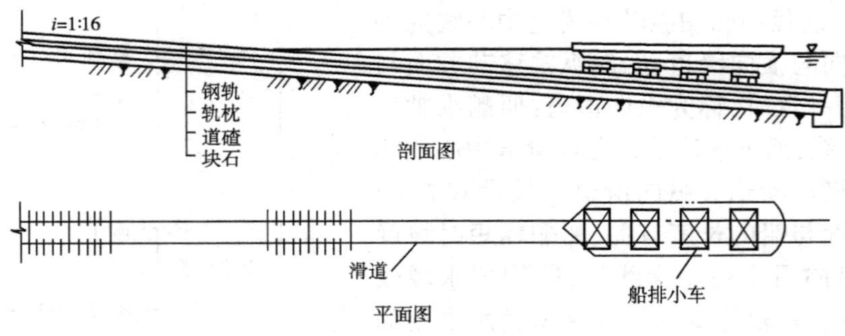

图2-4-3　纵向船排滑道

(1)纵向船排滑道。纵向船排滑道将船舶座落在带有滚轮的整体船排或分节船排上,船排的顶面与轨道面平行,由绞车牵引船排完成船舶上墩与下水作业(图2-4-3)。由于船排比其他类型牵引轨道的下水车高度较低,滑道可以短些,便于施工和维护,投资较少。其缺点是:一条滑道船台只能建造或修理一艘船,船舶处于倾斜状态,作业条件较差;船排高度小,在船底工作不方便;下水船舶尾浮时产生较大的首部支点压力,故主要用于中小型船舶的修造。为了使船舶能转运至布置多个船位的水平船台上,在纵向船排滑道的基础上,可设置摇架、横移架等多种类型的改变船舶放置坡度和位置的设施,转移拖到滑道顶部的船舶。

(2)斜架滑道。斜架滑道是以斜架下水车载运船台小车上的船舶上墩或下水的机械化滑道。斜架车顶面设计成水平面或近于水平面,上铺轨道,便于船台小车在上面移动。船舶坐落在船台小车上,利用绞车控制,牵引斜架车上下。这种两层车方式能使船体始终处于水平状态,便于移船和布置多船台工作。每个船台可单独生产和移船,互不干扰,能适应不同结构的船舶,比船排滑道和两支点滑道适应范围广,是机械化滑道中使用比较方便的一种。主要缺点是双层车架高,滑道末端水较深,水下工程量大,施工比较复杂。斜架滑道有纵向和横向两种。纵向斜架滑道(图2-4-4)消除了首支架压力,斜架刚度较大,船舶移动比较平稳,车架轮子比较多,力量比较分散,对滑道基础要求可相应降低。缺点是水下滑道长,施工困难,增加建筑费用。横向斜架滑道的构造基本与纵向斜架滑道相似,只是水下滑道稍短。

(3)横向高低轨滑道和横向高低腿滑道。

①横向高低轨滑道。是利用高低轨保持下水车架面水平的滑道,由斜坡部分和水平横移区两部分组成,斜坡转为水平的过渡区用同一半径的圆弧平滑联接。斜坡上的高轨与低轨之

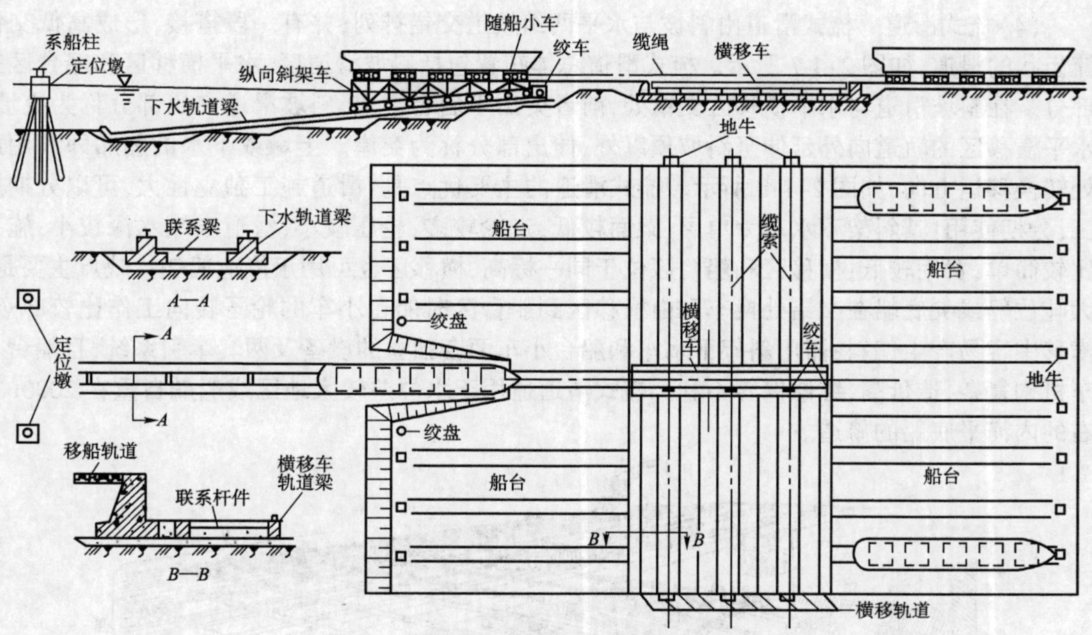

图 2-4-4　纵向斜架滑道示意图

间的高度差恰好使下水车临水端走轮轴和靠岸端走轮轴处在同一水平面上。下水车在临水端有 4 个平衡轮，靠岸端有两个平衡轮。当下水车在滑道的斜坡部分行驶时，临水端有两个轮子支承在低轨上，另两个悬空，而靠岸端的两个轮子支承在低轨上；当车驶至过渡区时（图 2-4-5），所有平衡轮都起支承作用，但在转到横移区后，高轨在此终止，在高轨上行走的轮子悬空，而原来悬空的两个轮子则参加工作。这种滑道可布置侧面船台，运转的机械化程度高，操作简单，上墩、下水平稳可靠，对水域的深度要求也不大，适用于中型船舶的成批生产。但对高低轨铺设的精度要求高，滑道斜坡部分每组车轮需要铺设 4 条钢轨。

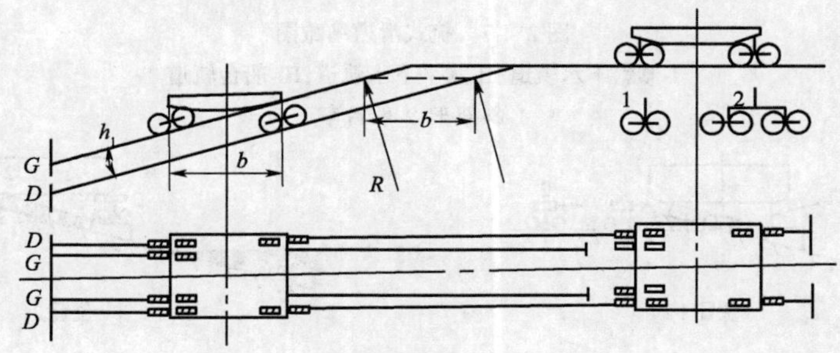

图 2-4-5　横向高低轨滑道过渡部分

1-单平衡轮；2-双平衡轮

②横向高低腿滑道。是在“横向高低轨滑道”的基础上发展起来的，所不同的是横向高低腿的下水车前轴设有高低轮各一对，如图 2-4-6 所示。在水位差较大的地区，要求滑道伸入水中的长度较大，尤其适于采用这种滑道。

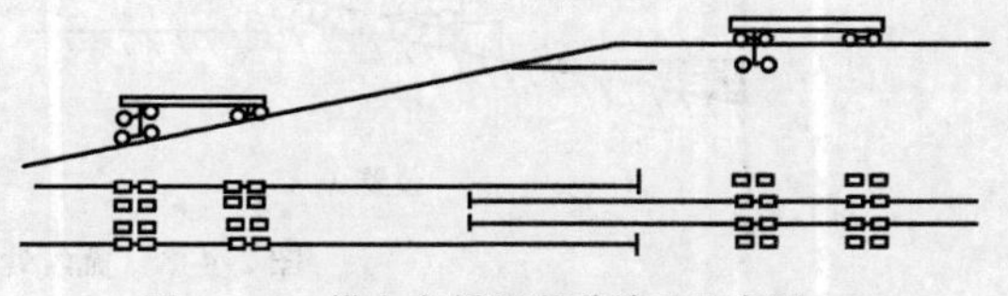

图 2-4-6　横向高低腿滑道单元示意图

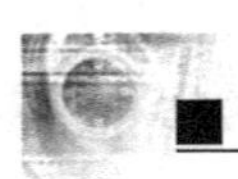

(4)梳式滑道。梳式滑道由斜坡与水平两组轨道交错排列，并有一段搭接，形成高低交错梳齿状的滑道，如图2-4-7所示。梳式滑道总体布置包括斜坡滑道区、水平横移区和船台区三部分。在斜坡滑道与水平横移区交错处，前者突出于后者之上，斜坡滑道突出部分称为突坡。水平横移区的轨道向外延伸至斜坡顶以外，伸出部分称为突岸。上墩或下水的船舶即利用此处转换移运方向，如图2-4-8所示。梳式滑道的主要优点是：滑道施工独立性大，可以分期施工，分期使用；其斜架下水车为单层，架面较低，走轮较多，轮压较小，滑道末端水深较小；施工比较简单，费用较低；横移区和船台区位于同一标高，横移区也可用于修造船舶。缺点主要是：大吨位船或尖底船在交错处换车和由横移区到船台区时船台小车的轮子转向工作比较麻烦；横移中容易产生偏斜；需用斜架下水车和船台小车两套独立的设备及两套牵引系统，且船台小车机构复杂，造价高，维修保养不利。梳式滑道适用于水位差较大地区或船舶自重在2000t左右的内河平底船的修造。

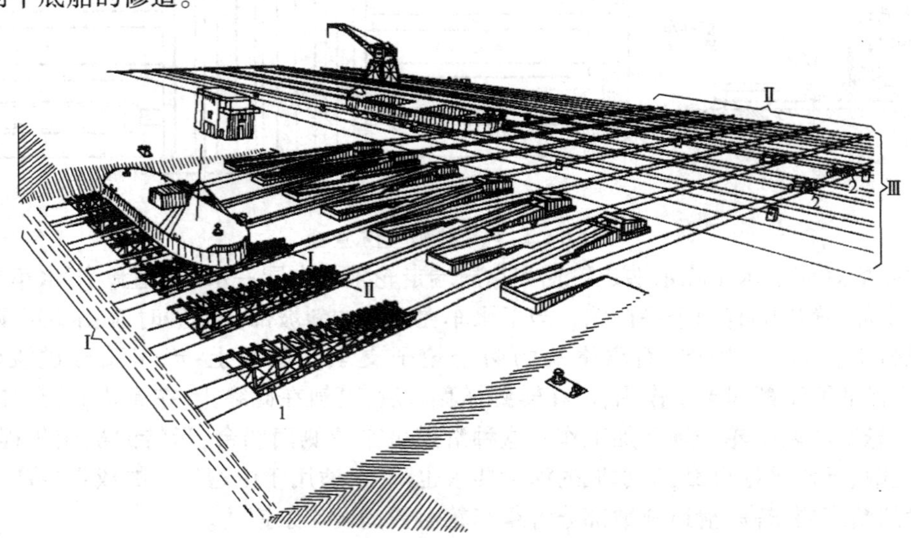

图2-4-7　梳式滑道鸟瞰图

Ⅰ-倾斜下水轨道；Ⅱ-水平下水轨道；Ⅲ-船台轨道

1-斜架车；2-船台车

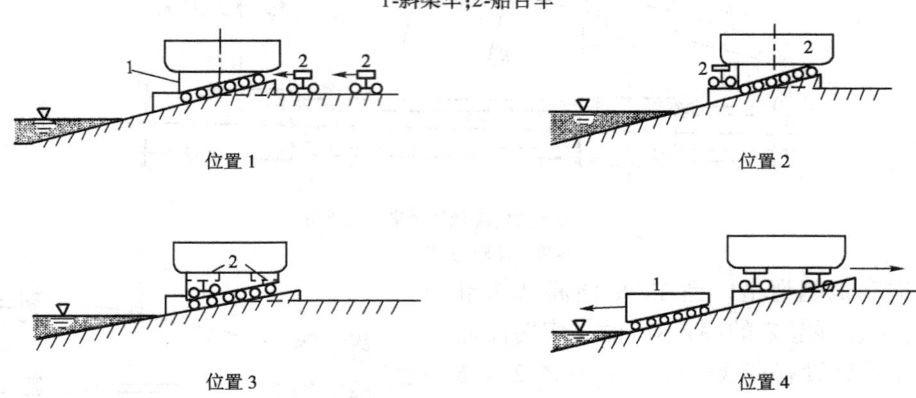

图2-4-8　梳齿处船舶换车工艺过程示意图

1-斜架车；2-船台车

二、升船平台

升船平台是直接承载船舶上墩的可升降平台。上墩船舶牵引到平台后升起平台使船舶出水，平台达到可水平移动到修船平台的高度，再将船舶送至修船平台。升船平台也可用于新造船舶下水。升船平台需设置船舶牵引、平台升降装置与之配套。平台提升高度应使平台面与陆域齐平，平台面轨道与船台轨道水平连接，以利于船舶移动。升船平台完全靠绞车作上下升降，需多绞车同步运行，机电设施相对复杂。升船平台两侧应为直立式岸壁，便于安放绞车，并与陆上轨道连接。升船平台适用于修造中、小型船舶和船台附近下水区岸坡较陡，水域陆域狭窄的情况，其水工建筑物造价相对较高。

升船平台已应用于上海东海船厂、申佳船厂。我国设计的缅甸船厂，已将升船平台应用于万吨级海轮的上墩下水，运行效果良好。图 2-4-9 为万吨轮升船平台断面。

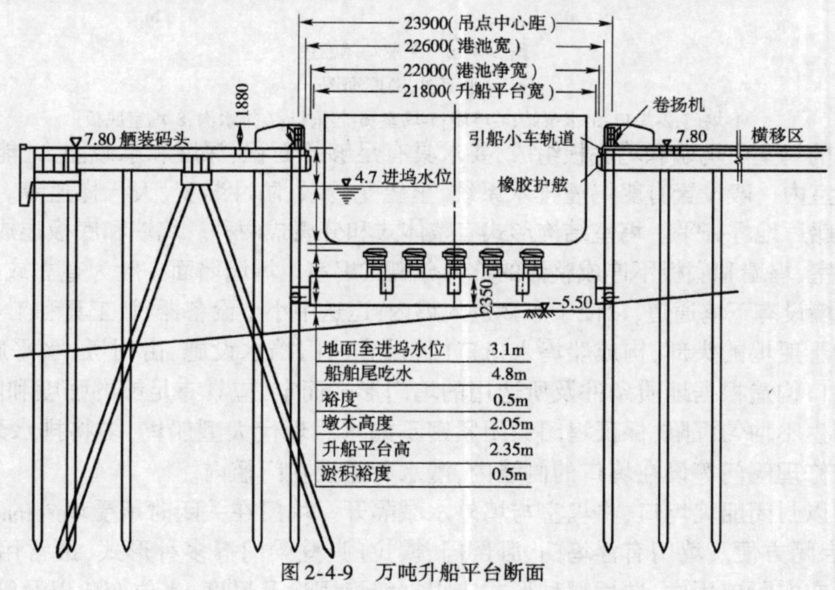

图 2-4-9　万吨升船平台断面

三、船坞

船坞是修造船用的坞式建筑物，灌水后可容船舶进出，排水后能在干底上修造船舶。船坞可分为干船坞、注水船坞和浮船坞三类。干船坞应用较多，一般所称的船坞即为干船坞。船坞由最初的“船坑”发展演变而来：在有潮海岸，人们利用水位的涨落来升降船舶，即在涨潮时将船舶引入一个三面围以土堤的“船坑”里，落潮时船舶即坐落在预置的支墩上，然后用围埝封闭缺口以进行修理工作，船舶出坑时，将围埝拆去，趁涨潮时出坑。后来逐渐将土堤改为坞墙，围埝改为坞门，利用水泵控制坞内水面的涨落，逐渐演变发展成为现在的干船坞。随着海上运输事业的发展，船舶尺度尤其是油船尺度趋向于大型化，船坞尺度也相应增大。世界上已有可修理或建造排水量为 30 万吨、50 万吨甚至 100 万吨巨型油船的船坞。

1. 干船坞

干船坞建在岸边陆地上，由坞室、坞首、坞门及灌排水系统等组成，一般用混凝土或钢筋混凝土建造，如图 2-4-10 所示。

干船坞按用途可分为造船坞和修船坞两种。造船坞是用于建造新船的干船坞，又称浅坞。造船坞的特点是坞的深度较浅，只要能浮起新建成的船体即可。为连续进行生产，提高船坞设备利用率，加快造船进度，大型造船坞除一般常用的单坞室形式外，有的在坞室中加设一道或两道隔门，形成双坞室或多坞室的串联式造船坞。多坞室船坞各段均可单独使用，也可串联使用，同时建造几条船或尺度较大的船，提高船坞使用效率。修船坞用于修理或改装船舶，待修船舶的自重和吃水均比新造的船体要大，因此深度大于造船坞。

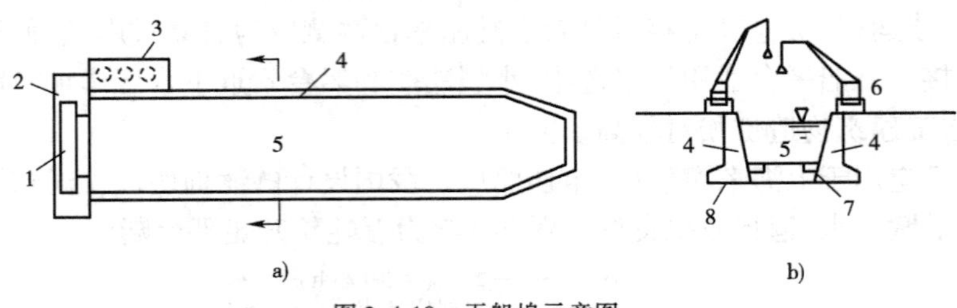

图 2-4-10　干船坞示意图

a) 平面图；b) 断面图

1-坞门；2-坞口；3-水泵站；4-坞墙；5-坞室；6-起重机；7-排水沟；8-坞室底板

干船坞的坞室由坞墙和坞底板组成，要求具有足够的面积、深度和承载能力，能容纳所修造的船体。坞室内一般设置有船坞灌排水系统、坐船龙骨墩、防冲装置、人行梯道等。坞室的顶面高程一般与船厂地坪齐平。坞室结构形式有整体式和分离式两种。坞墙和底板连成一整体的称为整体式坞室，坞墙和底板不连成整体的称为分离式坞室。坞墙墙面一般为直立或近于垂直，坞室尾部的坞墙设有下坞通道，以便于车辆进入坞内，运送中小型设备器材、工具和工业垃圾等。

坞口为干船坞的头部，构成船坞入口口门，设有坞门挡水设施，由门墩、水平底门槛、门槽等组成。坞口构造根据地质条件及所选用的坞门形式而定，应具有足够的强度和刚度，使之不易变形和产生不均匀沉陷，保证坞门关闭紧密不漏水。现代大型船坞，多将排水泵房、灌水的工作阀门和修理阀门等设在坞口的侧墙内，灌水廊道设在门槛内。

坞门用以封闭船坞坞口，将坞室与坞外水域隔开。坞门在关闭时承受坞外的水压力，要求水密性好，启闭方便。坞门有浮坞门、卧倒门、横拉门、叠梁门等多种形式，最常用的是浮坞门和卧倒门。在实际应用中，选用哪种形式应根据船坞用途及尺度、水位变化以及管理条件等确定。坞门一般为钢结构，小型坞门也可采用钢木混合结构或其他结构。

浮坞门又称浮箱式坞门，为可沉浮的箱形结构，如图 2-4-11 所示。浮坞门内部分隔为若

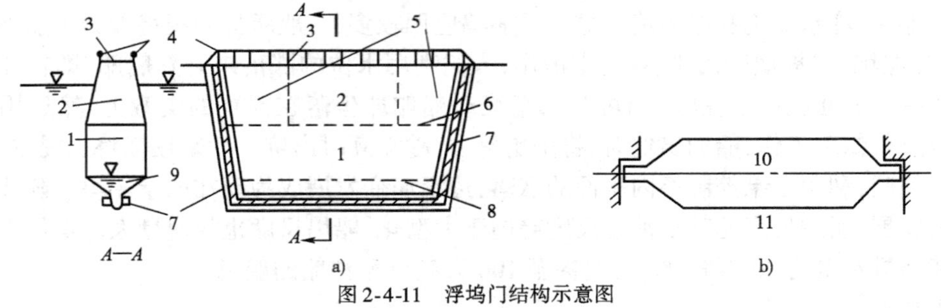

图 2-4-11　浮坞门结构示意图

a) 正面及横剖面图；b) 平面图

1-压载舱；2-工作舱；3-上甲板；4-栏杆；5-潮汐舱；6-中甲板；7-止水靠木及橡皮；8-下甲板；9-固定压载；10-浮坞门；11-坞外水域

干个工作舱、压载水舱和潮汐舱。工作舱中装有水泵,关门时,向压载水舱中灌水,使门下沉到坞口门槽中;开启时,抽水卸载,使门体上浮,然后将其拖出门槽。潮汐舱使舱内水面始终与坞外水位相平,保持沉力不变,因而可以避免潮汐涨落对坞门下沉力的影响。

浮坞门断面形状有多种,常用的近似矩形。门的正面形状常做成斜度不大的梯形,上宽下窄,当坞门浮起时,使其与坞口门槽之间有足够的间隙,便于启闭。在坞门和门槽接触面上装有止水垫木或止水橡皮,防止沿接触面漏水。坞门可做成双面承受水压力或单面承受水压力的形式。双面承压式可以两面交替使用。

浮坞门坐落较稳,水密性好,制造修理都比较方便,坞口工程量小,顶面甲板宽敞,能作为交通通道,是一种比较广泛采用的门型。但形体较大,耗用钢材较多,船舶进出船坞时,须将浮坞门拖运至坞口以外系泊,操作程序多,启闭速度较慢。浮坞门一般用于造船坞。

卧倒门是开启时下卧于坞口前门坑内,关闭时竖起紧贴于门槽和坞槛的箱形钢结构平板门。门扉为矩形,内部分隔为压载水舱、浮舱、空气操作舱和潮汐舱等。

卧倒门的启闭可用绞车或压缩空气排水等方式进行,其工作原理如图 2-4-12 所示。用压缩空气操纵时,放出操作舱内的压缩空气,水进入操作舱,此时坞门重量大于所受的浮力,坞门在倾倒力矩作用下向前倾倒转动,卧倒在门座上(图中 a、b、c),坞门开启。关门时向操作舱内压送空气排水,使浮力大于坞门重量,坞门上浮而封闭坞口(图中 d、e、f)。

卧倒门的门坑位于坞槛外,易被泥沙淤积。可采用排放压缩空气冲淤和主水泵排水冲淤两种方法清淤。卧倒门的优点是钢材用量比浮坞门少,且启闭操作简易、省时。缺点是只能承受单面水压力,顶面甲板不能作为通道。卧倒门适用于启闭操作频繁的修船坞。

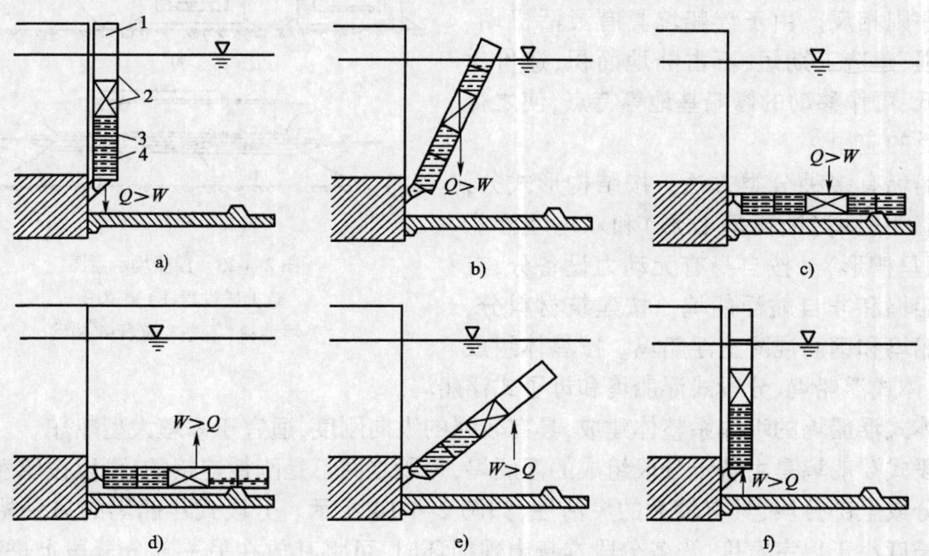

图 2-4-12 用压缩空气操纵的卧倒门的工作过程

1-潮汐舱;2-空气操作舱;3-浮舱;4-压载水舱

船坞排水系统用于排空干船坞内水体,其工作方式为:①以水泵站为中心,水由坞室内的集水明沟经集水廊道流向集水池;②水泵的进水管连通集水池,将水提升,通过排水管而将坞室排空。水泵站多设在坞口门墩内,和阀室结合在一起。

船坞灌水系统用于向干船坞坞室安全平稳地灌水，由进出水口、拦污栅、灌水廊道、廊道阀门及其启闭装置等组成。简单的灌水系统只在门上开几个小孔，灌水时将孔打开，水即流进坞室，但流量过大会引起闸门振动，冲击龙骨墩，若门开孔过低，会将泥沙带入坞内，若过高，又会影响坞门漂浮时的稳定性，所以一般只在小船坞中采用。大、中型船坞多采用廊道阀门灌水，其进出水口都设有拦污栅，如坞内出流不匀，波动较大，在出流处还可装设消力坎等消能装置。廊道阀门一般还增设检修阀门，在廊道阀门检修或排除故障时使用。灌水廊道一般设在门坎内。

2. 注水船坞

注水船坞实际上也是干船坞的一种，与干船坞不同之处在于坞底分为上下阶，上阶高出水面作为搁置船舶之用。船舶入坞关闭坞门后，用水泵向坞室灌水，使坞室内水位上升，船舶漂升横移到上阶，然后将坞室内的水排出，船即可坐落在上阶的龙骨墩上进行修理。注水船坞的结构复杂，造价及营运费用高，生产效率低，一般很少采用。

3. 浮船坞

浮船坞是两端开敞，可以在水上沉浮和移动的特殊船体，由坞墙和坞底组成，如图2-4-13所示。坞墙和坞底都是由若干纵向、横向构件和面板、隔板构成的浮箱，沿纵横向分隔成若干个水密舱。待修船舶进坞的过程为：先向水密舱内灌水，以增加浮船坞中压载水的水量，使船坞下沉，然后将待修船舶牵引入坞室中就位，用水泵将水密舱内的水排出，使浮船坞上浮，将船舶举出水面进行检修。船舶修好后下水出坞的操作程序则相反。由于浮船坞具有灵活机动、适应性强、建造工期短、不占陆地面积、造价比干船坞低、可作移动的修船基地等特点，使之得到较广泛的应用。

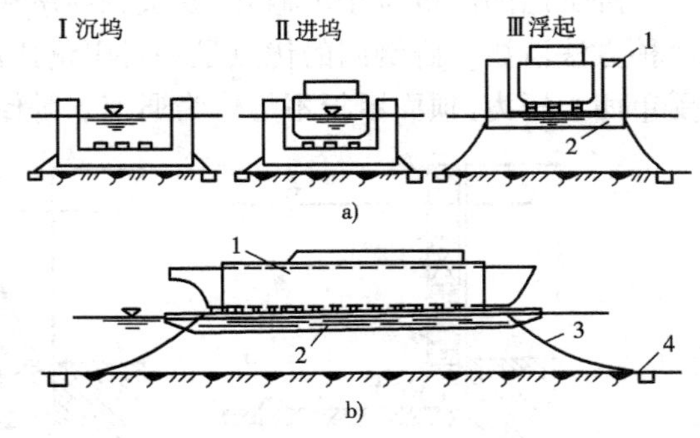

图2-4-13 浮船坞示意图

a)上墩过程；b)侧视图

1-坞墙；2-坞底；3-缆索；4-锚碇

浮船坞有多种分类方法。按结构形式分，有单坞墙浮船坞(断面呈L形)和双坞墙浮船坞(断面呈槽形)。按自身有无动力设备分，有自航浮船坞和非自航浮船坞。按建筑材料分，有钢浮船坞和钢筋混凝土浮船坞。按坞体组成分，有整体式浮船坞、分段式浮船坞和母子式浮船坞。

整体式浮船坞的坞体系整体建成，具有较强的纵向刚度，适宜于修理大型船舶。

分段式浮船坞是由若干分段组成的浮船坞，每段之间不是刚性连接的，可以按船舶大小使用一部分或全部分段，具有较大的灵活性，如图2-4-14所示。分段式浮船坞的另一特点是每个分段长度小于坞室宽度，当各分段本身出现损坏时，可将其放在另一部分分段上进行自修。分段式浮船坞不具有纵向刚度，不宜用于修理大型船舶或沿纵向受到损坏的船舶。分段式浮船坞的改进形式有半分段式浮船坞和三分段式浮船坞。半分段式浮船坞的坞墙与坞底分离，坞墙为整体式，以保证浮船坞的纵向刚度，坞底则做成分段的。三分段式浮船坞分为首、中、尾三段，分段间用焊接或用接板相连，使全坞具有一定的纵向刚度，也可分段进行自修。

母子式浮船坞由母船坞和子船坞两部分组成，母船坞用于船舶的上墩下水，子船坞则用于修船，如图 2-4-15 所示。子船坞是搁在母船坞内同时沉浮的联合修船设备，其作用实际为一浮式船台，本身无抽水设备，坞墙构造也较简单，可不考虑其下沉时的稳性和浮性，依靠母船坞排水将子船坞连同其上面的船舶一并托起。子船坞舱内的水通过阀门自流泄空，然后关闭阀门，待母船坞灌水下沉到一定深度后，子船坞即可载运待修船舶离开母船坞进行修船工作。一个母船坞可为几个子船坞服务，同时母船坞本身也可用来修造船，从而提高设备利用率。

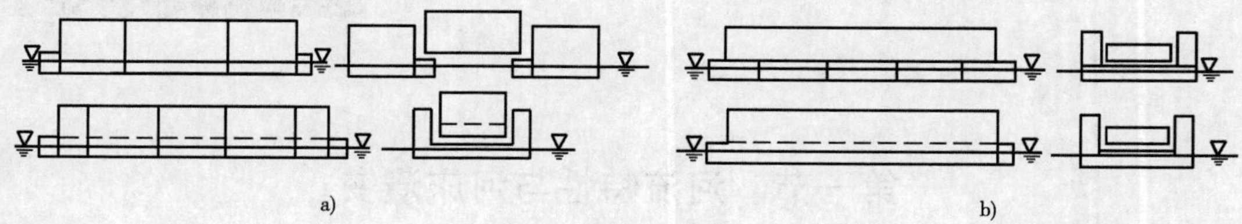

图 2-4-14　分段式浮船坞示意图

a)分段式；b)半分段式

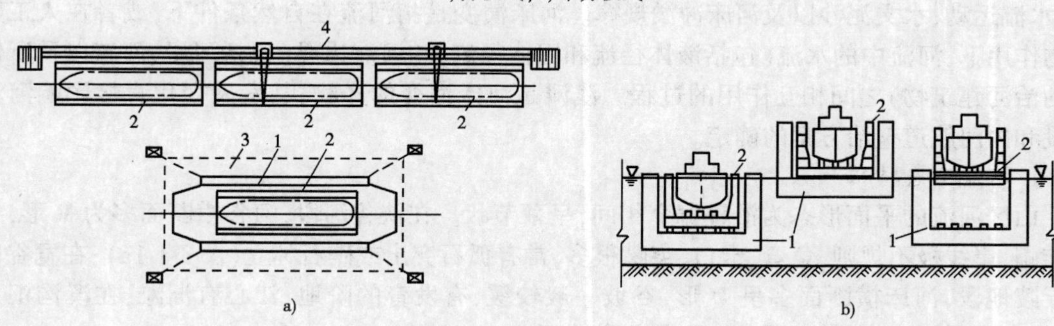

图 2-4-15　母子浮船坞示意图

a)平面图；b)上墩操作示意图

1-母船坞；2-子船坞；3-沉坞坑；4-修船码头

第三章　河港及内河航道工程

第一节　河流特性与河床演变

研究河流特性与河床演变是河港建设和内河航道整治的基础。河流特性主要指河床形态、水流运动、水文泥沙以及河床冲淤规律。河床演变是指河流在自然条件下，或者在人工建筑物作用下，河流中的水流（包括液体径流和固体径流）与河流边界（包括河岸、河床以及所修建的治河建筑物）之间相互作用的过程。浅滩是河床演变的产物，其发展变化直接影响河港建设和内河航道整治方案的确定。

1. *河流形态特征*

山区河流的平面形态为沿程宽窄相间，呈藕节状。在峡谷河段，河谷横断面多为 V 形，谷坡陡峭，岸线极不规则，急弯、卡口、突嘴很多，常有孤石突出或礁石林立（图 3-1-1a）；在宽谷段或丘陵地段，河床横断面多呈 U 形，谷坡一般较缓，有发育的阶地，江心有洲滩；在溪沟汇入处，常有大量砂石堆积在溪口，形成扇形冲积体，将航道缩窄，甚至堵塞（图 3-1-1b）。山区河流纵断面形态存在很多折点，河床高程起伏很大，有的河流起伏高程差为 3～5m，有的达30～40m，如长江万县附近的河床高差达 60m。山区河流由于纵断面沿程起伏变化，水面线一般也存在折点，形成急流段和缓流段相间。根据不同的河床形态特征，形成各种碍航的滩险。

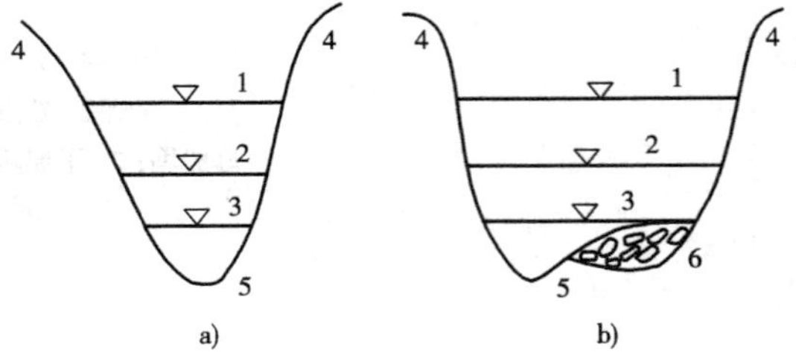

图 3-1-1　山区河流的河谷断面

a) V 形河谷；b) U 形河谷

1-洪水水位；2-中水水位；3-枯水水位；4-谷坡；5-谷底；6-卵石边滩

平原河流流经地势平坦、土质疏松的平原地区，冲积层一般都比较深厚，往往达数十米甚至数百米以上，平面形态多不规则。平原河流的河道横断面尺度较大，河谷宽广，多呈宽浅型，在河谷中分布着广阔的河漫滩。中枯水期水流限制在主河槽中流动，洪水期水流漫滩，河面宽阔。平原河流的河床形态是水流和河床相互作用的产物，其平面形态随河床边界组成的不同，形成顺直型河道、弯曲型河道、游荡型河道和分汊型河道等不同河型，其横断面形状如图 3-1-2 所示，平面形态如图 3-2-1～3-2-4 所示。平原河流河床纵坡较为平缓，水面比降较小，一般均在 0.3‰～0.4‰以下，流速不大，流态比较平稳。河床沿程走向由一系列的深槽和浅滩组成，呈高低不平、波浪起伏状态，两深槽之间的浅滩处，水深不足，常是船舶航行的主要障碍。

2. 河流水文泥沙特性

山区河流的河床质多由砾卵石或砂卵石组成,所流经的地区坡面陡峻,径流模数大,汇流时间较短。洪水暴涨暴落,是山区河流重要的水文特点,在暴雨集中地区尤为显著。暴雨与山洪往往同时发生,但一般洪水持续时间不长,降雨过后,河道又恢复原来的低水细流。流量与水位变幅大,是山区河流又一个重要的水文特点。最大流量与最小流量的比值可达几百倍。例如,长江支流嘉陵江,最大流量 $39600m^3/s$,最小流量 $220m^3/s$,两者相差180倍。但在集水面积大的山区河流,流量过程线自然调平,洪枯流量相差较小。山区河流的河谷一般比较狭窄,调蓄能力低,流量变化剧烈,水位大幅度升降,例如,长江三峡的巫峡段,水位变幅达55.6m。另外,受河床形态及水流条件影响,山区河流水面比降一般都较大,且沿程分布极不均匀,绝大部分落差集中在局部河段。若河床上存在急弯、石梁、卡口等滩险,将形成很大的横比降。同时山区河流的流态十分险恶,常有回流、泡水、旋涡、跌水、水跃、剪刀水、横流等出现,对航行造成很大的威胁。

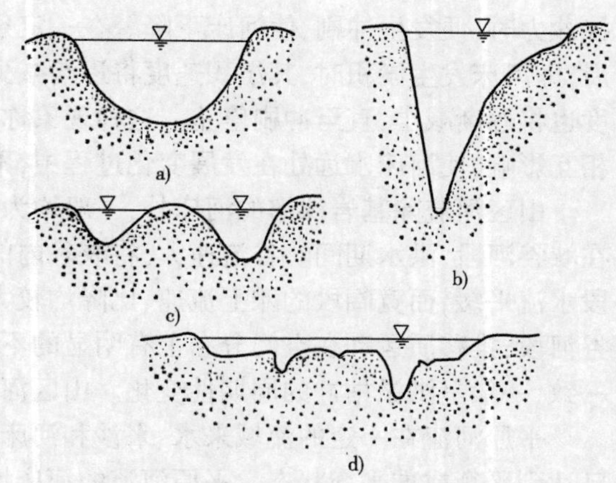

图3-1-2 平原河流的横断面形状

a)顺直型河段;b)蜿蜒型河道弯顶河段;c)分汊河段;d)游荡型河段

山区河流的泥沙来量主要集中在汛期,含有悬移质和推移质,悬移质含沙量视地区而异。在岩石风化不严重或植被较好的地区,含沙量较小。相反,在岩石风化严重或植被较差的地区,山洪暴发时,含沙量极大,甚至形成泥石流。例如,黄河的府谷水文站,最大含沙量达 $1190kg/m^3$(1971年7月23日)。有些山区河流处于泥石流发育地区,泥石流汇入江河以后,对泥沙运动、河流形态等有很大影响。

平原河流集水面积大,所流经的地区坡度比较平缓,河槽两侧有广阔的河漫滩,降雨后汇流时间长,洪峰在传递过程中因槽蓄作用不断削平,因而一般没有洪水陡涨陡落的现象。另外,由于大面积降雨不均匀,支流入汇时间有先后,洪水起涨和回落都比较平缓,持续时间长,流量与水位的变幅一般较小。平原河流水面比降较小,一般流速都在2~3m/s以下,没有山区河流的跌水、横流、泡水等险恶流态。但有一些平原河流,因流域内暴雨集中,降雨面积小而强度大,次数又较多,会造成洪水多峰相连,峰型尖瘦,涨落较快,持续时间较短。例如,黄河花园口站流量过程和长江汉口站流量过程就有显著不同。

平原河流的泥沙,以悬移质为主,由于河床组成多为细颗粒泥沙,所以悬移质中床沙质部分多处于饱和状态,但含沙量一般不大。例如,长江汉口站,多年平均含沙量为 $0.61kg/m^3$。宜昌站为 $1.18kg/m^3$,泥沙中径为0.035mm,多年平均输沙量为5.21亿吨,洪峰和沙峰基本同步。但有一些平原河流,洪水过程中含沙量变化大。例如,黄河花园口站平均含沙量最大达 $31.3kg/m^3$,泥沙中径为0.025~0.028mm,年输沙量达16亿吨,同样的洪峰带来不同的沙峰。

3. 河床演变

河床演变的根本原因是河道输沙不平衡。当上游来沙量大于本河段的水流的挟沙力时,水流不能把上游来沙全部带走,便产生淤积,使河床升高。当上游来沙量小于本河段的水流的挟沙力时,便发生冲刷,使河床下降。在一定条件下,河床演变往往朝着使变形停止的方向发展,即河床发生淤积时,其淤积速度将逐渐减少,直至淤积停止;当河床发生冲刷时,其冲刷速度也将逐渐减小,直至冲刷停止。这种现象称为河床和水流的自动调整作用。水流与河床的相互影响,使河床永远处在发展变化过程中,不同类型河流的河床演变规律各不相同。

山区河流除基岩裸露的河床外,一般均为卵石或砂卵石所覆盖。推移质多为卵石及粗沙。在峡谷河段,洪水期间峡谷流速大,将峡谷内的推移质输送到下游河床宽阔段。枯水期间峡谷段水流平缓,而宽阔段的滩上流速、比降均较大,将洪水时期淤积的泥沙部分或全部输移到峡谷河段,推移质运动在空间分布上有明显的不连续性。宽阔段的浅滩,由于洪、枯水期流路不一致,一般呈洪淤枯冲的周期性变化。山区河流两岸多为岩质组成,一般横向变幅不大。

平原河流在一定的流域来水、来沙和河床边界条件下,经过水流与河床的长期调整,多数已达到平衡或准平衡状态。平原河流的河床均由中、细沙等松散物质构成,在水流作用下很容易发生运动。即使流域来水、来沙和边界条件不发生大的变化,但由于局部条件的影响,河床也会产生冲淤变化。因此平原河流演变主要表现为河床的往复变形,特别是河床的平面变迁和河床中泥沙堆积体的不断变化,这些均对航道带来很大影响。必须深入研究河流特性,掌握河流的水文、泥沙特性及河床、浅滩的变化规律,才能正确确定河道和航道的整治原则和方法。

4. 滩险与浅滩

滩险是河流中碍航地段的总称。按碍航性质分,有急流滩、险滩、浅滩等,急流滩又可分为对口滩、错口滩、扫弯水滩等。按河床组成分,有礁石滩、基岩滩、卵石滩、沙质滩等。按成滩水位分,有枯水滩、中水滩、洪水滩、常年滩等。按所在位置和形态分,浅滩有过渡段浅滩、弯道浅滩、汊道浅滩。滩险类型和分类的方法较多,目前还没有统一的标准。

浅滩是横跨或斜卧在河道上的河床基岩、石梁和淤积体等局部突起物,由于水深不足,会阻碍航行或使船舶搁浅。浅滩碍航主要在枯水期,其方式有两种,一为水浅,航深不足,一为水流散乱或横流很强,船舶航行困难,但水浅是基本条件。

影响浅滩变形的因素主要有水文、泥沙条件以及河床形态条件,以下分别简要介绍。

浅滩上游的来水、来沙量的大小及其过程对浅滩演变有着直接的影响。如来水量相近,则来沙量大的年份,可能大淤。如来水、来沙量相近,洪峰和沙峰先后不同,也会造成不同的冲淤情况,如洪峰先于沙峰,淤积较多,反之如沙峰先于洪峰,则少淤或不淤。当其他条件相同时,各级水位持续时间不同,峰型不同,也会影响浅滩的冲淤变化。水流动力轴线的摆动也会影响滩脊的稳定。

深槽段河床深窄,浅滩段宽浅。枯水季节浅滩的比降大,流速急,上游来沙量少。水流的挟沙能力大于上游来沙量,表现为浅滩冲刷。洪水季节浅滩比降变缓,流速虽有所提高,但上游来沙量大。来沙量大于水流的挟沙能力,故发生淤积。而深槽正好相反,枯淤洪冲。

如果边滩(依附于河岸的大片泥沙堆积体)高程较高,则水流归槽快,水流对浅滩冲刷开始的时间早,冲刷能力大。如果边滩低平,河槽宽浅,则水流分散,流速小,泥沙易沉积。边滩的冲淤也影响滩脊的冲淤。

因水文、泥沙条件通常在年内有周期性的变化,浅滩也有年内周期性冲淤变化,一般表现为洪淤枯冲。有些河流的水文、泥沙条件呈多年周期性变化,浅滩也具有多年周期性的变化规律。

过渡段浅滩是河流弯道从一个弯道过渡到另一个弯道时,在过渡段上出现的浅滩。在两个方向相反的弯道的过渡段上,弯道环流从一个方向转向相反的方向,转向处环流强度减弱或

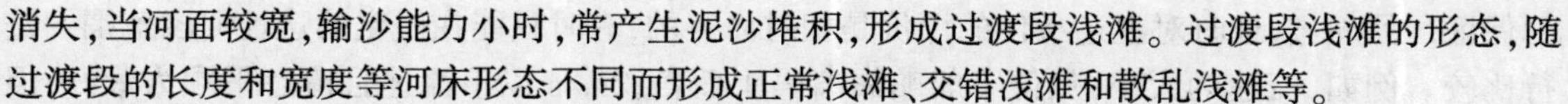

消失，当河面较宽，输沙能力小时，常产生泥沙堆积，形成过渡段浅滩。过渡段浅滩的形态，随过渡段的长度和宽度等河床形态不同而形成正常浅滩、交错浅滩和散乱浅滩等。

弯道浅滩是弯道环流与河床长期相互作用的产物。弯道上的水流呈螺旋流前进，表层含沙量小的水流流向凹岸，使凹岸发生冲刷，冲刷的部分泥沙由底流带向凸岸，形成凸岸淤积。河流逐渐向弯曲方向发展，使曲率半径变小，凸岸的沙嘴向弯道内伸展。航道随之愈曲愈窄，如果凹岸有礁石，水流湍急紊乱，对于航行十分危险。在洪水期时，又由于水流的惯性作用，水流取直产生切滩撇弯，形成新槽。此时凹岸会伸出边滩或沙嘴，在其航道中常出现沙包或沙坎，水深较小，航行不便。

汊道浅滩是在汊道上、下游或汊道中形成的浅滩。在河流分汊区，河身宽阔，洪、中、枯水期，水流动力轴线不一致，汊道阻力的不同与水流的弯曲，常在两条汊道口门附近产生壅水，部分泥砂落淤形成浅滩。在河汊汇流区，由于挟带沙量的不同与水流的弯曲，常在挟沙较多的汊道出口处形成浅滩。汊道中的水深，一般都比单一河槽水深小，因此也可能在汊道内形成浅滩。

第二节　河 港 工 程

一、河港选址

1. 优良港址应具备的条件

与海港相似，河港的基本功能在于接纳船舶、车辆，以完成货物及旅客的转运工作。因此，一个优良的港址应具备以下条件：

(1)具有良好而稳定的水域，能为船舶运转提供良好而又长期稳定的水域条件。良好是指港区水域在满足港口所需水深的前提下，有足够的水域面积，同时流速较小，流向平顺，没有不利于船舶运转的泡、漩、回流等不良流态，为船舶进出港、锚泊、港内航行调度及停靠码头提供良好的水域条件。河港内的风浪一般较小，风浪对船舶运转、港口总体布置、水工建筑物的设计和施工影响不大，是一个次要的考虑因素，这是与海港的显著区别之一。稳定是指在港区所处河段内，河床及岸坡的冲淤多年变化甚微，且能明确地判定将来也不会发生大的变化。这样就使港口在较长时间内具有稳定的水域条件。

(2)地质良好，地形平坦，高程适宜，岸坡稳定，岸线足够，有一定纵深的陆域，能为合理的港口陆域布置提供良好的陆上条件，以便货物的装卸、堆存、车辆进出港口及港内的运转。良好的地质条件能给建筑物的设计、施工带来方便，降低造价；地形平坦，高程适宜能使土石方工程量减小；岸坡稳定是保证码头结构及陆上设施正常工作的基本条件；岸线长度足够，能保证布置港口所需要的泊位数量；一定的陆域纵深则是港口陆域设施布置所必需的条件。

(3)陆域后方与铁路、公路的接线方便。

(4)与城市规划协调。

(5)与其他水上设施有一定的距离，以免相互干扰。例如，应尽量使港口不选在桥梁附近，以减少船舶发生事故的可能性；港区内不宜有过江水底管线，以免锚泊船抛锚、起锚对它的破坏等。

当然，完全满足上述条件的港址很难选择到，但无论如何，良好而稳定的水域首先需要得

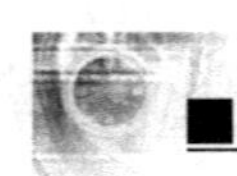

到保证。另外，选址时对上述条件的评价是相对而言的，有时只能在一定的选址河段范围内进行比较。例如，流速的大小，从便于船舶靠离码头而言，2m/s 以下流速且流态平顺为最好，但在山区河流，汛期一般都在 2m/s 以上，滩险处可达 6 ~ 7m/s 之多，因此所选港址处能具有 2m/s 左右的流速，已经甚为理想。而在平原河流，流速一般都在 1m/s 左右，甚至更小，仅在汛期或滩险段才达到 2m/s 左右，在平原河流这算是大流速了。

2. 河港选址的原则

由于内河水道流经地区不同，其河流特性差异极大，这里仅从河港选址应具有的水域条件出发，分别阐述各类河段上选址的一些原则。

(1)平原河流。平原河流在广阔的冲积平原上流动，其河岸及河床抗冲刷性能较弱，河流的平面摆动及河床的冲淤均处于不断变化的过程中，这是平原河流的一个重要特性。另一方面，河流经上游流到中、下游平原地区后，水量更加充沛，河流纵比降和流速减小，河面更为宽阔，不良流态出现的机会及流态的险恶程度较之山区河流大大降低，港口所需的良好水域条件较易得到满足。因此在平原河流中选址，最重要的是对具有良好水域条件的河道进行细致而科学的河道稳定分析，只有在较为明确地判明拟选港址所处河段在建港所期望的营运时间内是稳定的，或者采取不太大的工程措施后能保证河道稳定的情况下，才能选为港址，这是在平原河流选址的特点。

从总体上讲，平原河流处在冲积层上，但由于河流流经地区河床及河岸抗冲性的不同，加上间或出现的原生基岩、山矶，导致平原河流的河道演变十分复杂，其选址要求随之不同，下面分别予以阐述。

①顺直(微弯)型河段。在平原河流顺直微弯河段上(即边滩型河段)，港址宜选在枯、洪水位时都能满足建港需要的深槽处，不应选在边滩上，以免淤积，如图 3-2-1 所示。特别要注意边滩及深槽的变化趋势，必要时应在所选港址上游边滩及深槽采取护岸工程措施，以稳定枯水河势，保持建港处的良好水域。

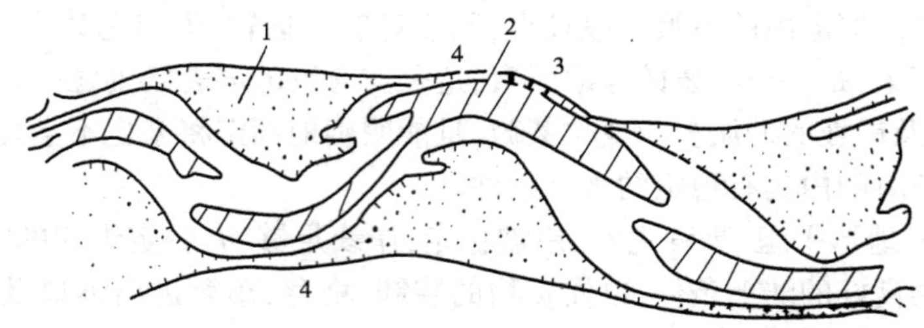

图 3-2-1 顺直微弯型河段选址示意

1-边滩;2-深槽;3-适宜港址;4-必要时宜修筑护岸位置

②有限弯曲型河段。有限弯曲型河段的两岸抗冲性较强，河流的平面摆动常受基岩或抗冲性强的古阶地控制，其弯曲程度有限，且整个河势较为稳定，边滩、深槽的变化甚为缓慢。在平原河流中，这是较为稳定的一种河形，宜于建港。港址宜选在弯道凹岸顶端或稍偏下游的地方，不应选在凸岸，以免淤积。如有顶冲崩塌的可能，应在港区及其上游河岸做护岸工程。例如，长江下游的天然良港九江、安庆、芜湖等都是处于有限弯曲河段上，如图 3-2-2 所示。

③蜿蜒型河段。这是平原河流上不稳定的河形，一般不宜建设港口。若必须在此建港时，港址选择的原则与有限弯曲河段相同，即凹岸弯顶下游建港，其上游河段护岸。必要时尚应采

取整治措施（如在曲颈处做护岸及横堤等），以防止自然裁弯或切滩的发生，如图 3-2-3 所示。

④分汊型河段。由于平原河流分汊型河段的汊道总是处于发展及衰亡的变化过程中，因此，在这类河段上建港应相当慎重。一般港址应选在河势稳定的汊道两端单一河道处，但应注意上游有无边滩下移以及上下游汊道变迁的影响，如有冲刷或淤积的可能，应进行相应的整治工程。若因某种特殊要求需要在汊道段建港，港址应选在比较稳定或发展的一汊内，不应选在明显处于衰亡阶段的汊道内，必要时还需采取一定工程措施来稳定港址所处汊道的水域条件。例如，长江下游新生圩港区就是建设在分汊形河段，为保持港址所处汊道的稳定及港区的良好水域，在天河口、燕子矶、八卦洲头及港区等处采取了抛石护岸、护坡等工程措施，如图 3-2-4 所示。

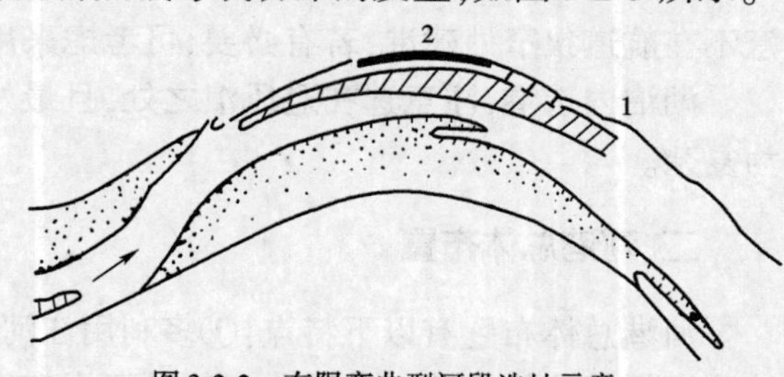

图 3-2-2　有限弯曲型河段选址示意
1-适宜港址；2-应修筑护岸位置

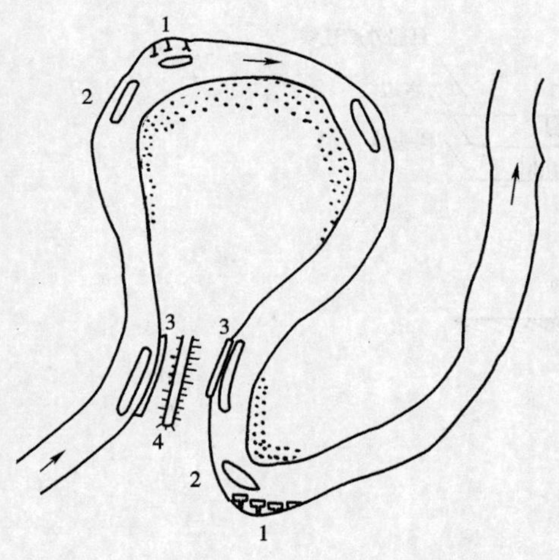

图 3-2-3　蜿蜒型河段选址示意
1-可选港址；2-应修筑护岸位置；3、4-防止自然裁弯或切滩的护岸和横堤

（2）山区河流。山区河流多见于河流的上游段。由于河流流经山区，其河床底质及河岸为原生基岩，抗冲性很强，河流的平面摆动甚微，即使在河床上覆盖有砂卵石冲积层的河段上，冲淤变化也年内平衡，相对稳定，这是山区河流的一个重要特征。但是山区河流的纵比降及流速一般较大，泡水、漩水、回流等不良流态经常出现，急弯、险滩屡见不鲜，且随水位涨落的快慢及幅度亦有较大的变化。在山区河段上选择一个水域条件良好的港口很不容易。因此，在山区河流选址，重点在于选择有良好水域的建港地点，其河道的稳定要求一般较易满足，这是山区河流选港的特点。

（3）人工河流及湖泊选址原则。水库及渠化河流的常年深水河段，适合建港，但要注意风浪对船舶的影响。在水库回水末端的变动回水段，冲淤变化十分复杂，尽量避免在此区段建港。若一定需要建港，可在弯曲度较小的弯道凹岸处建港。

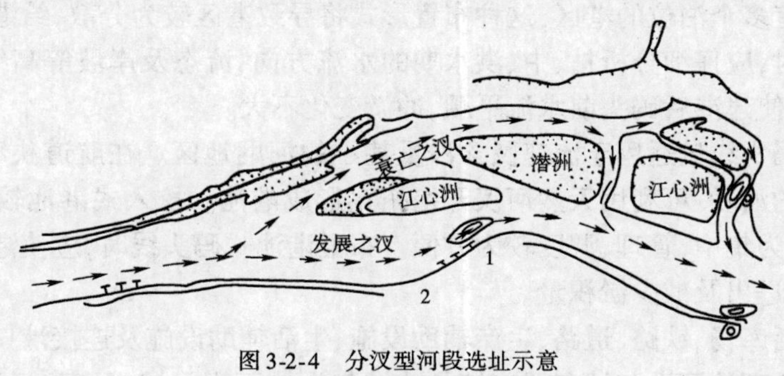

图 3-2-4　分汊型河段选址示意
1-可选港址；2-应修筑护岸位置

人工运河及河网地区,一般水流条件较好,河道冲淤变化甚微,较易选到港址。但应该注意不在航道狭窄处建港,若有必要,可考虑采用挖入式港池来获得港口水域。

湖泊内选港,注意选在避风浪之处,且最好不选在江河入湖口附近,因其泥沙冲淤变化较为复杂。

二、河港总体布置

河港总体布置有以下特点:①多利用江河水道作为港口水域,也可建挖入式港池,不需修建防波堤等防护设施。②码头一般顺河岸布置在河床稳定、前沿水深较大的河段上,以便船舶停靠,并尽可能保持河道的自然形态。但在挖入式港池内,多采用突堤式码头,以增加码头泊位。③河港水域一般沿河道纵向条形分布,挖入式港池的水域则经口门与江河相通。④一般需设置供内河船队编组解体用的编组水域。⑤当枯洪季节水位变幅较大时,常采用斜坡式码头或半直立半斜坡式码头(图 2-2-1)。⑥常需考虑是否有冲刷或淤积问题。⑦规划布置港口时,必须仔细处理防洪问题。图 3-2-5 为河港整体布置示意图。

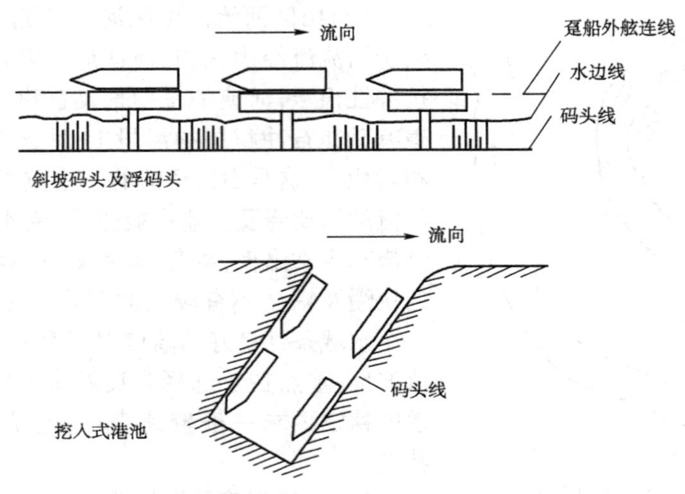

图 3-2-5　河港整体布置示意图

顺岸式码头布置在河港较为普遍,由于码头线的平面位置与水流及岸坡等高线协调,因而对水流及泥沙冲淤变化影响甚小,船舶靠离码头也较为方便,港区后方也较易获得所需的陆域面积。但是对于有多个泊位的港区,这种布置形式将导致港区较为分散,给港口调度管理带来不便。具体布置时,应仔细分析枯、中、洪水期的水流方向、流态及岸坡等高线趋势,使码头线与两者相协调,以使建港后码头前水流平顺,冲淤变化不大。

挖入式港池码头线较适用于流速及含沙量甚小的河网地区。在航道狭窄,过往船舶密度较大而又需建港的河段,可利用天然河汊开挖拓宽形成港池。挖入式港池较易获得一定的陆域面积,且港区较为集中,管理、调度较为方便。布置港池式码头线时,应使港池口门方向朝向下游,以利于船舶进出及减少淤积量。

河港陆域包括库场、铁路、道路、生产辅助设施、生活辅助设施及连接港口陆域与港口水域的码头建筑物。合理的河港陆域布置应该是陆域各设施面积足够、尺度合理、位置适当、车辆进出方便，以便货物的装卸、储存及集疏运能顺利地进行，同时应尽可能争取以较少的投资、较快的速度建成投产。

河港陆域布置，需首先确定有关设计高程值。河港陆域设计高程值包括设计高水位、码头前沿设计高程、港口陆域设计高程。设计高程值的确定与河港所处河段水位特性、河岸地形及河岸高程有很大关系。一般情况下，合理的设计高程应使港区所受的淹没损失尽可能减少，船舶装卸作业方便，同时又不致因高程过高而导致土石方工程量过大。

连接河港港区的铁路、道路往往只从一个方向进出。对于吞吐量大、进出港疏运车辆较多的码头，一般应布置在进港铁路、道路的出入口附近，这样就可避免大量进出港车辆穿越港区，减少与港内水平运输机械作业之间的干扰。

三、河港码头的结构形式与装卸工艺

河港码头结构形式的选取应根据水文、地质、地形、货种、装卸工艺及施工条件等因素综合分析，进行技术经济比较后确定。河港的装卸工艺与码头断面形式密切相关，直立式码头、斜坡式码头和浮码头有着不同的装卸作业特点。河港的装卸工艺还取决于港口所处河段的水位特性、岸坡坡度及所装卸的货物种类。

对于货运码头，设计水位差在8m以下，宜采用直立式码头。17m以上，宜采用斜坡式。8～17m，件杂货进出口和散货出口码头，宜采用直立式码头；散货进口码头，宜采用斜坡式或浮码头。卸油驳的码头，当水位变化不影响卸油泵正常工作时，宜采用直立式码头。客运码头或以客运为主的客货码头，宜采用斜坡式或浮码头。山区河流港区设计水位差在17m以上，且水位累积频率70%～90%的时间为中、枯水期，宜采用顺岸布置的分级直立式码头。

河港直立式码头多采用透空桩基码头结构，码头前沿线置于能满足设计水深处，以尽量减少码头对河道水流状态的影响。此时码头可设置门座式起重机、移动式起重机、简易固定式起重机、集装箱装卸桥等装卸机械，作业方式与海港类似。当码头前沿天然水深不够时，可采用浮式起重机或者桥头伸出码头前沿的桥式起重机来完成船—岸间装卸作业。

斜坡式码头是指断面轮廓呈斜坡状，在岸坡上设有斜坡道的码头，如图3-2-6所示。斜坡道有实体斜坡道和架空斜坡道两种，也有固定斜坡道与活动引桥联合使用的。设计斜坡式码

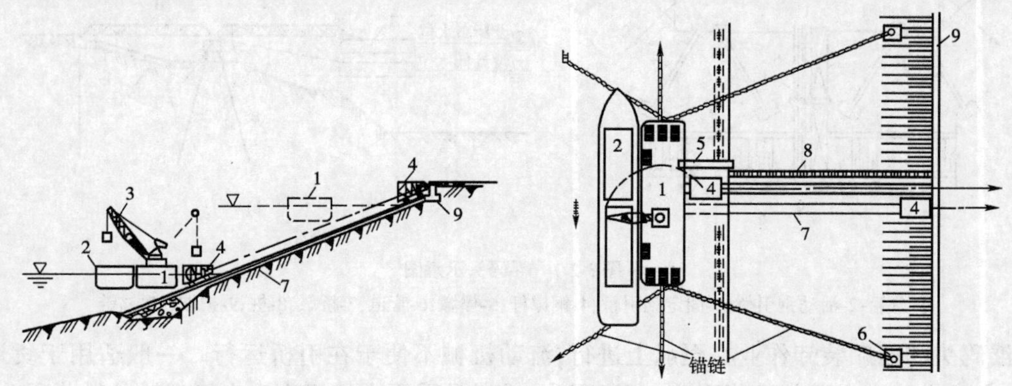

图3-2-6　斜坡式码头示意图

1-趸船；2-驳船；3-起重机；4-缆车；5-人行便桥；6-系船环；7-缆车轨道；8-人行踏步；9-挡土墙

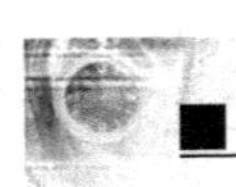

头时，应根据拟建码头地区的地形、水位差和装卸工艺的要求，合理选定斜坡道的形式。当天然岸坡平缓时，一般采用实体斜坡道；当岸坡较陡或呈凹形时，一般采用架空斜坡道；当滩地较宽时，使用固定斜坡道与活动引桥联合的形式。斜坡道一般与水流方向垂直，当垂直布置有困难时，也可与水流方向成一定角度斜交。

斜坡式码头通常设有趸船，供船舶停靠并进行货物装卸船作业。趸船随水位变化沿斜坡面上下移动。斜坡式码头装卸工艺的特点是在码头前方船舶装卸作业与库场水平运输方式之间，需增加一个在固定斜坡道上进行斜面运输的作业环节。完成这一环节可采取皮带机、缆车或直接由汽车沿坡道下河，形成了三种具有代表性的斜坡式码头装卸系统。

皮带机系统适用于装卸散货，趸船上设置用于卸货的带抓斗的起重机或用于装卸船的皮带机。这一工艺系统的特点在于斜坡上输送散货的皮带输送机能随水位涨落由卷扬机牵引上移或下滑，以便与设置在趸船上的装卸机械衔接。

缆车系统主要用于装卸件杂货，通常由浮式起重机、缆车、水平运输机械、库场作业机械组成，其特点是由缆车来完成货物的斜面运输。缆车是一种用卷扬机牵引沿斜坡轨道上下行驶的钢结构承重小车。牵引缆车的钢丝绳长度能随水位涨落调节，以便缆车与浮式起重机较好地衔接而有利于船—缆车之间的转运作业。因此该工艺很适用于大水位差地区。此种系统需要在斜坡道上设有缆车轨道，又称缆车码头。

汽车下河系统适用于天然岸坡较缓，宜于建下河汽车道的地点。汽车沿下河汽车道，由后方库场直接上趸船进行装卸，较缆车系统减少了一个作业环节，一般用于运量不大的厂矿专用码头。

浮码头由趸船、趸船的锚系和支撑设施、引桥及护岸等组成，如图 3-2-7 所示。浮码头与斜坡式码头的区别是：斜坡式码头的趸船随水位变化，并沿斜坡道上下移动；而浮码头的趸船则与相连的引桥一端一起随水位而升降，不改变平面位置。由于浮码头可随水位升降，因此可保持趸船甲板面与船舱出入口的高程相差不多，使旅客和货物上下方便。浮码头的固定建筑物少，机动性好，引桥可以增减，也可以拆除。

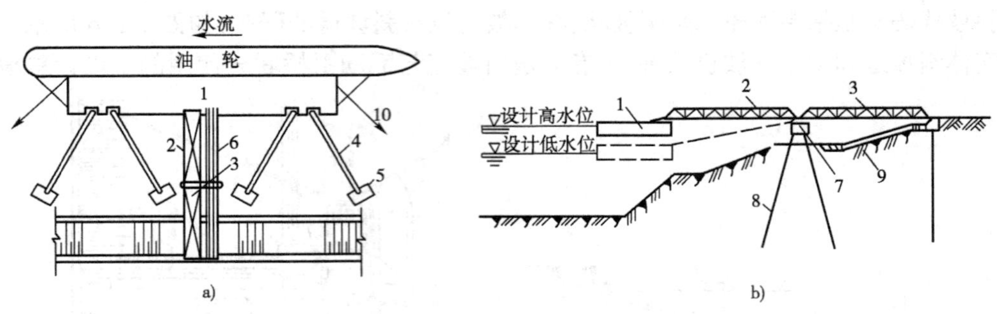

图 3-2-7　浮码头示意图

1-趸船；2-活动钢引桥；3-固定钢引桥；4-钢撑杆；5-撑墩；6-管道；7-桥墩；8-桩；9-护坡；10-锚链

浮码头的船舶装卸作业在趸船上进行，流动机械不便于在引桥运行。一般适用于货运量不大，主要供旅客上下的客货码头、客运码头，或者是采用皮带机作为中间运输的散货码头、管道运输的液体货码头。

第三节　内河航道工程

一、内河运输船舶及其发展特点

船舶是能航行或漂浮于河流、湖泊和海洋等水域内的一种运输承载工具。内河航行船舶按有无动力装置可分为机动船和非机动船两大类。机动船是指自身装有推进动力装置的船，如客船、货船、用来拖带没有自航能力的驳船和船队的拖船，以及船首装有顶推设备用来顶推驳船和船队的推轮等。非机动船是指没有推进动力装置，需要由机动船（拖船、推船）来拖带或顶推的船舶，如驳船和停泊在港区水域内用来系靠船舶的趸船等。有些工程船也属非机动船。

船队是指将若干艘驳船按一定的方式编结在一起，由拖船拖带或推船顶推航行的运输组合体。船队的动力由拖船或推船提供，驳船则用以装载货物，这两部分可以灵活分解组合。当船队到达目的港或装卸货物时，拖船或推船可用于拖带或顶推别的驳船。船队运输的优点是：能充分发挥动力的效率，运输成本低；既适宜运输大宗货物，也适宜运输批量大、货种多的货物；同时驳船又可分散到各港点装卸，减少货物的中转和倒载。

按编队方式不同，船队可分为拖带船队和顶推船队。

（1）拖带船队是拖船在前，用缆绳拖带后面的若干艘编结在一起的驳船航行的船队。在内河中，一艘拖船可拖带 10 艘以上的驳船；在海上，一艘拖船一般拖带 1 ~ 3 艘驳船，拖带方式有单排一列式和多排多列式（图 3-3-1）。拖带运输的各艘驳船可以利用船队前进时的附属水流，船舶航行阻力较单船行驶的船舶阻力小。拖带运输系柔性连接，能适应弯曲半径较小的航道以及风浪较小的沿海水域。

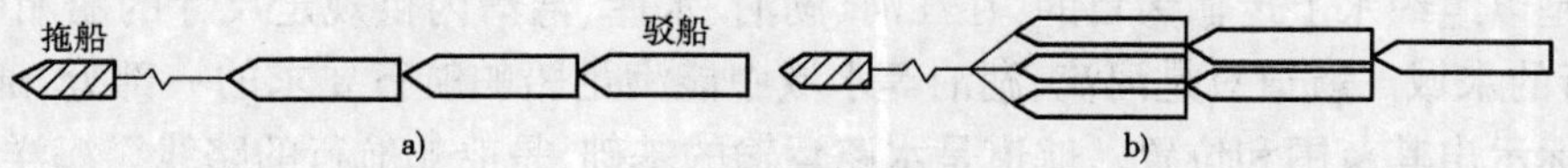

图 3-3-1　拖带船队队形图

a）单排一列式；b）多排多列式

（2）顶推船队是推船在后，顶推其前面的若干编结在一起的驳船航行的船队。在内河，顶推船队可由数艘驳船组成，载重量可达万吨以上；在海上，一般是一艘推船顶推一艘驳船。顶推船队的绑结方式有单排一列式、天平式和多排多列式等（图 3-3-2）。顶推船队分为普通驳顶推船队和分节驳顶推船队。前者由普通驳船和推船组成。分节驳的首、尾两端均呈箱形，或一端斜削，另一端呈箱形。两节分节驳的箱形端相互对拢，用缆绳连接。现代分节驳一般不设舵。分节驳顶推船队与普通驳顶推船相比，在同等载货量条件下，平面尺度较小、船舶航行阻力较小，推船功率利用率高，驾驶操作性能好。分节驳结构简单，便于制造，造价低。

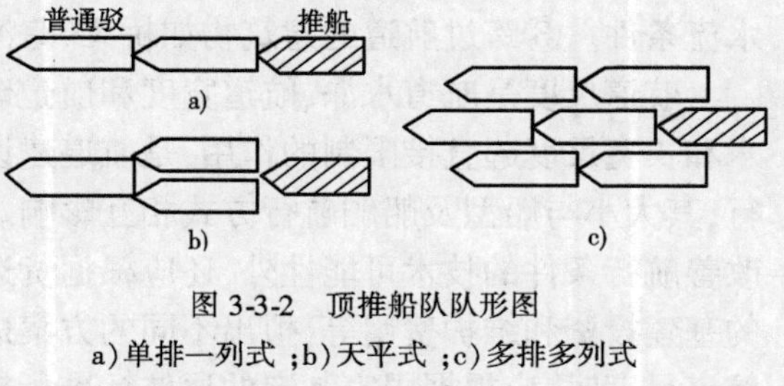

图 3-3-2　顶推船队队形图

a）单排一列式；b）天平式；c）多排多列式

与拖带船队相比，顶推船队的优点是船舶航行的阻力小；推船螺旋桨水流不对驳船产生干扰，可以提高推船的推进效率；长度通常短于拖带船队，推船和驳船连成整体，操纵较为灵活；驳船紧靠推船，为发展无人驳创造了条件。顶推船队的缺点是驳船刚性连接，要求航道有较大的弯曲半径；在有船闸的渠化河流上，船闸尺度和船队尺度彼此要相互适应，否则需解队过闸，运输效益受到影响。

进入新世纪以来，随着内河航运的增长，我国运输船舶的发展出现了新的特点，突出表现在：运力总量快速增长，新船成为主体；船舶平均吨位迅猛增长；机动单船占运力比例已超过3/4；内河运输船舶技术、节能、环保水平迅速提高；船型标准化工作取得明显成效。2008年底我国内河货运运力已达5500万载重吨，是2000年的2.7倍。同期，内河货运船舶艘数明显减少，2000年全国内河货运船舶为19.7万艘，2008年减少到14.8万艘。在总载重吨增长1.7倍的情况下，船舶艘数减少25%，内河货运船舶平均吨位迅速增长，2008年已达372吨，是2000年的3.59倍，机动船已占内河运力的76.5%，现有运力以新船为主。随着内河航运优势的开始发挥，船舶油耗指标下降较快，节能减排效果明显。船舶环保也取得了较大的成绩，新建内河运输船舶大部分已安装生活污水处理（或储纳）装置和油水分离器，环保性能大大提升。为积极推进船型标准化工作，交通部于2001年颁布了《内河运输船舶标准化管理规定》，2004年编制了《全国内河船型标准化发展纲要》，成为全国内河船型标准化工作的纲领性文件。2003～2007年，交通部和山东、江苏、浙江、河南、安徽、上海五省一市联合开展了京杭运河船型标准化示范工程，根本性地改变了京杭运河水域内河运输面貌。与此同时，《川江及三峡库区运输船舶标准船型主尺度系列》及有关规定和一系列标准船型，提高了长江中上游船舶运输的安全、环保和通过能力。船舶现代化、标准化、大型化、专业化是内河运输船舶的主要发展方向。

二、通航条件与国家《内河通航标准》

航道是以组织水上运输为目的，在江河、湖泊、水库、港湾内供规定尺寸的船舶（包括船拖木筏）航行的水域。航道只是河流、湖泊等水域中能满足船舶航行要求的一部分，通常用航标在水面上标示出其范围和位置。航道是水路运输的基础，是船舶航行的路线。海洋运输、沿海运输和内河运输都需要通过航道实现，本章内容仅限于内河航道。

航道可分为天然河流、渠化河流的航道和限制性航道两类。按使用条件和水文条件的不同又可分为山区航道、平原航道、湖区航道、库区航道、河网区航道、进港航道及运河等。各类航道所处的水域不同，在各种自然因素作用下，其特征也不相同。因此，各类航道的规划设计和所采取的工程措施也不尽相同。

为满足船舶安全航行，航道必须具备以下条件：①与通航船舶相应的航道尺度。②良好的水流条件。③跨过航道的建筑物如桥梁、跨河电缆等应满足通航净空的要求。

航道尺度是航道水深、航道宽度和航道弯曲半径三个尺度的合称，对通航船舶（队）的吃水和长宽尺度起直接限制的作用，是航道建设的标准。航道尺度应能满足船舶安全方便的航行，其大小与船型及船舶航行方式相互影响。确定航道尺度时，除着重考虑河流的自然特性，改善航行条件的技术可能性外，还应根据货运量的要求，考虑船舶的投资和运输成本以及航道的基建投资和维护费用等，拟出不同的方案进行综合比较，力求获得最佳的经济效益。在拟定航道尺度时，应根据国家制定的通航标准所规定的标准航道尺度来统一考虑，以便有利于各地区、各水系的航道畅通，组织直达运输。

航道水流条件主要是指水面比降、流速、流向、流态及波况等。航道内的流速和局部比降不能太大，流速一般以 2.5 ~ 3.0m/s 作为限值，比降的限值约为 1‰ ~ 1.5‰。同时要求此类大流速的航段不长，出现的时间短。垂直航道轴线的横向流速也不应过大。航道内水流应平稳，不应有泡水、漩水等紊乱流态出现，船舶在受到这些水流冲击时，驾驶操纵十分困难，甚至失去控制。

水上跨河建筑物如桥梁、电缆等应有足够的水上净空高度和净空宽度。净空高度是指设计最高通航水位以上至跨河建筑物底部的垂直距离。净空高度的数值应满足设计船舶空载的水上高度加富余值。净空宽度是指航道底标高以上桥墩（墩柱）间的最小净宽度，包括船舶过桥航行轨迹宽度和富余宽度两部分。一般说来，净空宽度按单线航道宽度拟定。桥墩（墩柱）与水流方向一致的侧面应尽可能与水流流向平行，其偏角超过 5°时，净宽需相应加大。天然河流、渠化河流上的水上跨河建筑物，一般应不少于两个通航孔，在限制性航道上，宜一孔跨过，净宽应采用航道宽度值。

通航条件在国家标准《内河通航标准》（GB 50139—2004）中作了详细规定。《内河通航标准》是港口航道工程技术标准体系中为数有限的国家标准之一，其余大部分技术标准都是行业标准。关于工程建设技术标准分类，本书第四章有专门介绍，这里不作详述。《内河通航标准》作为国家标准，是因为其通航条件的规定，不仅航道工程建设与管理部门应该严格执行，也是水利水电、公路铁路、市政等部门在开发利用河流湖泊水资源、修建跨河建筑物等涉及航道通航条件的工程时所必须遵守的规定。

为充分发挥水运的优越性，航道必须实现标准化。根据通航船舶的大小，《内河通航标准》将航道划分为 7 个等级，并规定了相应航道水深、航道宽度、航道弯曲半径及通航净空。从 1 级至 7 级航道分别满足 3000 ~ 50t（1 级航道通行 3000t，7 级通行 50t）船舶的通航要求，如表 3-3-1 所列。

内 河 航 道 等 级　　　　表 3-3-1

航道等级			1	2	3	4	5	6	7
船舶吨级（t）			>3000	2000	1000	500	300	100	50
航道尺度（m）	水深		3.5 ~ 4.0*	2.6 ~ 3.0	2.0 ~ 2.4	1.6 ~ 1.9	1.3 ~ 1.6	1.0 ~ 1.2	0.7 ~ 0.9
	直线段宽度	单线	70 ~ 125	40 ~ 100	30 ~ 55	30 ~ 45	22 ~ 35	15	12
		双线	135 ~ 250	75 ~ 190	60 ~ 110	50 ~ 90	40 ~ 70	30	24
	弯曲半径		670 ~ 1200	500 ~ 810	480 ~ 720	330 ~ 500	270 ~ 280	180	130

* 同一吨位船舶的尺度有所变化，所采用的船队编组方式也不相同，因而同一级航道的尺度在一定范围变化，不同船队编组方式对应的航道尺度详见国标 GB 50139—2004。

三、改善通航条件的工程措施

航道工程是指以延长通航里程、提高通航标准、改善通航条件和保障航道畅通为目的的疏浚、整治、渠化、运河、航标、清障等工程措施的总称。就航道工程对河道的作用性质来说，可以分为两大类：一类是顺应河道特性，因势利导，使不利于通航的河段向有利于通航的方向发展，消除个别河段对全河通航的不利影响，而河道的自然状况基本保持不变，如航道整治和疏浚工程；另一类是采用强制性措施，从根本上改变河道的自然状况，使水流情况发生有利于航行的

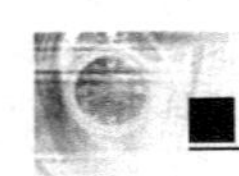

根本性质的变化,如渠化工程和流量调节。

1. 航道整治

航道整治工程是指在河床中建造专门的整治建筑物或其他工程措施,调整河床形态和水沙流路,以形成有利的水流结构,利用水流本身的力量冲刷航道并维持航道的稳定,保证枯水期航道必要的通航尺度。航道整治的目的是利用整治建筑物调整水流和河床的关系,局部改变河床的演变过程,从而调整河床的冲淤,使水流冲刷发生在需要冲刷的地方、泥沙淤积在预想淤积的地方,并保持河床相对稳定。

航道整治工程一般属低水整治,不能改变河流的水文情势,但由于其针对某些河段的碍航因素,通过局部改变不良的河床形态,保护河床、河岸,调整河流的水流泥沙,形成稳定的航道,从而可以增加航道尺度,改善天然河流的航行条件。在采取疏浚工程维护的河段上,结合采用整治工程可避免过大的挖槽回淤,维护挖槽的稳定。整治工程与疏浚工程配合使用,可以取得更好的效果。一般来说,在一定的条件下,航道整治工程投资较少,收效较快,实施较易。

航道整治工程是综合治理河道的一个组成部分,在对航道采取整治措施时,应综合规划,处理好航道整治与防洪、灌溉及城镇供水等各方面的关系。

在天然河流中,水流、泥沙和河床的相互作用关系十分复杂,由于对河床演变的规律还难以完全掌握,整治工程设计所采用的许多计算方法还有很大的局限性。因此,对被整治的河段采取工程措施以前,应加强水文及水下地形的观测工作,积累资料,据以作为分析河床演变的依据。

航道整治工程设计包括:①分析研究被整治河段的地形、地质、水流、泥沙等条件,河床演变的规律以及碍航情况及原因。②根据河床演变分析及船舶的航行要求拟定整治方案。③确定航道整治水位及航道整治线宽度,拟定航道整治线的布置。④确定整治建筑物类型,并进行整治建筑物的结构设计。⑤进行必要的航道整治水力计算和河床演变分析,论证所拟定整治方案的合理性。

航道整治工程的设计多依赖于过去工程实践所积累的经验,采用优良河段模拟法,即在同一条河流上,通过调查和资料分析,寻找与被整治河段具有相似的地形、地质、水文、泥沙等条件并能长期满足通航要求的优良河段,参照该河段的河床形态,拟定被整治河段的平面轮廓形状,并据以布置整治建筑物。一些大型的整治工程通常需进行河工模型试验,以研究合理的设计方案。此外,对长河段滩群进行整治工程时,多采用分期施工,动态效果观测,从实践中总结经验,调整方案,以达到整治目的和要求。

2. 疏浚工程

疏浚工程是指采用挖泥船或其他机具以及人工进行水下挖掘,为拓宽和加深水域而进行的土石方工程。疏浚工程的挖槽设计应力图通过改变河道水流几何边界,引起水流内部结构的变化,使得新形成的水流结构,不但可以保证泥沙不再淤积在航道内(至少在下一个汛期到来之前不再淤积),而且能将进入挖槽内的泥沙输送到下深槽中去,维持航道稳定。

对于平原或丘陵河流上的沙质和砂卵石浅滩,通常采用挖泥船挖除碍航的泥沙堆积物,增加航道水深。对于在水位降落期间出现淤浅的平原河流上的临时浅滩,通常是采用机械挖泥方法维护航道的水深。对于平原河流上的泥质浅滩,宜以疏浚为主,合理选择挖槽定线,并预留适当的回淤深度和宽度。对于山区或丘陵区的石质河床,一般采用爆破的方法(常称炸礁)炸除碍航的石嘴、石梁、孤石、岩盘等。无论是在石质浅滩上采取炸礁开槽,或者在平原河流上采取挖泥疏浚,都应在必要时配合以筑坝壅水的方式加以改善。

3. 渠化工程

渠化工程是指在天然河流上,以航运开发为目的,修建拦河坝(闸)壅高上游水位,完全淹没上游河段中的急、险、浅滩及其他障碍物,减缓水流流速,从而根本性地改善拦河坝上游航行条件的工程措施。渠化工程的内容包括建造挡水建筑物(如拦河坝)、通航建筑物(如船闸或升船机)及坝岸连接建筑物(如翼墙)等。

渠化工程从根本上改变了天然河流的水文情况,使得在坝前壅水段的水位变化,不再取决于河流上游的来水量,而是取决于坝(闸)等建筑物设定的蓄水方案和对闸坝的调度。由于上游水位被闸坝抬高,就使得河流在建坝处形成一个梯级(水面出现集中落差)。若沿河修建一系列的拦河闸坝,将下一闸坝的壅水,与上一闸坝的船闸下闸首门槛水深衔接起来,即梯级开发。天然河流经过梯级开发所形成的航道,称为渠化航道。渠化工程直接影响着河流的整体开发计划,必须紧密结合河流综合利用和综合开发的计划进行,这是进行渠化工程规划必须遵循的一条重要原则。

4. 径流调节

径流调节是通过修建水库,重新分配不同季节河流流量(蓄洪济枯),改善枯水季节河流通航条件的一种工程措施。

水库大坝对于坝前水位有两种可能的影响:一种是只抬高水位,不改变通过拦河坝上的溢流量,则溢流量基本与上游来水量相同,坝前水位基本维持在设计挡水位,由于此类水库的水位变化非常小,不具有调节流量的库容,故称之为径流式水利枢纽;另一种不仅抬高坝前水位,而且坝前水位在强迫高水位、正常挡水位与死水位之间变化,正常挡水位与死水位之间所能容蓄的水体,即坝前所形成的水库容积,这种属于有调节能力的水库,可利用其在丰水时段,让枢纽上游节制闸下泻的流量比上游来水量小,将多余的流量存蓄在水库中,使坝前水位不断升高,当河流天然来水量不能保证坝下河段最低通航水位时,开启节制闸,向下游下泻保证最低通航水位所需的相应流量。

5. 其他航道工程

(1)内河助航标志(航标)。内河助航标志是为了帮助船舶安全、便利航行而设置的视觉、音响和无线电助航设施,简称内河航标。通过合理配布内河航标,可以标示内河航道的方向、界限与碍航物,揭示有关航道信息,为船舶指示出安全、经济的航道。内河航标分引导航行、指示危险和信号三类。标志形状、涂色和灯光性质均按作用、岸别(或背景情况)作统一规定。标体要求构造轻便,易于移动,可随水位、河床的变化和航道维护水深的更动而经常调整配布。

(2)绞滩。绞滩是指用机械或其他设施牵引上水船舶通过急滩的一种助航作业,实际上就是利用机械的力量拉纤。常见的绞滩方式有:通过安装在岸上或绞滩船上的绞滩机(如卷扬机)牵引上水船舶的机械绞滩;通过水流冲击安装在绞滩船两舷的水轮叶片,驱动水轮旋转,从而牵引上水船舶的水力绞滩;采用人力推动绞关,施绞船舶的人力绞滩;将牵引钢缆的一端固定在岸上,另一端绕在本船的绞关的船舶自绞方式。

(3)扫床与清障。为了确保船舶在航道上的航行安全,必须通过扫床和清障工作,将存在于航槽中的任何水下障碍物(包括沉石、沉船、沉树,以及任何其他沉于河槽的物品)排除出去。扫床是指通过目测、“硬式”或“软式”扫床工具,探明航道内有无影响船舶(队)航行的障碍物存在，并确定障碍物准确位置的航道维护作业。清障则是将扫床所确定的障碍物打捞出水、抛弃至航道以外的维护性航道整治作业。

四、整治建筑物

航道整治是通过建造整治建筑物实现的，其作用有束水、固滩、导流、导沙、攻沙、护岸、防冲等，常见整治建筑物有丁坝、顺坝、格坝、锁坝、潜坝，鱼嘴、转流建筑物（制造人工环流的导流屏）等。

丁坝是坝根与河岸相接，坝轴线与流向呈某一交角，坝头伸至整治线，在平面上与岸线构成丁字形的整治建筑物。丁坝有束窄河床、导水归槽、调整流向、改变流速、冲刷浅滩、导引泥沙等作用。丁坝迫使水流趋向河心，绕过坝头下泄，因惯性作用，水流继续收缩，流速增大，经过一定距离后断面平均流速达最大，以后又逐渐扩散。至丁坝掩护末端，水流恢复天然状态。在流速增大区域，河槽浅滩被冲深，泥沙下移或随丁坝下游的回流导入两坝之间的坝田。平原河流航道整治，常用丁坝保护河岸，固定边滩，束水归槽，增大流速，刷深航道。山区河流航道整治，常用丁坝调整岸线，壅高水位，改变比降，降低流速，增加航深。整治浅滩时，往往布置多条丁坝组成丁坝群，形成较长范围的束水区域，以达到最佳整治效果。

丁坝按坝轴线与水流交角分，有上挑丁坝、下挑丁坝和正挑丁坝；按平面布置形状分，有普通丁坝、勾头丁坝、丁顺坝；按对水流影响程度分，有长丁坝、短丁坝和附丁坝；按透水性能分，有透水丁坝和不透水丁坝等。

顺坝是与水流方向大致平行，顺流向布置的航道整治建筑物。顺坝的主要作用是导流，且具有束水归槽、改变水沙流向、增大航道流速或调整水流比降、壅高水位、改善流态等功能。顺坝由坝根、坝身和坝头三部分组成。坝根嵌入河岸中，并做护坡，其纵坡比坝身段略大，以避免冲刷。坝根和坝身以平缓的曲线相连接，坝身顶部有与水流纵坡相似的坡度，涨水时间时淹没，避免出现过大的横流。坝头一般向下游延伸，坝轴线大多在航道整治线上。

当顺坝较长或河岸不平顺，往往在顺坝与河岸之间修建若干座格坝，避免顺坝漫水后在顺坝与河岸之间产生纵向水流，防止顺坝背部河床和河岸受冲刷，并促进坝田淤积。

在分汊河段采用塞支强干，增强主汊的流量和输沙能力，或抬高河段水位，以利取水口引水时，拦断河流汊道的整治建筑物称为锁坝。锁坝坝体两端嵌入河岸或江心洲，形成两个坝根而没有坝头，坝顶中部呈水平，两侧向河岸斜升。根据整治要求不同，锁坝可选择在汊道的入口段、中段或下段。

潜坝是设置于深槽河底，坝顶恒潜没于水下的航道整治建筑物，分潜锁坝和潜丁坝两类。潜锁坝连接河底两岸，潜丁坝仅从一岸伸出一段。潜锁坝常使用坝群，其作用在于提高河床的局部高程，减小河槽过水断面面积，缓和河床纵坡，加大河底糙率，壅高水位，调整上、下游水面比降，降低上游流速，以达到船舶自航上滩或加大取水口流量的目的。

五、通航水利枢纽与通航建筑物

1. 通航水利枢纽

水利枢纽是开发利用江河水利资源、除害兴利的不同功能和类型水工建筑物组成的综合体。船舶可以通行的水利枢纽称为通航水利枢纽。通航水利枢纽常见于综合性水利枢纽、河道渠化或以改善河流通航条件为主要目的所建设的航电枢纽。

通航水利枢纽一般由下列建筑物组成。

(1)挡水建筑物。用于拦截水流以抬高水位,使上游河段达到设计的通航水深,并为其他用水部门提供一定的水头和水量。属于这类建筑物的有各种类型的水闸和拦河坝(如土坝、堆石坝、重力坝等)。

(2)泄水建筑物。其作用在于宣泄洪水期的洪水流量或用来降低枢纽上游水位进行检修和清淤,或利用它进行施工导流等。属于这类建筑物的有溢流坝、溢洪道、泄水渠道或隧洞、泄水闸等。

(3)通航建筑物。用以克服挡水建筑物所造成的集中落差,使船舶能安全顺利过坝,属于这类建筑物的有船闸和升船机等。

(4)坝岸连接及护岸建筑物。用以保证坝岸牢固连接、并保护枢纽上下游岸坡免受绕坝渗流和水流的冲刷破坏。属于这类建筑物有翼墙及护岸建筑物。

(5)其他专门水工建筑物。根据赋予枢纽综合利用的任务而定,一般包括水电站、过鱼建筑物、过木建筑物、灌溉渠首以及城市供水的取水建筑物等。

图 3-3-3 为通航水利枢纽组成示意。

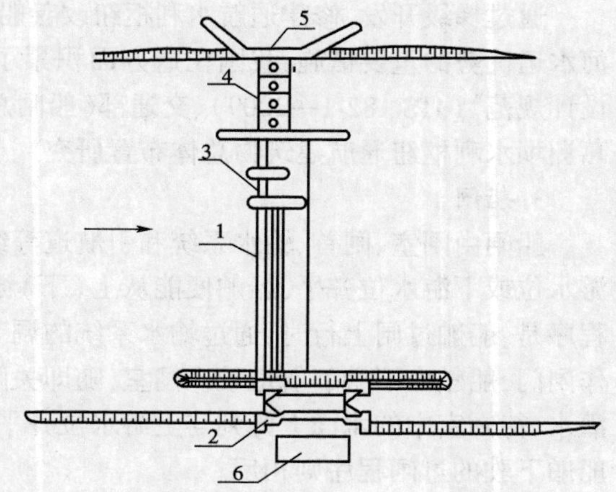

图 3-3-3　航运与发电结合的渠化枢纽

1-溢流坝;2-船闸;3-泄水闸;4-水电站厂房;5-翼墙;6-船闸管理所

2. 通航水利枢纽规划设计要点

通航水利枢纽规划在流域经济规划和营运规划的基础上进行,其任务是根据流域经济规划提出的近期和远景的客货运量、船型、运输组织方式以及河流的自然条件,结合国民经济各有关部门(防洪、灌溉、发电、供水、渔业和木材运输等)对综合开发和利用水利资源的要求,拟定枢纽开发方案和开发程序,确定航道尺度和通航建筑物的规模。

通航水利枢纽规划对于枢纽功能的发挥具有战略意义。梯级开发方案、坝址和坝轴线选择决定了枢纽建成后整条河流或河段航运及其他功能的发挥。枢纽规划考虑不周,一旦建设开始实施,规划带来的问题就很难解决。

坝址选择和坝轴线选择是通航水利枢纽规划的重要内容。坝址选择应考虑下列条件和要求:①坝址上下游河段的水文、泥沙、地形和地貌等特性;②建坝的工程地质条件和接岸条件;③上、下梯级间的通航水位衔接条件;④近期和远期通航建筑物、挡水和泄水建筑物、水电站等主要建筑物布置的要求;⑤有利于库区的航道整治和淹没原有主要碍航滩险;⑥减少淹没、浸没、征地和拆迁;⑦施工导流和分期施工的条件,施工期通航条件;⑧砂、石等地方建筑材料的供应条件;⑨施工场地、弃渣和对外交通运输要求;⑩枢纽的运行、维护和管理要求;⑪工程造价经济合理等。

确定通航水利枢纽各建筑物的相互位置称为枢纽布置。合理的枢纽布置应该根据综合利用水利资源的原则,顺应河势,遵循河床演变规律,体现枢纽特点,充分发挥各建筑物的作用,以达到安全可靠、经济合理、使用管理方便、简化施工的目的。枢纽布置应充分研究枢纽的功能需求,地形、地质、水文、泥沙等具体条件以及各建筑物的使用、施工要求等,以寻求最合理的方案。这项工作只有对各个水工建筑物的特点、形式、使用及施工要求等有了全面深入的了解,才能拟定正确的方案。对于大中型通航枢纽,一般都需进行枢纽总体模型试验,以优化枢纽的布置。

通航建筑物布置应全面分析,综合考虑航道等级、航行条件、枢纽规模和自然条件,保证船舶、船队安全通行,并有利于运行管理和检修。枢纽泄水时,应满足引航道口门区和连接段的通航水流条件。通航建筑物与溢流坝、泄水闸、电站等建筑物之间,必须有足够长度隔流堤或隔流墙。大、中型水利枢纽上的通航建筑物及其上下游航道的布置,要充分研究随着枢纽的调度运行,汛期在水库内特别是坝区附近可能产生的泥沙淤积,以及下游河床的冲刷问题。通航建筑物需适应枢纽上下游河道的水流条件和水下地形不断变化的情况。

通过梯级开发、修建通航水利枢纽改善船舶航行条件,是因地制宜发挥山区和丘陵地区内河水运优势的重要措施,我国在这方面积累了丰富的经验。交通运输部《渠化工程枢纽总体设计规范》(JTS 182-1—2009)、交通部《船闸总体设计规范》(JTJ 305-1—2001)和《长江三峡、葛洲坝水利枢纽通航建筑物总体布置研究》、《船闸与升船机设计》等对此有详细论述。

3. 船闸

船闸由闸室、闸首、输水系统和引航道等组成,通过输水系统调整闸室内的水位,使其与上游水位或下游水位齐平,船舶便能从上(下)游驶往下(上)游,如图3-3-4所示。船舶的过闸程序是:船舶过闸上行时,通过输水系统的调节,使闸室水面与下游水位齐平,开启下闸首的工作闸门,船舶由下游引航道驶入闸室,随即关闭下闸首的工作闸门,由输水系统从上游向闸室灌水,待闸室中的水面上升到与上游水位齐平时,开启上闸首的工作闸门,船舶即由闸室驶出。船舶下驶的过闸程序则相反。

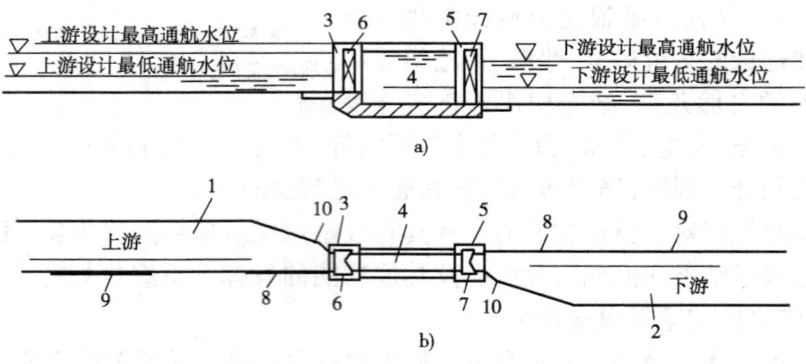

图3-3-4　船闸组成示意图

a）纵断面图；b）平面图

1-上游引航道；2-下游引航道；3-上闸首；4-闸室；5-下闸首；6-上闸门；7-下闸门；8-导航建筑物；9-靠船建筑物；10-辅导航建筑物

船闸闸首设有工作闸门、检修闸门、船闸阀门、启闭机械以及信号、通信等设备。闸首边墩的中心控制室设有一系列自动化设备及计算机信息处理系统,以实现船舶过闸操作自动化和船舶过闸管理自动化。闸室由闸室墙与闸室底板构成。为便利船舶过闸和靠泊,闸室内设有系船设备、照明设备和爬梯、壁灯、信号标志等辅助设施。输水系统由进水口、输水廊道、输水阀门、出水口、消能设施组成。采用集中输水系统的船闸,输水系统各组成部分集中于闸首;采用分散输水

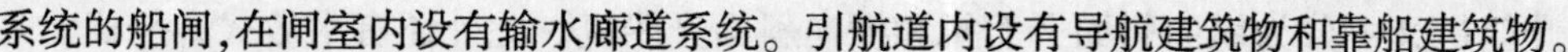

系统的船闸,在闸室内设有输水廊道系统。引航道内设有导航建筑物和靠船建筑物。

按照船闸所处的地理位置和通过船舶的类型,可分为海船闸、河船闸和运河船闸;按照船闸闸室的纵向排列数目,可分为单级船闸和多级船闸;按照船闸闸室横向平行排列数目,可分为单线船闸、双线船闸和多线船闸;按照船闸所在地区的特殊条件或特殊使用要求,可分为具有中间闸首的船闸、井式船闸、省水船闸和防咸船闸等。

船闸的主要设计内容包括:①总体设计。按货运量、设计船型及航道的水文特性,选定与所在航道相应的通航标准,确定船闸基本尺度及各部分高程,并根据河流的地形、地质、水文、航道条件以及枢纽各主要建筑物的运用要求等拟定船闸总体布置方案。②输水系统设计。选定输水系统的形式,合理布置输水系统,进行必要的水力计算。③水工建筑物设计。选定闸首、闸室以及导航建筑物等的结构形式,核算各分部结构的强度和稳定性。④船闸闸门、阀门设计。选定闸门、阀门结构形式,验算闸门、阀门结构构件的强度、刚度和稳定性。⑤启闭机设计。选定启闭机形式,对启闭机零部件进行设计或选择。⑥电气设计。包括供电、电力传动、信号、船舶过闸全过程自动控制及通信等。

4. 升船机

升船机采用水力或机械装置升降船舶以通过航道上水位集中落差河段。升船机的基本组成包括承船厢(车)、支承导向结构、驱动机构、事故装置、闸首、电气控制系统、拉紧密封装置等。承船厢(车)用于装载船舶;支承导向结构用于支承承船厢(车),并对承船厢(车)升降起导向作用;驱动机构用于驱动承船厢(车)升降;事故装置用于发生事故时,制动并固定承船厢;闸首是将承船厢(车)、支承导向结构等与上下游航道隔开的挡水建筑物,在承船厢(车)升降过程中以及承船厢(车)停靠时,闸首在承船厢(车)与上下游航道之间起衔接作用。

按装载船舶的承船厢或承船车的运行路线,升船机可分为垂直升船机和斜面升船机两大类。垂直升船机需要设置平衡系统以平衡其升降过程需克服的重力,根据平衡系统的工作原理,又可分为均衡重式垂直升船机(图 3-3-5)、浮筒式垂直升船机(图 3-3-6)和水压式垂直升

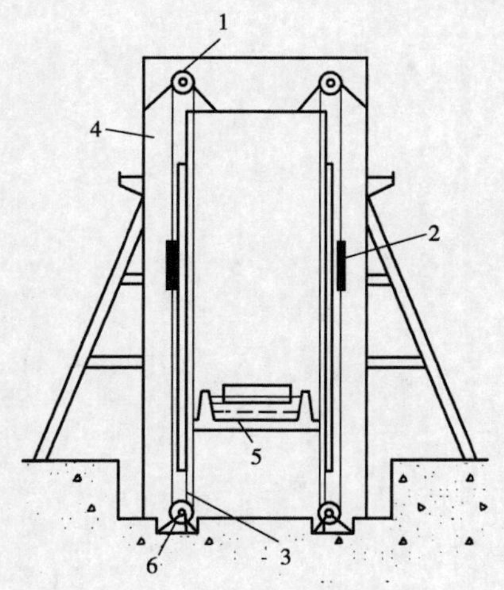

图 3-3-5　均衡重式垂直升船机示意图
1-绳轮;2-平衡重;3-平衡链;4-垂直支架;5-承船厢;6-辊轮

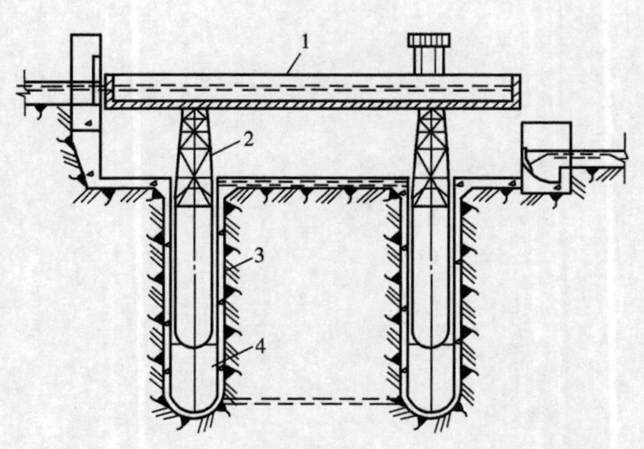

图 3-3-6　浮筒式垂直升船机示意图
1-承船厢;2-支撑;3-浮筒;4-浮筒井

船机。斜面升船机又可分为纵向斜面升船机和横向斜面升船机。此外还有水坡式升船机。

承船厢(车)载运船舶的方式可分为湿运与干运两大类。湿运升船机是指承船厢(车)内盛水,船舶浮载在有水的承船厢内。干运升船机是将船舶置于无水的承船厢内设有弹性支承的承台上。

湿运升船机载运船舶由下游航道驶往上游航道的过程是:通过控制系统启动驱动机构,使承船厢(车)停靠在厢内水面与下游水位齐平的位置;进行承船厢(车)与升船机闸首间的拉紧、密封、充灌缝隙水等操作;开启承船厢(车)的厢头门和闸首的工作闸门,船舶驶入承船厢(车);关闭承船厢(车)的厢头门和闸首的工作闸门,泄去缝隙水,松开拉紧和密封装置;启动驱动机构,将承船厢提升至厢内水面与上游水位齐平的位置;进行承船厢(车)与升船机闸首间的拉紧、密封、充灌缝隙水等操作,开启厢头门和工作闸门,船舶自承船厢(车)驶入上游航道。船舶自上游航道下降至下游航道,按上述程序反向进行。

斜面升船机以承船车运载船舶沿斜坡道通过水位集中落差河段。水坡式升船机是斜面升船机的一种特殊形式,利用上、下游航道间水槽内可移动的挡水闸门所形成的楔形水体供船舶升降。

与船闸相比,升船机具有以下特点:①基本上不耗水,适宜建造在少水和需咸淡、清浊分离的河流和运河上。②垂直升船机和横向斜面升船机的承船厢(车)的升降速度远较船闸闸室灌泄水速度快,船舶通过升船机所需的时间较短。③在一定范围内升船机的造价不因提升高度的增加而增大很多。④升船机难以承担大型船队一次通过,提升船舶的吨位不能太大。⑤升船机的造价随提升船舶吨位的增加而增加很快,而且技术愈复杂。⑥升船机的机械设备和电气控制系统是升船机的重要组成部分,其制造、安装、运行及维护技术要求高。

世界各国的建设实践和科研设计经验表明:当水头在 70 ~ 80m 以上时,宜采用升船机;当水头在 40 ~ 70m 之间时,应进行升船机与船闸的比选;当水头在 40m 以下时,船闸通常比升船机优越。

第四章　港口航道工程项目管理与法律法规

第一节　港口航道工程建设程序

港口航道工程项目和其他基本建设项目以通过建筑、购置和安装固定资产，提高社会生产力为目标，具有投资数量大、建设期长、牵涉面广、内外协作关系复杂、对国民经济影响巨大、一旦决策失误将造成重大损失的特点。根据这些特点与多年的正反面经验教训，国家和各行业主管部门规定了基本建设全过程中各项工作必须遵循的先后顺序，即基本建设程序。基本建设程序是由基本建设项目本身的特点和客观规律决定的，明确了基本建设全过程中各环节、各步骤之间客观存在的、不可颠反的先后顺序。基本建设程序关系项目全局，也是按照自然规律和经济规律管理基本建设的根本原则，只有坚持按科学的基本建设程序办事，才能正确处理从制定建设规划、确定建设项目、勘察、选址、设计、施工、试运行，直到竣工验收、交付使用等基本建设工作中各个阶段、各个环节之间的关系，从而提高投资效益、避免决策失误。

港口航道工程项目的建设程序可概括分为项目决策立项与项目实施两大阶段，每个阶段又可分为若干步骤（图4-1-1）。每个步骤只有在前一个步骤完成并获得批准后方可进入下一步工作。

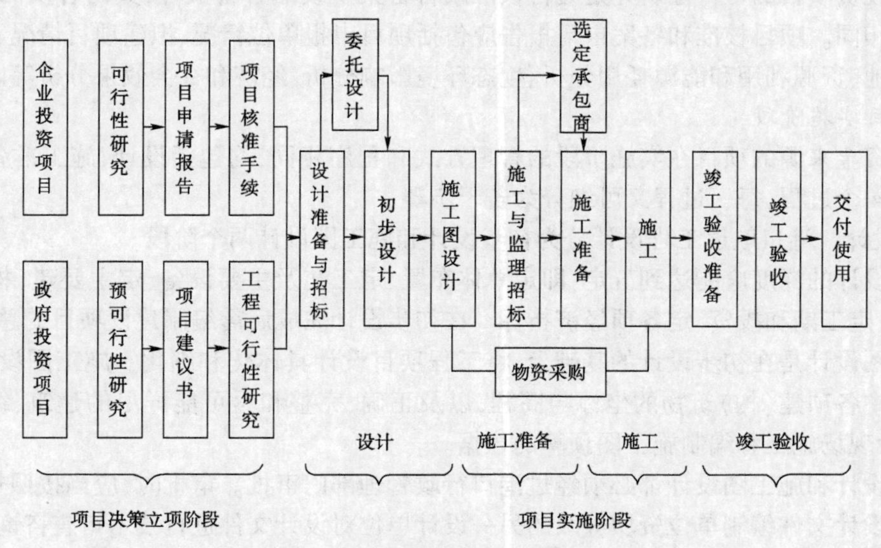

图4-1-1　港口航道工程项目建设程序

1. 决策立项阶段

根据投资来源的不同，在决策立项阶段，政府投资和企业投资项目立项管理有不同规定，因而需完成的程序也不同。政府投资项目实行审批制，需要经过预可行性研究、项目建议书、工程可行性研究三个步骤；企业投资项目实行核准制和备案制，需要经过可行性研究、编写项目申请报告或者备案文件、履行核准或者备案手续三个步骤。

预可行性研究是根据国家经济和社会发展的需要，以全国运输系统的要求及港口总体布局规划为依据，具体论证建设项目的必要性、技术可行性、经济合理性和建设方案建设规模，主体工程应达到方案设计阶段的深度。

项目建议书是向国家提出的要求建设某一项目的建议文件，是项目正式开展前期工作的依据。项目建议书包含建设项目的轮廓设想，其内容为：建设项目提出的必要性和根据；建设方案、拟建规模、建设地点的初步设想；建设条件协作关系；投资估算及资金筹措；项目进度设想；经济效益、社会效益、环境效益的初步估计。

工程可行性研究以批准的项目建议书为依据，对建设项目在技术和经济上是否可行进行科学分析和论证，是技术经济的深入论证阶段。通过对各种方案的分析对比，为项目决策提供依据。这一阶段的成果即工程可行性研究报告，其内容包括：港口现状评价、发展预测、建设规模、建设条件、协作条件、装卸工艺及工程方案、施工条件、组织管理、人员编制、土地利用、环境保护、工程投资、经济评价等。

企业投资项目实行核准制和备案制，是国家改革投资体制，打破传统计划经济体制下高度集中的投资管理模式，实行"谁投资、谁决策、谁受益、谁承担风险"的原则，落实企业投资自主权，合理界定政府投资职能，提高投资决策的科学化、民主化水平的重要措施。政府仅对重大项目和限制类项目从维护社会公共利益角度进行核准，其他项目无论规模大小，均改为备案制，项目的市场前景、经济效益、资金来源和产品技术方案等均由企业自主决策、自担风险，并依法办理环境保护、土地使用、资源利用、安全生产、城市规划等许可手续和减免税确认手续。

企业投资项目的可行性研究是履行核准或者备案手续的必备文件，其内容及深度与政府投资项目相同。项目核准和备案申请报告应包括项目申报单位情况、拟建项目情况、相关规划与建设用地、资源利用和能源耗用分析、生态环境影响分析、经济和社会效果分析等内容。

2. 项目实施阶段

两种资金来源的项目在实施阶段的管理方式和程序相同，均包括设计、施工准备、施工和竣工验收 4 个过程，每一过程又可细分为若干步骤。

(1)设计。港口航道工程设计分为初步设计和施工图设计两个阶段。

初步设计的深度应能达到五定：即定总体布置、定工艺及主要设备、定主要建(构)筑物的结构方案、定工期和投资、定各项经济指标。在初步设计完成后需编制建设项目的总概算书。

施工图设计是在初步设计的基础上，将工程项目设计具体化和细化。施工图设计应给出总平面图中各项建(构)筑物的坐标与高程，以及正确、完整和尽可能详尽的建筑、结构、安装图纸，作为现场施工和编制施工图预算的依据。

初步设计和施工图设计都必须经过港口行政管理部门审批。审批时，应当按照规定，委托不低于原设计文件编制单位资质等级的另一设计单位对设计文件进行技术审查咨询。审查咨询单位在完成审查咨询工作后，向港口行政管理部门出具审查咨询报告。港口行政管理部门根据审查咨询报告、其他相关文件和有关部门的意见予以批复。

(2)施工准备。为了保证施工顺利进行，建设单位必须组建专门的机构做好各项建设准

备工作，内容主要包括：办理征地拆迁手续、落实工程施工的水电路等外部条件、进行招标工作、选择施工承包单位、组织大型专用设备和特殊材料的预订货、落实地方建筑材料的供应、施工场地准备、"三通一平"、编写开工报告等。港口航道工程项目开工应当具备以下条件：施工图设计文件已经完成并经审查批准；建设资金已经落实；海域使用及陆域征地手续已办理，拆迁基本完成；施工、监理单位已确定；已办理质量监督手续。

(3)组织施工。项目施工是港口航道工程建设的关键阶段，也是大量资源投入，各种矛盾充分暴露的阶段。要使工程项目实现最佳目标，在投资和工期的约束下提供精品，施工承包单位在施工前必须编制好施工组织设计，做好施工准备工作，要做到"五落实"，即投资落实、工程内容落实、施工图纸落实、材料设备落实和施工力量落实。在施工过程中要做到"四控三管一协调"，即做好费用控制、进度控制、质量控制、安全控制、合同管理、信息管理、施工现场管理、组织协调。

(4)竣工验收。竣工验收是建设全过程的最后一个程序。港口航道工程竣工验收，是指港口航道工程完工后、投入使用前，对工程质量、执行国家和行业强制性标准情况、投资使用情况等事项的全面检查验收，以及对工程建设、设计、施工、监理等工作的综合评价。竣工验收应在施工单位对工程质量自检合格，监理工程师对工程质量评定合格，项目法人组织设计、施工、监理、工程质量监督等单位进行的交工验收合格，工程经过 3 个月以上试运行，各项设施运行情况符合设计要求，项目法人向港口行政管理部门提出的竣工验收申请获得批准后进行。

竣工验收完成后，才能办理固定资产移交等相关手续，并交付使用。

港口航道工程项目的建设以国家港口航道规划为依据。在决策立项和设计阶段所提出的建设方案应当符合港口布局规划、港口总体规划和航道规划。港口设施的建造安装应在港口总体规划确定的港区范围内进行，不得违反港口规划建设任何港口设施或其他设施。

第二节　港口航道工程项目管理

一、项目管理的基本概念

现代工程项目，尤其是许多土木工程项目的投资越来越大，工期越来越长，施工技术越来越先进和复杂，新材料、新设备、新技术和新工艺不断涌现。为了保证项目建设的质量、造价与进度，除了要具有领先的技术之外，还必须具有一流的管理水平，以保证在满足项目要求的情况下达到效率最大化。

港口航道工程建设项目管理包含从策划、决策、设计、施工、竣工直至总结评价的全过程，即以水运建设项目为对象，综合运用土木工程知识和施工方法，依据建设项目规定的质量要求、预定时限、投资总额以及资源环境等条件，为圆满实现建设项目目标所进行的决策、计划、组织、协调和控制等科学管理活动。

目前，我国土木工程建设项目管理实行政府有关部门监督下的"三方"管理体制，即建设项目由建设项目法人、承建商、监理单位共同参加管理。这里所说的政府有关部门是诸如建设主管部门、规划管理部门、质量监督部门以及劳动、环保、消防、卫生等部门。建设项目法人(又称项目业主)即传统所称的建设单位。承建商包含三个主体：一是勘察设计单位，二是施工安装企业，三是材料、设备等物资供应单位。在"三方"管理体制中，项目法人是投资方，承建商是工程建设的承包方,监理单位是受项目法人委托的技术和管理服务方。三方都对工程建设项目进行管理和控制,以实现工程建设项目的投资、工期和质量三大目标。

二、项目管理的主要制度

为了适应社会主义市场经济的发展和建筑业深化改革的需要,按照社会主义市场经济的原则和现代企业制度进行工程管理,我国在工程项目建设中相继实行了项目法人责任制、招标投标制、工程监理制、合同管理制、工程质量责任制,以规范建筑市场、降低工程造价、提高工程质量、合理利用社会资源,这对提高我国工程项目的管理水平具有重要的意义。

1. 项目法人责任制

项目法人是指由项目投资者代表组成的,对项目全面负责并承担投资风险的法人机构,是一个拥有独立法人财产的经济组织。项目法人责任制是规定项目法人承担从项目的筹划、筹资、设计、建设实施,直至生产经营、归还贷款及债券本息等全面责任,并承担投资风险,以及项目保值增值任务的一种责任制度。

项目法人责任制具有以下特点:

(1)政企分开,产权关系明晰。项目法人责任制是以现代企业制度为依据,工程建设不由政府包办,而由项目法人公司负责。产权所有者与管理者的职责范围明确。

(2)具有法人地位。项目法人责任制是先有法人,后有投资项目。因此,在工程项目策划、筹资、设计、建造等建设过程中,能够以具有独立法律地位法人的资格与有关单位和个人开展业务活动,建立经济关系等,直接受到法律保护。

(3)按照现代企业制度,把股东与享有法人财产权的企业分开,并根据现代企业制度的法规和公司规程履行各自的责任义务,互相监督和取得各自的利益。

(4)有利于保证工程项目实行资本金制度。投资项目资本金制度是指项目总投资中必须包含一定比例的由各出资方实缴的资本金的制度,该部分资本金对项目法人来说是一笔非负债资金,按照"先有法人,后有项目"的原则,在各出资方同意参加建设某一项目后,必须根据公司组建原则达成出资协议,并缴足所承诺数额的资本,资本总额达到注册总资本后,公司才能获准注册成为企业法人,此时股东的地位才能落实,企业才能成为自负盈亏、自担风险、自我发展、自我约束的法人。

(5)有利于投资项目建设和运营的统一管理。项目法人责任制下的投资责任主体明确。由于法人实行全过程负责,包括对投资项目的策划、筹资、设计、建造,直至生产经营管理、偿还债务以及资产的保值和增值,避免了对投资活动的割裂管理,既能严格控制投资,又能严格控制成本。

(6)明确了业主承担投资风险。由于质量不佳将增加后期管理的维修费,工期延长将影响工程效益,投资失控将增大贷款数额,因此业主会强化自我约束意识,这对控制投资、工期、质量作用明显。

2. 招标投标制

招标投标是在市场经济条件下,确定工程建设项目的发包和承包,以及服务项目的采购和提供所采用的一种交易方式。招标投标制规定通过竞争,采取审查、评比、选定等手段,从众多自愿参加的投标者(承包商)中选择承包商的市场交易行为。

这种交易方式是工程项目的发包人(主管方或投资者)通过发布招标公告或其他形式向

具备资格条件的承包商发出招标邀请，提出建设工程的性质、数量、质量、技术要求、交工期限、对承包商的资格要求，然后由承包商根据招标方提出的条件进行投标报价，招标方通过评标择优选择承包商，双方签订合同，完成工程建设任务。

我国在建设工程领域实行招投标制的过程中确立了5项基本制度：①建设工程实行强制招标的制度；②建设工程实行公开招标和邀请招标两种方式；③招标人自行招标和招标代理机构招标两种制度；④公开、公正、公平的招投标程序；⑤确立了对招标投标活动的行政监督体制。

推行招投标制的作用如下：

(1)推行招投标制有利于创造公平竞争的市场环境，促进企业间公平竞争。

(2)推行招投标制有利于规范建筑市场主体的行为，促进合格市场主体的形成。建筑市场的主体由业主、承包商和中介服务机构组成。市场主体的合格程度，直接关系到建筑市场的发展。

(3)推行招投标制有利于形成良性的建筑市场运行机制。建筑市场的运行机制主要包括价格机制、竞争机制、供求机制。良性的市场运行机制是市场发挥其优化配置资源的作用的前提。

(4)推行招投标制有利于促进经济体制的配套改革和市场经济体制的建立。推行招投标制涉及计划、价格、物资供应、劳动工资等方面，客观上要求有与其相匹配的体制。

(5)推行招投标制有利于促进我国建筑业与国际接轨。进入21世纪后，特别是我国加入WTO后，建筑业将面临国内、国际两个市场的挑战，竞争会更加激烈。通过推行招投标制，可使建筑业逐渐认识、了解、掌握国际通行做法，不断提高自身素质与竞争能力，为进入国际市场奠定基础。

为了使招投标制在我国得到更为有效的贯彻和实施，发挥其积极作用，1999年8月30日第九届全国人大常委会第11次会议通过了《中华人民共和国招标投标法》，使得工程项目建设管理的招投标制步入法制化和规范化的轨道。

3. 建设工程监理制

建设工程监理制是指具有相应资质的监理单位受工程项目建设单位(业主)的委托，依据国家有关工程建设的法律、法规、经建设主管部门批准的工程项目建设文件、建设工程委托监理合同及其他建设工程合同，对工程项目建设实施的专业化监督管理。建设工程监理是以严格的制度构成的具有约束和协调功能的综合管理行为。实行建设工程监理制的目的是提高工程建设的投资效益和社会效益。

建设工程监理工作的具体内容为：协助建设单位进行工程项目可行性研究，优选设计方案、设计单位和施工单位，审查设计文件，控制工程造价、进度、质量，监督和管理建设工程合同的履行，协调建设单位与工程建设有关各方的工作关系等。

我国推行建设工程监理制的特征如下：

(1)建设工程监理是我国在建设领域的改革中建立的一种新的建设管理制度，它具有明确、系统的制度机制，健全的组织机构，完善的技术经济手段，严格的、规范化的工作程序和法规依据，构成了一个业主、承包商、监理单位三方相互制约的、以经济为纽带、以合同为依据、以监理单位为核心的管理模式。

(2)监理单位必须是依法成立的法人,经过审批取得工程监理的资格,并申请注册登记的经济实体,才能承担监理任务。监理工程师必须经过培训考试合格,领取了国务院建设行政主管部门与人事行政主管部门共同颁发的监理工程师执业资格证书后,才能从事监理工作。

(3)监理单位是受业主委托,与业主签订建设工程委托监理合同,作为业主的代表,为业主提供技术服务的工程项目管理机构。

(4)建设工程监理实行总监理工程师负责制。总监理工程师是由监理单位法定代表人任命的项目监理机构负责人,是监理单位履行委托监理合同的全权代表,是实施监理工作的核心人员。

(5)监理单位应公正、独立、自主地开展监理工作。公正是指既维护业主的合法权益,也要维护承包商的合法权益。独立是指监理单位在与业主和承包商的关系中是独立的第三方,在组织上、经济上、业务上和人际关系上都独立于施工、设备制造、材料和设备供应等承包单位,与业主的关系是合同约定关系,不是隶属关系,以确保监理工作的公正性。自主是指监理单位在监理过程中是以其自己的名义行使依法成立的工程合同和委托合同中所确认的职权,承担相应的职业道德责任和法律责任,而不是作为业主的“代理人”行使职权。

建设工程监理的工作范围应包括建设工程的全过程,即决策阶段和实施阶段,但我国实行建设工程监理的10余年来,仍限于工程项目的实施阶段,大多数集中于施工阶段,全过程的监理需要在建设工程监理工作的深入发展中逐步推动实现。

4.合同管理制

合同即协议或契约,是自然人之间、组织之间、自然人与组织之间订立的协议。合同由主体、客体和内容组成。主体是签约双方的当事人,客体是当事人的权利义务共同指向的对象,内容是指合同主体之间的具体的权利和义务。

在社会主义市场经济条件下,建筑市场主体之间的关系是合同关系,各主体之间的交往都是以合同为依据的。

合同的主体在签定合同时必须遵守如下基本原则:①平等、自愿原则。合同当事人的法律地位平等,一方不得将自己的意愿强加给另一方;②公平、诚实信用原则。当事人应当遵循公平原则确定各方的权利和义务。当事人在合同中的权利和义务应是对等的,一方的权利即是另一个的义务。当事人对行使权利、履行义务应当遵循诚实信用原则,不得欺诈,恶意中伤;③守法、不得损害社会公共利益的原则。当事人订立、履行合同,应遵守法律、行政法规,尊重社会公德,不得扰乱社会经济秩序,损害社会公共利益;④依法成立的合同,受法律保护,对当事人具有法律约束力。合同当事人应当按照约定履行自己的义务,不得擅自变更或解除合同。

为了保护合同当事人的合法权益,维护社会经济秩序,促进社会主义现代化建设,我国制订了《中华人民共和国合同法》。该法已由第九届全国人民代表大会第二次会议于1999年3月15日通过,并于1999年10月1日起施行。为我国推行合同管理制提供了法律依据。

根据《中华人民共和国合同法》的规定,合同分为15种,其中工程项目建设中的主要合同是建设工程合同。建设工程合同是发包单位与中标单位(承包单位)依法签订的合同,是承包单位进行工程建设,发包单位支付价款的依据。建设工程合同包括工程勘察、设计、施工合同。发包人可与总承包方订立建设工程合同,也可分别与勘察方、设计方、施工方订立相应合同。建设工程合同管理是从合同商谈签订开始至合同履行终止整个过程的管理。建设工程合同具

有如下特征：

(1)合同主体的严格性。建设工程项目的发包人必须是经过批准进行工程项目建设的法人,必须有国家批准的建设项目,投资计划落实,并具有相应的协调能力。承包人也必须具备法人资格,并应具备相应的从事勘察、设计、施工等资质。

(2)合同客体的特殊性。各种工程项目的本身特点及生产特点不同,决定了建设工程合同客体的特殊性。

(3)合同履行期限的长期性。由于建设工程结构复杂、体形大、工程量大、使用的建筑材料类型多,使得合同履行时间较长。另外,建设工程合同的订立和履行一般都需要较长的准备期。在合同的履行过程中,一些不确定性因素的出现,如自然条件的变化、工程变更、材料供应不及时、资金不到位等原因,也会导致合同期限延长。所有这些情况,决定了建设工程合同的履行期限具有长期性。

(4)计划和程序的严格性。由于工程建设对国家的经济发展和社会生活有重大的影响,因此,国家对建设工程的计划和程序都有严格的管理制度,订立建设工程合同必须以国家批准的投资计划为准。即使是非国家投资的项目,也要受到当年的贷款规模和批准限额的限制,纳入当年投资规模平衡,并经过严格的审批程序。建设工程合同的订立和履行还必须符合国家关于建设程序的规定。

(5)合同形式的特殊要求。由于建设工程的重要性和复杂性,在建设过程中经常会发生影响合同履行的纠纷。因此《合同法》要求,建设工程合同应当采用书面形式。为了使每一个订立合同的当事人便于订立合同,我国及国际上都制定了合同范本或合同条件,规范合同的格式,以为订立合同的当事人借鉴。

5.工程质量责任制

土木建筑工程的质量与安全不仅仅是参建单位的管理重点,由于它涉及到社会和公众利益,涉及到人民生命和财产的大问题,同时也是政府加强监督和管理的重点,是人民群众关注的热点。

港口航道工程实行政府监督、法人管理、社会监理、企业自检的质量保证体系。港口工程项目法人、勘察单位、设计单位、施工单位、监理单位及与建设工程安全生产有关的单位,必须坚持安全第一、预防为主的方针,严格执行国家安全生产法律、法规,建立健全安全生产规章制度,项目法人、施工单位、监理单位应当制定安全应急预案,加强职工安全生产教育,落实安全生产责任人,并依法承担建设工程安全生产责任。

工程质量责任制是国家对建筑工程实行强制性的质量监督管理,建设单位、勘察单位、设计单位、施工单位、工程监理单位依法对建设工程质量负责的制度。建筑物的安全可靠是工程质量的内涵要求。国家《建筑法》把工程质量和安全作为重点,与建筑市场一起构成《建筑法》的基本内容,要求"建筑活动应当确保建筑工程质量和安全,符合国家的建筑工程安全标准"。"精心设计、精心施工、精心管理","百年大计,质量第一"已成为工程建设的基本原则。为了加强工程质量的管理,我国实行了许多质量责任制度,例如:①工程质量行政领导责任制,要求各地区、各部门的政府主管领导和部门应对本地区、本部门的工程质量负责。②工程参建单位质量负责制,包括项目法人、勘察设计单位、施工安装单位、物资设备供应单位、工程监理单位实行法定代表人工程质量领导责任制,并建立具体质量责任人。要求勘察设计单位必须对其勘察、设计和质量负责；施工企业必须对工程的施工质量负责，建筑材料、构配件及设备生产或供应单位必须对其生产或供应的产品质量负责，并要求上述单位对其所完成工程内容的质量终身负责。③工程建设质量监督制度。④工程建设质量检测制度。⑤工程建设质量检查验收制度。⑥工程质量保修制度等。

项目法人责任制、招标投标制、建设工程监理制、合同管理制、工程质量责任制是相互关联、相互依存、相互配套的管理制度，其中项目法人责任制是五制的核心。招标投标制是推行项目法人责任制的必要手段，项目法人为获得优质的工程项目结果，就必须通过竞争选择工程项目的承包者，因此，推行项目法人责任制必须配套地推行招标投标制。合同管理制的实行确保了项目法人与承包者之间的关系体现在合同上，其建设行为必须符合合同中的约定，履行合同中的承诺。为了保证合同目标的实现和解决在合同中出现的问题和争端，必须要有一个起监督和协调作用的第三者，因此，建设工程监理制的实行就非常必要，这是推行项目法人责任制的必要条件。工程质量责任制明确规定了政府、项目法人、勘察设计、施工、监理各方对工程项目质量安全的职责。工程项目管理五项制度的实行，使得我国的建筑市场走上了规范化、法制化的健康轨道。

三、工程总承包与政府投资港口建设项目的代建制

1. 工程总承包

工程总承包是项目业主为实现项目目标而采取的一种承发包方式，即从事工程项目建设单位受业主委托，按照合同约定对从决策、设计、施工、采购到试运行的建设项目发展周期实行全过程或若干阶段的承包。近年来，随着投资体制的变化和工程承包市场的发展，工程发包方式越来越重视承包商提供综合服务的能力，传统的设计与施工分离的方式正在快速向总承包方式转变，EPC（设计—采购—施工）、Turnkey（交钥匙）、D-B（设计—施工）、PM（项目管理）等工程承包模式以及 BOT（建设—运营—移交）等带资承包方式成为大型工程项目广为采用的模式。

设计—采购—施工总承包是指工程总承包企业按照合同约定承担工程项目的勘察、设计、采购、施工、试运行全过程服务；交钥匙总承包是设计采购施工总承包业务和责任的延伸，最终是向业主提交一个满足使用功能、具备使用条件的工程项目。设计—施工总承包是指工程总承包企业按照合同约定，承担工程项目的设计和施工，并对工程项目的质量、安全、工期、造价全面负责。根据工程项目的不同规模、类型和业主要求，工程总承包还可以采用设计—采购总承包（E-P）、采购—施工总承包（P-C）等方式。

BOT 模式产生于基础设施建设中政府与私人资本的融合，本质是政府为了解决工程建设资金或提升设施服务水平，对私人和民营资本进行吸纳。BOT 方式即建造—运营—移交方式（Build-Operate-Transfer），指一国财团或投资人作为项目的发起人从政府获得某项基础设施的建设特许权，然后由其独立或联合其他投资人组建项目公司，负责项目的融资、设计、建造和运营，整个特许期内项目公司通过项目的运营来获得利润，并用此利润来偿还债务。

项目管理服务（PM）是指工程项目管理企业按照合同约定，在工程项目决策阶段，为业主编制可行性研究报告，进行可行性分析和项目策划；在工程项目实施阶段，为业主提供招标代理、设计管理、采购管理、施工管理和试运行（竣工验收）等服务，代表业主对工程项目进行质量、安全、进度、费用、合同、信息等管理和控制。工程项目管理企业一般应按照合同约定承担

相应的管理责任。

工程总承包的最大特点是实行设计、施工管理一体化,将项目设计与其他实施过程统一管理,充分发挥以设计为主体的优势,优化设计,使设计的价值体现于设计、采购、施工、试运行等项目总承包和项目管理的全过程,并合理组织各项资源,缩短建设周期,降低工程造价,获得最佳经济效益。发挥设计的主导作用,有利于协调业主、设备制造商、施工分包商之间的关系,有利于把握工程项目建设的关键环节,有效地控制工期,保证工程质量,有效控制工程投资,从而有利于项目建设的优化和顺利实施。实践证明,正常情况下,一个万吨级码头,采用工程总承包方式建设可以缩短工期3~5个月。

在工程总承包模式下,工程总承包单位需要承担更多的责任,因此对工程总承包单位的技术、管理、能力、协调等方面提出了更高的要求。工程总承包单位不仅要解决自身存在的问题,还要协调各个分包单位的关系、解决工程中遇到的各种问题。因此需要建立一套全新的项目管理体制,以适应工程总承包的需要。

工程总承包项目管理实行项目经理负责制,加强项目经理部责任目标管理,做到目标明确,指标量化,全面考核,有奖有罚。根据不同承包范围和工程特点,项目经理部下设设计、施工、采购、试车、质量、项目控制和计划、财务、综合管理等职能部门。工程总承包和项目管理业务,需要一大批复合型人才,项目经理部人员配置的优化组合,统筹考虑设计主体业务和现场管理之间的力量调配平衡,有利于理顺设计与施工之间的配合关系。

工程总承包项目经理部通过对综合进度计划的控制和协调,实现设计、采购、施工进度的合理交叉。工程最大的节约是优化设计方案和控制好设计变更。为控制投资,精心设计,通过多设计方案优化比较,采用先进而适用的设计方案,不仅节约投资,而且可确保工程投产后经济、社会和环境效益。在工程实施过程中,及时了解设计中存在的问题,不断修改和优化设计,始终保证设计最佳化;急需施工的图纸可以提前出图并交付施工等措施,有效地控制工期。将采购纳入设计程序,对于生产或采购周期较长的设备,提前安排技术规格书和招标文件的编制,提前安排招标采购或制造;通过设备和主要材料采购以及参与设备检验,易于贯彻设计意图。对施工进行管理,除承担控制工程费用和工期外,也承担对施工质量的管理和监督工作,确保施工质量。

工程总承包模式下的管理体制可以分为4种情况:一是业主委托监理的管理体制;二是工程总承包单位委托监理的管理体制;三是不委托监理的管理体制;四是工程总承包单位委托咨询单位的管理体制。在确定工程总承包项目管理体制时,应根据各种管理体制的特点,以及管理的需要,选择相应的工程总承包项目管理体制。

对于依法必须实行监理的工程项目,具有相应监理资质的工程总承包项目管理企业可受业主委托进行项目管理,业主可不再另行委托工程监理,该工程项目管理企业依法行使监理权利,承担监理责任;没有相应监理资质的工程项目管理企业受业主委托进行项目管理,业主应当委托监理。

工程咨询/监理在工程总承包中发挥着重要的作用,在工程总承包中引入工程咨询/监理,可以弥补工程总承包单位和业主自身在技术、协调、管理、资源等方面的不足,使其将更多的时间和精力放在工程总承包核心工作方面,更加有效地提高工作效率。工程咨询/监理为业主提供的服务包括:为科学决策提供依据,避免和减少失误,提高投资效益;优化建设方案,缩短建设周期，降低成本；保证建设进度，提高工程质量。工程咨询/监理为工程总承包提供的服务包括：优化设计，制定试运行方案，就有关工程总承包中遇到的重要问题提供咨询意见等。

2. 政府投资港口建设项目的代建制

建设项目的代建制度是国际上通常采用的一种工程项目管理模式，它是指政府主管部门对政府投资的基本建设项目，按照使用单位提出的使用、建筑功能要求，选定专业的工程建设单位（即代建单位），并委托其进行建设，建成后经竣工验收备案移交给使用单位的项目管理方法。代建制是比建设项目法人负责制度更为进步的一种管理模式。代建制的特点表现为：代建单位具有项目建设阶段的法人地位（即项目业主、甲方），拥有法人的权利（包含在政府监督下对建设资金的支配权），同时承担相应的责任（包含投资保值责任）。

代建制改变了以往政府投资、建设、监管、使用多位一体的状况，将传统的投资、建设、营运三合一的管理模式，变为投资、建设、管理、营运四分开，有利于各自责任的落实。即业主负责投融资及工程重大事项决策方面的工作，施工、设计、监理单位负责完成建设任务，代建单位负责建设管理工作，政府部门负责监督工作。实行代建制后，克服了业主单位对建设项目难于实现专业化管理的问题，可避免因业主单位基建管理人员业务不熟、专业不精和临时组建等带来的弊端，大大减轻业主单位的负担，让真正具有工程项目管理的专业化人才发挥其自身优势，有助于加快工程的推进力度，有助于质量、工期和投资的全面控制，有利于提高工程整体的建设管理水平，使项目最大限度地提高效率、降低成本、发挥投资效益。

代建制使项目的投资者和工程的建设者相分离，更符合国际惯例的操作，使我国能逐步与国际接轨，融入全球市场，使工程项目对招商引资更具有吸引力，能最大程度地利用国内、国外的资本为经济建设服务，同时能推进管理理念和水平向国际先进的管理方式靠拢，逐步达到完善和成熟。

第三节　水运工程建设标准与规范

一、工程建设标准的基本概念

工程建设标准是关于建设工程设计、施工方法和安全、质量的统一技术要求，以及对有关工程建设的技术术语、符号、代号、制图方法的权威解释。它以国家有关法律、法规和方针、政策为依据，以科学、技术和实践经验的综合成果为基础，由有关单位和专家起草，经过严格的征求意见和审查手续编制，由主管机构批准，以特定形式发布，作为共同遵守的准则和依据。

标准、规范、规程是工程建设标准的三种表现形式，习惯上统称为标准。只有针对具体对象时才加以区别。针对方法、符号、术语等事项时，一般采用“标准”；针对工程勘察、规划、设计、施工等技术事项所做的规定时，通常采用“规范”；针对操作、工艺、管理等技术要求时，一般采用规程。国家标准只采用标准、规范两种表现形式。

根据划分依据的不同，工程建设标准有不同的分类。

按照标准的法律约束力，可分为强制性标准和推荐性标准。强制性标准是工程建设中保障人民生命财产安全、人身健康、环境保护和其他公众利益的，以及保护资源、节约投资、提高经济效益和社会效益等政策要求的，必须强制执行的标准。强制性标准是不允许以任何理由

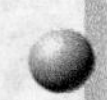

或方式加以违反、变更的标准，违反强制性标准国家将依法追究当事人法律责任。推荐性标准所规定的技术内容和要求具有普遍的指导作用，允许使用单位结合实际情况加以选用。

上述强制性标准和推荐性标准的区别，是西方国家工程建设标准常采用的模式。我国水运工程现行标准采取强制性标准和非强制性标准合编一册的办法，以黑体字标出强制性标准条文。非强制性条文对保证工程安全和质量具有同样的约束力，是工程项目管理、质量控制、事故认定的主要依据，在设计施工中必须认真执行。其严格程度应根据条文用语“必须”、“严禁”，“应”、“不应(不得)”，“宜(可)”、“不宜”的要求来掌握。

按照标准的适用范围，可分为国家标准、行业标准、地方标准和企业标准。国家标准是指对全国经济技术发展有重大意义，需要在全国范围内统一的技术要求所制定的标准。国家标准在全国范围内适用，其他各级标准不得与之相抵触。国家标准是四级标准体系中的主体。行业标准是对没有国家标准，而又需要在全国某个行业范围内统一的技术要求所制定的标准。行业标准是对国家标准的补充，是专业性、技术性较强的标准。行业标准的制定不得与国家标准相抵触，国家标准公布实施后，相应的行业标准即行废止。地方标准是对没有国家标准和行业标准而又需要在省、自治区、直辖市范围内统一要求所制定的标准，地方标准在本行政区域内适用，不得与国家标准和行业标准相抵触。企业标准是企业所制定的产品标准，以及在企业内需要协调、统一的技术要求和管理、工作要求所制定的标准。企业标准是企业组织生产经营活动的依据。

水运工程建设标准多数属于行业标准，也有少量专业标准因其性质或作用范围而作为国家标准颁布。例如，港口工程基本术语标准、港口工程结构可靠度设计统一标准因其对本行业其他标准的指导地位，河港工程设计规范和内河通航标准因其涉及范围超出本行业而成为国家标准。在水运工程建设标准的指导下，各水运工程企业通常有针对行业标准实施细则、工程对象和本企业特点所制定的企业标准。

标准化对于国家经济发展、融入经济全球化潮流、促进技术进步、改进产品质量、提高社会经济效益、维护国家和人民的利益等，均有着至关重要的作用。国务院授权国家标准化管理委员会统一管理全国标准化工作，国务院有关行政主管部门分工管理各行业的标准化工作，省、市、自治区及地县政府都有专职标准化工作的行政机构。

工程建设标准化实行“统一管理，分工负责”的管理体制。建设部履行全国工程建设标准化工作的综合管理职能。国务院各有关行业主管部门履行本行业工程建设标准化工作的管理职能。各地建设行政主管部门履行本行政区域工程建设标准化工作的管理职能。本行业和本行政区域内也实行统分结合的管理体制。

二、我国水运工程建设标准编制修订沿革与特点

新中国成立初期，我国没有水运工程建设标准，主要借用前苏联标准和我国其他部门的一些标准。20 世纪 50 年代后半期筹划酝酿编制水运工程建设标准，并开始了制定《港口工程设计标准及技术规程》，60 年代陆续出版了港口总体设计、混凝土结构设计和方块码头、沉箱码头施工等规范。70 年代至 80 年代中期，在当时国家建委的统一领导下，交通部组织设计、施工、科研等单位及高等院校的力量，进行老规范的修订和新标准的编制工作。为了让标准更符合我国港口建设的实际情况，并提高其科学合理性，开展了大量的调查分析和试验研究工作。

到80年代中期,初步形成了一套系列完整、符合我国港口建设实际的港口建设技术标准。1987年,将各分册间进行协调、修改后出版了《港口工程技术规范》合订本。与此同时开展了航道工程和内河航运工程建设标准的编制和修订工作。

1986年成立了《港口工程结构可靠度设计统一标准》编制组,经大量的统计分析和校核计算工作,于1992年制定完成,并颁布实施。继而按照《港口工程结构可靠度设计统一标准》对10余册港口结构设计标准进行了修改,并开展了若干新标准的编制,1998年前后完成了对1987规范的全面修订和补充,实现了港口工程结构设计标准从定值设计向概率设计的转轨,缩小了水运工程技术标准与国际先进设计方法的距离。2007年以来,又根据水运工程技术发展、1998修订标准的执行情况和2007年新公布的《水运工程建设标准体系表》开展了新一轮技术标准的修订。目前《水运工程质量检验标准》(JTS 257—2008)、《重力式码头设计与施工规范》(JTS 167-2—2009)、《板桩码头设计与施工规范》(JTS 167-3—2009)、《渠化工程枢纽总体设计规范》(JTS 182-1—2009)等已公布并开始执行。

近60年来,水运工程建设标准的编制工作硕果累累。现行水运工程建设标准达到9大类,110册以上。这些标准的制定和实施,不仅使水运工程建设有章可循,而且在保证水运工程质量和技术发展等方面发挥了重要作用。

我国水运工程建设标准的特点可概括如下:

1. 覆盖水运工程建设全行业,形成完整体系

水运工程建设包括港口工程(码头、堆场、防波堤、护岸和导标等)、航道整治工程、疏浚工程、通航建筑物和渠化工程、修造船厂工程(船坞、船台和滑道等)和水上交管系统工程等广泛的领域。水运工程现有的110多册标准形成了较完整的体系,覆盖了水运工程建设的全行业,能够满足当前水运工程建设的需要。

2. 采用了先进的可靠度设计理论

水运工程建设标准采用国际上先进、成熟的技术经验,参考国际标准化组织颁布的《结构可靠度总原则》(ISO 2394),采用了以可靠度理论为基础的、用分项系数表达的概率极限状态设计法,水运工程建设标准向可靠度方面转轨。始于1992年发布的《港口工程结构可靠度设计统一标准》,对除通航建筑物(由于水利工程建设标准还没有完全采用可靠度理论,考虑到整个枢纽的统一性,目前没有采用可靠度理论)以外的相关标准,均采用可靠度理论进行修订,并于1998年前后陆续颁布实施。水运工程规范在设计理论上跟上了当今世界最新潮流,实现了与国际接轨,这是一代港工专家用了近10年的时间,在大量卓有成效的工作的基础上,克服重重困难完成的。从标准采用先进的可靠度理论,以及现行标准体系的系统性、完整性来看,可以说我国目前水运工程建设标准在国际水运工程领域处于先进地位,尤其是在荷载的统计分析、风浪参数的统计确定、地基可靠度以及土压力的研究等方面。

3. 实行动态管理,力求保持先进性

为尽量避免出现标准滞后的情况,在制定和修订标准的条文时,主要以大中型港口为主,适当考虑小型港口,做到既符合我国的实际情况,又尽量提高有关的技术指标,保持标准的先进性。同时,标准的规定没有限制得太死,有些指标留有适当的余地。这样既能保证标准条文的准确性,又能保持执行标准的灵活性。为及时修订落后的、不合时宜的标准,及时吸收新技术成果,水运工程建设标准的修订工作从1994年开始,改变了以往"五年一大修,三年一小

修”的情况，实行动态管理。对于全面修订的标准，成册发布并废止原标准。对于局部修订的标准，则发布修订条文替代原标准的相应条文，并在有关网站和刊物上刊登。

水运工程建设标准实行动态管理，不仅对已有的标准进行及时修订，同时还根据工程建设的需要，及时制定新标准，并注重实际工程经验的总结，积极采用新的理论方法和新的技术成果。如《海港水文规范》(JTJ 213—98)中，就及时采用了“不规则波理论方法”。另外在其他修订和制定的标准中，分别适时采用了 GPS 全球定位技术、爆夯挤淤处理地基新技术、大圆筒技术、大管桩技术、水上深层拌和处理地基新技术和半圆型防波堤新结构技术等科技攻关成果。

4. 可操作性强，使用方便

我国水运工程技术标准门类齐全，体系完整。条文内容具体，可操作性强。规范较为系统地提供了大量设计施工参数，可供直接引用。规范条文对计算方法的规定，往往不是简单地介绍计算公式可解决的对象，而是同时交代其应用原则、限制条件、参数选取等相关内容。对于难以直接计算的情况，还给出可直接查值的图表。大部分条文都有附加说明，交代其背景资料，给使用者带来极大方便，在某种程度上起到了设计施工手册的作用。我国水运工程技术标准体系的完备和实用在国际上尚属少见。日本的《港湾设施技术标准·同解说》、英国港工规范的内容虽比较全面，但只介绍到处理原则，设计内容不够具体，两者都不包括施工技术，需配以其他行业规范才能进行全面设计，其实用性远不及我国标准“一册在手，不需他求”的方便性。

三、中华人民共和国工程建设强制性条文(水运工程部分)

《中华人民共和国工程建设标准强制性条文》(以下简称《工程建设强制性条文》)是由建设部会同各有关主管部门组织各方面专家共同编制，经各有关主管部门分别审查，由建设部审定发布的强制性标准。《工程建设标准强制性条文》是国务院《建设工程质量管理条例》的一个配套文件，是对工程建设实施监督的依据。工程建设标准强制性条文的表达形式有 2 种，一种方式是出版单行本，另一种方式是在国家现行标准规范中将其以黑体字标示。

《工程建设标准强制性条文(水运工程部分)》由交通部组织编制，于 2002 年 12 月 27 日由建设部批准发布执行。

《工程建设标准强制性条文(水运工程部分)》单行本共有综合类、勘测类、地基与基础类、混凝土类、港口类、航道与通航建筑物类、修造船水工建筑物类 7 类。包括了《海港总平面设计规范》(JTJ 211—99)等 44 本规范、规程中的强制性条文。2003 年以后修订或新编的规范、规程都以黑体字标示其中强制性条文部分。

四、我国水运工程建设标准新体系

我国水运工程建设标准覆盖了本行业及相关基础技术的诸多方面，为便于规划管理，交通部先后于 1996 年、2001 年、2007 年公布了《水运工程建设标准体系表》。

2007 年新体系表将前两轮体系表的第一层次“综合基础标准”扩充为工程建设管理类标准、工程建设技术类标准和工程维护技术类标准，完善了体系结构；将设计标准与施工标准分离，整合了内容交叉和性质类同的标准，增强了标准体系对新技术、新工艺、新材料和新设备应用的适应性;增加了设计通则、施工通则、耐久性设计等标准,拟将涉及安全、环保、节能、可持续发展和通用的强制性条款统一编入通则中,为实现“强制性标准”与“推荐性标准”分离,将“强制性标准”上升为技术法规,逐步形成“技术法规”和“指南”、“手册”并存的管理模式奠定了基础。

按照2007年的新体系,水运工程建设标准分为3个层次。第一层按业务性质将标准分为管理、建设、维护三个门类;第二层按建设程序进一步将标准分为综合、勘测、设计、施工、试验检测、监理、质量检验、工程造价及定额标准8个分类;第三层按专业将标准分为通用基础和专用标准两大类别,专用标准又细分为港口工程、航道工程、修造船工程、支持系统4个子类。图4-3-1为水运工程建设标准体系结构。

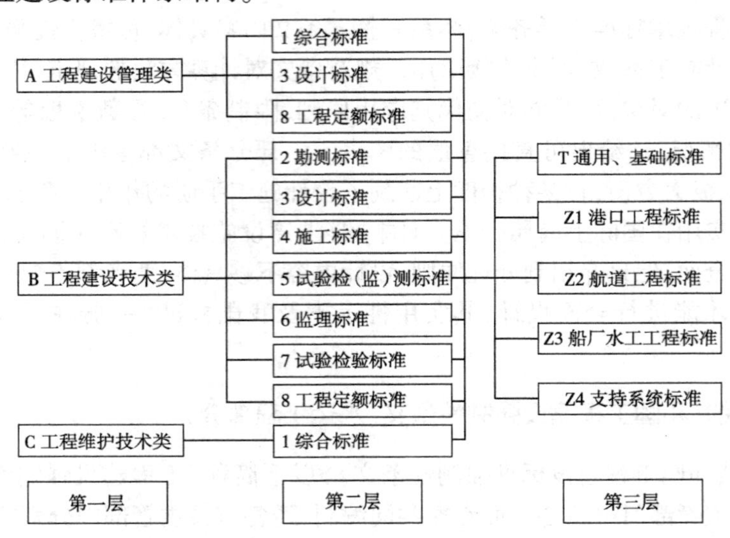

图4-3-1 水运工程建设标准体系结构

新体系表对标准的编号作了规定。标准体系的编号按上述三个层次由标准体系门类号、分类号、专业类别号和标准序号组成,并以符号“.”分隔,分标准不赋予单独的标准体系号。表4-3-1为水运工程建设标准体系第1层水运工程建设技术门类、第2层设计标准所包含的通用基础和专用标准。此表涵盖了港口与航道工程设计中所需要使用的标准。

水运工程建设标准体系第2层设计标准所包含的标准 表4-3-1

序 号	标准体系号	标 准 名 称
1	B.3.T.1	水运工程设计通则
2	B.3.T.2	水运工程制图标准
3	B.3.T.3	水运工程结构设计基础统一标准
4	B.3.T.4	水运工程荷载规范
5	B.3.T.5	港口与航道水文规范
6	B.3.T.6	水运工程抗震设计规范
7	B.3.T.7	水运工程地基设计规范
8	B.3.T.8	水运工程土工合成材料应用技术规范

续上表

序　号	标准体系号	标准名称
9	B.3.T.9	水运工程环境保护设计规范
10	B.3.T.10	水运工程节能设计规范
11	B.3.T.11	水运工程混凝土结构设计规范
12	B.3.T.12	水运工程钢结构设计规范
13	B.3.T.13	水运工程耐久性设计标准
14	B.3.T.14	防波堤与护岸设计规范
15	B.3.Z1.1	海港总体设计规范
16	B.3.Z1.2	河港总体设计规范
17	B.3.Z1.3	码头结构设计规范
18	B.3.Z1.4	港口道路与堆场设计规范
19	B.3.Z1.5	码头附属设施技术规范
20	B.3.Z2.1	航道通航标准
21	B.3.Z2.2	航道工程设计规范
22	B.3.Z2.3	航运枢纽工程设计规范
23	B.3.Z3.1	修造船厂水工建筑物设计规范
24	B.3.Z4.1	船舶交通管理系统工程技术规范
25	B.3.Z4.2	水运通信工程技术规范
26	B.3.Z4.3	水运信息系统工程技术规范
27	B.3.Z4.4	水运工程专项标准

第四节　水运工程建设相关法律法规

一、工程建设法律法规基本知识

1. 我国的工程建设法规体系

法律关系，是指由法律规范调整一定社会关系而形成的权利与义务关系。建设工程法律关系，则是指由建设工程法律法规所确认和调整的，在建设工程管理和协作过程中所产生的权利与义务关系。工程建设法律法规是工程建设行为的基本准则。学习建设法规应从掌握基本概念、基本建设程序着手，并按建设程序的各过程学习相应法律、法规的基本内容。

我国工程建设法规体系框架结构以《中华人民共和国建筑法》、《招标投标法》、《合同法》为母法，以《建设工程质量管理条例》、《建设工程勘察设计管理条例》、《注册建筑师条例》等为子法，并与相关行业部门的规章配套。按照性质的不同，工程建设法规的构成可分为三类：建设行政法律、建设民事法律和建设技术法规。

(1)建设行政法律。建设行政法律是指国家制定或认可，体现人民意志，由国家强制力保证实施的，并由国家建设管理机构据此从宏观上、全局上管理建筑业的法律规范。它在建设法规中居首要地位。如《中华人民共和国建筑法》就是我国工程建设和建筑业的一部大法，是建筑活动的基本法。另外还有《城市规划法》、《工程设计法》、《税法》等。

(2)建设民事法律。建设民事法律是指国家制定或认可，体现人民意志，由国家强制力保证实施的，调整平等主体的公民之间、法人之间、公民与法人之间的建设关系的行为准则。如《建设合同法》、《建设企业法》等。

(3)建设技术法规。建设技术法规是指国家制定或认可，由国家强制力保证其实施的工程建设勘察、规划、施工、安装、检测、验收等技术规程、规则、规范、条例、办法、定额、指标等规范性文件。如施工验收规范、建设定额等。

工程建设法规的作用主要有三个：①规范指导建设行为；②保护合法建设行为；③处罚违法建设行为。服务于上述目标，从工程许可、建设程序管理、招投标与合同管理、勘测设计施工管理、工程监理、质量安全环境管理等多方面构成了工程建设法规体系。

2.《中华人民共和国建筑法》概貌

《中华人民共和国建筑法》(以下简称《建筑法》)是我国建筑活动的基本法律。该法共计8章，85条，包括总则、建筑许可、建筑工程发包与承包、建筑工程监理、建筑安全生产管理、建筑工程质量管理、法律责任及附则等内容。《建筑法》于1998年3月7日起实施，目前正在酝酿修订中。

《建筑法》调整的主体是建设单位、勘察设计单位、施工企业、监理单位以及管理机关，同时包括从事建筑活动的个人专业资格的认证(如注册建筑师等)。调整的行为是各类房屋建筑及其设施的新建、改建、扩建、维修、拆除、装饰装修活动，以及线路、管道、设备的安装活动。《建筑法》所确定的基本制度，也适用于其他专业。《建筑法》明确规定："本法关于施工许可、建筑施工企业资质审查和建筑工程发包、承包、转包，以及建筑工程监理、建筑工程安全和质量管理的规定，适用于其他专业建筑工程的建筑活动"。

《建筑法》对加强建筑活动的监督管理，维护建筑市场秩序，保障建筑工程的质量和安全，促进建筑业的健康发展，保护建筑活动当事人的合法权益，具有重要的规范作用。

《建筑法》对建筑活动的监督管理包括宏观和微观两个层面。宏观的监督管理主要是指从宏观的产业政策、行业标准上对建筑活动进行的组织、协调、控制、监督和惩治等措施。微观的监督管理主要是指有关部门对建筑项目的施工许可管理、从业者资质与资格认定管理、建设工程承包管理、建筑安全生产管理以及建设工程质量管理。

《建筑法》确立了与社会主义市场经济相适应的建筑市场管理制度，从根本上解决了建筑市场的混乱状况。《建筑法》以切实保证建筑工程质量和安全为主要目的之一，作出了以下一些重要的规定：①要求建筑活动应当确保建筑工程的质量和安全，符合国家的建筑工程安全标准，严格遵守《建筑工程质量管理条例》，严格遵守《工程建设标准强制性条文》和《建设工程技术法规》；②建筑工程的质量和安全应当贯穿建筑活动的全过程，实行全过程的监督管理；③建筑活动的各个阶段、环节，如设计、施工、监理、竣工验收等，都要保证质量和安全；④明确

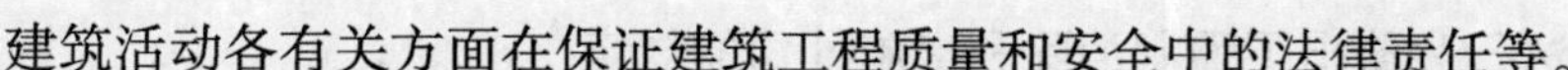

建筑活动各有关方面在保证建筑工程质量和安全中的法律责任等。

二、水运工程建设法律法规体系

水运工程建设相关法律法规涉及整个工程建设法规体系,《水运工程建设相关法律法规汇编》一书汇集的法规达100部之多,以综合、建设管理、勘察设计、施工、施工监理、廉政建设6个专题汇编。前5个专题收集的86部法规中,国家颁布的有35部,交通运输部颁布的有32部,其他部委颁布的有19部。

综合专题共37部,包括海事行政与港口航道建设、海域使用与土地管理、工程建设、合同法与政府采购法、安全劳保、工程质量、环境保护、水法与防洪法、建筑节能等法规。建设管理专题共19部,除包含综合专题中海域使用与土地管理、安全劳保、工程质量、环境保护、建筑节能等法规的实施细则外,还包括工程建设强制性标准、水运工程建设项目审计、定额、档案管理、建设领域推广应用新技术的管理等法规。施工管理专题共16部,包括施工招投标、安全劳保、工程质量、环境保护等有关规定。

水运工程建设法规体系,强调规范建设行为,遵循建设程序,管好建设市场,保证工程质量和安全生产,注重环境保护。在86部法规中,安全劳保、工程质量、环境保护分别为15、13和20部,超过总数的一半。

《中华人民共和国港口法》(以下简称《港口法》)是涉及水运工程建设的国家级法律,由总则、港口规划与建设、港口经营、港口安全与监督管理、法律责任、附则六章组成。其中第二章"港口规划与建设"、第四章"港口安全与监督管理"、第五章"法律责任"的若干条款与水运工程建设直接相关。

《港口法》对港口岸线、土地、水域的使用,以及环境保护、安全设施等一系列问题作了明确规定。港口规划应根据国民经济和社会发展的要求以及国防建设的需要编制,体现合理利用岸线资源的原则,符合城镇体系规划,并与土地利用总体规划、城市总体规划、江河流域规划、防洪规划、海洋功能区划、水路运输发展规划和其他运输方式发展规划以及法律、行政法规规定的其他有关规划相衔接、协调。编制港口规划应当组织专家论证,并依法进行环境影响评价。

《港口法》明确了港口投融资政策,保证了港口的可持续发展。根据《港口法》的规定,我国各级政府有责任保证必要的资金投入,用于港口公用的航道、防波堤、锚地等基础设施的建设和维护,促进港口的发展。这是相关政府的一项法定义务。与此同时,《港口法》还规定国家鼓励国内外经济组织和个人依法投资建设港口。

《港口法》确立了港口市场的准入制度和行为规则,保证了港口市场的公平和有序发展。按照《港口法》的规定,建设和完善统一开放、竞争有序的港口市场是各级港口管理机构的重要职责。《港口法》确立了港口经营人的市场准入制度、港口经营人的公平竞争制度和对港口经营人的合法权益依法保护的制度。

港口建设的施工船舶出入港口必须遵守《港口法》的规定,包括载运危险货物船舶进出港口报告审批的规定,以保障水上交通安全,防止船舶污染。

《港口法》对违反港口规划建设港口、码头或者其他港口设施,未经依法批准建设港口设施、使用港口岸线,未经依法批准在港口从事可能危及港口安全的采掘、爆破等活动,以及向港

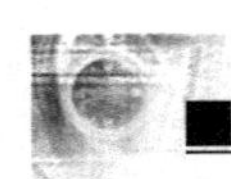

口水域倾倒泥土、砂石等违法行为给出了强制消除和实施处罚的规定。

以交通部令2007年第3号和第5号颁发的《航道建设管理规定》和《港口建设管理规定》是水运工程建设法规的两个重要文件,两者涉及的专业内容有所区别,但原则一致。

《港口建设管理规定》由总则、港口建设程序管理、港口建设市场管理、信息报送、法律责任、附则六章组成。关于港口建设程序管理的内容已在本章第一节做了介绍。港口建设市场管理则对港口建设勘察设计施工监理单位资质与行为监督、工程质量与安全生产、招投标与合同管理、工程监理等作了具体规定。

第五章　港工技术实务

港口航道工程项目建设须通过前期工作与项目决策、设计与施工具体实施、科研与管理配合和组织的全过程实现建设目标。这一过程中的不同技术岗位构成了港口航道工程实务体系，亦即本专业学生的各种就业岗位。本章以港口工程为对象，阐述工程建设项目中规划、可行性研究、勘察、设计、施工、科研、项目管理与设施维护等岗位的工作内容与相关概念，并简要介绍我国主要港口航道工程规划、设计、施工、科研机构，以及国家关于港口航道工程技术人员执业资格的规定。航道工程项目有其特定的专业特点和技术要求，涉及水资源开发利用等诸多方面。本章仅以港口工程为对象，介绍项目实施过程与实务，对航道工程实务未做详细讨论。

第一节　港口规划与港口建设的前期工作

港口建设的前期工作是从建设项目酝酿决定到开工建设前进行的各项工作，是港口建设投资决策过程中一个非常重要的阶段。根据我国现行的基本建设程序，港口建设前期工作主要包括：提出项目建议书、编制可行性研究报告、进行设计和编制工程概预算，以及按照管理权限提请有关单位审批等。

港口建设的前期工作应以各级政府批准的港口规划为依据。港口规划根据国民经济和社会发展的要求以及国防建设的需要，统筹考虑产业布局、港口资源条件、综合运输网状况等因素制定，体现贯彻科学发展观、合理利用岸线资源的原则。建设港口设施必须符合港口布局规划和港口总体规划，在港口总体规划确定的港区范围内进行。不能违反港口规划建设任何港口设施和其他设施。

本节主要介绍港口规划的概念和原则、港址选择和港口建设可行性研究报告的编制。

一、港口规划

港口作为水陆联运的交通运输枢纽，在综合运输体系中具有重要地位。同时，港口工程具有投资大、建设周期长、涉及面广、辐射力强等特点。因此，作为港口建设的前期工作，科学、合理、有前瞻性的港口规划是全国港口布局协调发展、港口自身发展和港城一体化发展的保证。

港口规划是指对未来一定时期内港口布局和发展规模的预测和谋划，是根据国民经济发展规划和水运交通事业发展的客观需要，对港口的发展所进行的总体、长远的定位、布置和规划。港口规划包括港口布局规划和港口总体规划。

港口布局规划是指一定区域内港口的分布规划。港口布局规划包括全国港口布局规划和省、自治区、直辖市港口布局规划。对区域经济发展有较大影响、港口关联度较强的区域，可以根据需要编制跨省、自治区、直辖市或者省、自治区行政区内跨市的港口布局规划。港口布局规划确定港口的总体发展方向，明确各港口的地位、作用、主要功能与布局等，合理规划港口岸线资源，促进区域内港口健康、有序、协调发展，并指导区域内各港口总体规划的编制。

港口总体规划是指一个港口在一定时期的具体规划。港口总体规划主要确定港口性质、功能和港区划分，根据港口定位、腹地经济社会发展和船舶发展趋势，进行吞吐量预测和到港船型分析，结合港口资源条件，重点对港口岸线利用、水陆域布置、港界、港口建设用地和附属设施的配置等进行布置规划。

港口建设牵涉面广，关系到国家的经济社会发展、对外开放和产业布局规划，关系到所在城市的发展规划，海洋、国土规划，铁路、公路、内河水运等综合交通规划。必须按照统筹安排、合理布局、远近结合、分期建设的原则制订全国，特别是沿海港口的建设规划。编制港口规划应当符合以下要求：

(1)科学合理利用港口资源，有效保护和节约使用港口资源，实现港口可持续发展；

(2)适应国家经济社会发展、对外开放和区域经济协调发展及产业合理布局的要求；

(3)发挥港口衔接各种运输方式的优势，促进现代化综合运输体系协调发展；

(4)统筹不同层次港口的合理布局和功能分工，优化港口资源配置，提高港口群体的综合竞争力；

(5)依靠科技进步，适应国际国内航运、现代物流等发展的要求，提高港口专业化、规模化、集约化和现代化水平。

港口规划应当符合城镇体系规划，并与土地利用规划、城市总体规划、江河流域规划、防洪规划、海洋功能区划、水路运输发展规划和其他运输方式发展规划以及法律、行政法规规定的其他有关规划相衔接、协调。

二、港址选择

港址选择是港口规划建设前期工作的重要环节，港口预定功能及所在地社会经济依托条件是港址选择的重要依据，自然条件是决定港址的技术基础。《海港工程设计手册(上)》就海港选址的技术与经济条件作了详细论述，并提供了大量工程实例，这里简介其主要观点。河港选址见第三章第二节。

港址选择必须考虑港口与腹地之间的联系，比较不同港址的运输总费率，提供与腹地最便利的联系与服务；港址条件要依据港口功能需要，适应不同种类、不同运量规模货物的合理装卸转运方式需求；港址选择要与城市发展相互协调，避免进入港口的铁路、公路穿越市区，同时应注意减少城市的环境压力，保护城市景观岸线；新港区港址选择应符合港口布局和功能调整要求，妥善处理新港址与老港之间的关系，注意从方便管理、共用基础设施和节约资源等角度实现统筹、协调、互补；集疏运条件直接影响港口通过能力，选址中要将集疏运作为主要的外协条件来考虑，根据铁路、公路、内河运输的疏运能力与发展前景优选港址，合理配置集疏运系统；选址中还要妥善处理港口与水利、城市、水产、军事、国土开发、旅游以及水产养殖等部门之间的关系和协调问题，保证港口建设和营运必要的外部条件，如供电、通信、供水排水、征地拆迁需要。

港口功能对港口或港区选址有特定的要求，如大宗散货(矿石、煤炭及原油等)的专业化港区(或码头)，由于船舶的大型化，提高了对水域尺度(水深及面积)的要求。国际上对这类

港区的选址，除少数港口利用现有深水进港航道在港内另建深水港区（如鹿特丹港的欧罗巴港区）外，大多在离岸一定距离建设深水码头并采用开敞式布置形式（如我国的日照港煤码头及大连鲶鱼湾原油码头）。公用港区一般与城市之间有较密切的依存关系，需要有城市为依托，一方面对减少港口的辅助设施及职工的生活安排有利，另一方面公用港区的业务活动所必需的金融、商业、涉外部门也离不开城市，因而公用港区的布置宜靠近城市。公用港区的布局还应注意随着港口和所毗邻城区的发展引起的两方面空间需求的矛盾，留有适当的发展余地，并保留市民生活的景观岸线。

根据港口功能选择自然条件适当、节省工程造价，并使港工建筑物对环境的反作用减至最小的方案是港口选址中的重要目标，应通过港口工程测量、海洋水文、气象、地质、地貌等方面的深入调查研究，辅以必要的科学实验，经比较论证后确定。务求做到技术上合理，经济上可行。港址选择应在稳定的地貌单元范围之内，针对不同的地貌特征，港口水域与陆域形成大体可以分为利用天然地形、大规模疏浚填筑和挖入式三种模式。利用天然地形建港，原则上应不大规模改变原有地貌形态，根据地貌形态分析研究海岸演变过程，预测未来，特别是建设港口可能引起的冲淤变化，选择合理的港址；近年来受港口深水岸线资源和土地资源的限制，沿海地区大量利用滩涂、浅滩、废弃盐田等填筑造陆建港，这种方式通常利用滩地向外海圈围，挖港池、航道形成深水水域，疏浚土吹填造地，形成陆域（如天津港）；对于泻湖、有水上汊道的滩地或废弃盐田等地区，也可采用挖入式港池的开发形式，除可以挖港池填高陆域外，这种方式所形成的自身掩护条件和可以陆地施工修建码头结构也是其发展优势（如唐山港京唐港区）。

三、港口建设项目的可行性研究

可行性研究是港口建设项目前期工作的重要阶段，是建设项目决策阶段立项审批的主要依据，分为预可行性研究和工程可行性研究两个阶段。

政府投资的港口建设项目必须按照项目类型、规模及建设条件等，分别开展预可行性研究和工程可行性研究，编制预可行性研究报告和工程可行性研究报告。预可行性研究报告是编报项目建议书、申请项目立项的主要依据。工程可行性研究报告是确定建设方案、评价投资效益、完成项目决策审批的主要依据。企业投资的港口建设项目工程可行性研究报告是编报项目申请报告的主要依据。

预可行性研究主要对港口建设项目是否必要、可行进行初步判断，应按照港口总体规划，根据国民经济和社会发展要求，分析腹地经济发展趋势，预测港口吞吐量发展水平，论证项目建设的必要性，在对项目建设条件进行调查研究和必要的勘察、科学实验基础上，研究项目建设的可能性、工程方案的技术可行性和经济合理性，提出项目可行性的初步评价结论，为建设项目立项提供依据。

预可行性研究阶段的内容和深度应当符合下列要求：

(1)通过调查现状、预测运输需求等工作，论证项目建设的必要性，合理确定码头建设规模和建设时机；

(2)了解工程自然条件、外部条件，分析工程与有关规划、政策的符合性，综合评价工程建设的可能性；

(3)论证确定工程的建设地点；

(4)初步确定工程总平面布置方案、装卸工艺及主要设备；

(5)初步确定水工建筑物结构、布置及配套工程；

(6)提出工程建设应采取的环境保护措施；

(7)估算工程投资，按规定进行经济和社会影响评价；

(8)提出研究结论、存在问题及建议。

工程可行性研究是确定港口建设项目是否必要、可行、合理的最后研究阶段，应在预可行性研究和经批准的项目建议书基础上，根据经济社会发展趋势和市场供需情况，进一步细化港口吞吐量预测水平，深入论证项目建设的必要性，确定码头建设规模，通过全面调查研究和勘察、科学实验，从技术、经济、资源、环境、社会等方面对建设方案进行论证比较，提出项目可行性评价结论，为项目决策提供全面技术依据。

工程可行性研究阶段的内容和深度应当符合下列要求：

(1)通过深入调查现状和运输需求预测，进一步论证项目建设的必要性，确定码头建设规模、建设时机；

(2)分析水文、气象等自然条件、外部条件及对工程的影响；

(3)通过多方案比选基本确定工程总平面布置方案；

(4)通过多方案比选基本确定装卸工艺及主要设备方案；

(5)通过多方案比选基本确定水工建筑物结构及布置；

(6)提出集疏运、供电、给排水等配套工程方案；

(7)提出港口岸线、土地、海域等资源使用方案；

(8)提出节能、节水、安全、劳动卫生措施及消防方案；

(9)提出工程建设应采取的环境保护措施；

(10)基本确定主要工程的施工方案、工程工期和进度安排，拟定项目招标工作的组织与实施；

(11)研究项目运营的组织机构方案及人力资源配置；

(12)提出主要工程量、设备及材料用量，详细估算工程投资；

(13)研究提出项目融资方案；

(14)深化经济和社会影响评价；

(15)研究项目风险管理方案；

(16)提出研究结论、存在问题及有关建议。

工程可行性研究阶段建设项目的主体工程方案应达到初步设计阶段的深度要求。

根据建设项目的具体情况，可行性研究报告有关内容需要进行专题论证或者专项评价、评估的，可在可行性研究报告中增加专项内容。

第二节　港口工程勘察设计

一、港口工程勘察

工程勘察是指通过对地形、地质及水文等要素的测绘、观测、地质勘探、土工实验、水文测

验、资料收集分析、鉴定研究和综合评价,查明港口工程项目建设地点的地形地貌、土层土质、水文气象、地震安全性、海岸动力及泥沙运动等各种情况,提供工程建设可行性评价与建设所需的基础资料,这是基本建设的首要环节。搞好工程勘察,特别是前期勘察,可以保证工程的合理进行,使工程取得最佳的经济、社会与环境效益。表 5-2-1 列出港口工程勘察项目主要内容与成果。

港口工程勘察项目主要内容与成果　　表 5-2-1

勘察项目		主要内容与成果
地形	陆上地形	1:5000～1:2000 地形图。海岸稳定性。局部 1:500 地形图
	水下地形	1:5000～1:2000 水深图,海图
	河流	流速,流量,含沙量,河道变迁,沙洲及其稳定性,季节变化
地质	土壤类别	沉积相(陆相、海相、河相沉积土)判别,地层分布,土层类别
	基岩埋深	基岩标高,基岩性质
	土壤力学性质	标准贯入击数,土的物理力学指标如剪切强度,压缩系数等
气象	风	历年风况资料,包括风速玫瑰图,最大风速等
	台风	通过频率,路径,大小,海岸设施破坏情况
	其他	气温,月最高最低平均气温。降水量,降水日数。雾日数及能见度。冰
海象	潮汐	潮汐规律和性质,潮汐类型,特征潮位,河流潮区界,增减水
	海流	潮流椭圆,余流,流路
	波浪	波浪玫瑰图,特征波要素
	泥沙	含沙量,粒径,泥沙运动特性,泥沙输移方向,输沙量
地震		震灾,烈度鉴定

为开发、建设、使用和维护港口航道,需对江、河、湖、海的水域、陆域进行各种测绘工作,主要包括平面控制测量、高程控制测量、地形测量、水深测量以及水上水下地形图绘制。

为查明工程地质条件而进行的地质勘察内容与方法,需根据工程规模、建筑物类型、设计阶段及自然条件而定,通常包括工程地质测绘、地球物理勘探、地质钻探、现场实验、土样物理力学特性实验分析、地质剖面图绘制及长期观测等。

水文测验包括长期水文观测和短期水文观测。长期水文测验即在江、河、湖、海水域的固定地点或断面设站,每日定时按照统一标准对水文要素作系统观测与资料分析。河流水文站观测项目主要包括:水位、流量、泥沙、降水、蒸发、水化学、地下水位、水温、冰凌等。海洋水文站观测项目主要包括:潮位、波浪、水深、流向、流速、含盐度、水温、风速、风向等。其中波浪观测的主要内容有波高、周期、波向、波型、海况以及相应的水流、风速和风向。短期水文测验通常是专为某项工程建设或某种特定目的需要,在短时期内对某地的水文情况进行调查和测验。

泥沙运动观测项目与海岸类型有关。砂质海岸一般只测取悬沙和底沙,而在淤泥质海岸还需加测浮泥。悬沙测验项目包括沿水深分层含沙量和悬沙粒径。底沙测验项目包括底沙输沙率和底沙粒径。浮泥测验项目包括容重、厚度和流动速度等特性指标。泥沙运动观测还应对测区作大面积表层底质取样,并进行颗粒分析,有时还需进行泥沙矿物分析、泥沙力学特性分析(沉速、起动流速等)。泥沙测验一般要求结合潮位、潮流、水深进行同步测验。

海岸动力地貌勘察需进行多项工作：搜集历史地形、地貌资料，如地形图、海图、航测片、卫星照片、所调查海区的气象和海洋水文资料；调查沿海岸滩堆积和蚀退形态、河口拦门沙与泻湖汊道沙嘴的形态以及这些局部地区底质的物质组成和表层物质的粒度等特征分布，必要时进行底质柱状取样研究其沉积规律；调查该区已建海工建筑物（如突堤等）两侧局部地形的特殊冲淤演变，必要时设固定断面或固定测点，定时重复测量以观察局部岸滩演变趋势；采用铅210（210Pb）或碳14（C14）测定法对所测海区进行短期或长期沉积速率测定。

二、设计内容与深度

港口工程设计是根据港口功能要求（如货流、货种和通过能力）、建筑物所在地区的自然环境（地形、地貌、地质、水文、气象）和外部协作条件（当地社会经济发展水平和需求、城市和工业布局、海岸功能区划、交通水电供应、地方建筑材料来源等），经过多方案比较，确定能满足功能要求、安全可靠、经济合理、长短期兼顾、可持续发展的总体布置、工艺方案和建筑物结构形式，并编制相应的设计文件，包括图纸和工程概算。

港口工程设计必须保证港口建设符合国民经济发展的需要，与经济布局、城市规划和交通运输系统发展相适应。在关注港口运行效率和成本的同时，要注重结构、装备与工艺的节能、环保、安全，强调建设“资源节约型、环境友好型”港口。

周恩来总理曾经对葛洲坝通航建筑物机械设备设施设计提出过“好用、好修、好造、好看”的原则，把“好用、好修”放在“好造、好看”的前面，强调保证设备设施功能可靠性的重要性。港口航道工程设计仍然应该认真贯彻这一指导思想。

按照建设程序和设计深度，港口工程设计通常分为初步设计和施工图设计两个阶段。港口工程项目通常由具有不同专业特长的技术人员组成的设计组来完成，专业分工包括总平面布置、工艺设计、结构设计、配套设施设计、工程概预算等多个工种。通常将总平面布置、工艺设计、配套设施设计合称为总体设计。总体设计、结构设计、工程概预算编制是港口工程设计的基本内容。

交通部《港口建设管理规定》明确规定：港口工程设计必须由具备相应资质的单位承担，设计单位对设计成果的质量负责。设计文件应当符合国家规定的设计深度要求，注明工程合理使用年限。设计文件须经港口行政管理部门审批。在审批过程中，港口行政管理部门应当委托不低于原初步设计文件编制单位资质等级的另一设计单位对初步设计文件进行技术审查。

港口建设项目初步设计工作以总平面设计、工艺设计、建筑物结构方案设计为主，应按交通部颁发的《港口工程初步设计编制规定》撰写设计文件，包括设计说明书、主要设备及材料、工程概算、设计图纸4个部分。设计说明书主要是对设计依据、建设规模、推荐方案及主要技术经济指标、效益分析及评价、工程建设外部条件等予以说明，主要内容包括：总论，自然条件，货运量及船型，总平面布置，航道、锚地及导助航设施，装卸工艺，水工建筑物，陆域形成和道路堆场，港区铁路，生产及辅助建筑物，供电照明，控制及信息管理，给水排水，采暖通风供热及动力，机修，供油，消防，环境保护，职业安全卫生，节能，施工条件、施工方法和进度，经济效益分析，存在问题和建议等24章。

初步设计说明书各主要章节包括的内容如下：自然条件（包括气象、水文、地形、地貌及工

程泥沙、地质条件、地震），货运量及船型（货种、流量、流向及集疏运方式、船型确定），总平面布置（总平面布置原则、总平面布置与港口总体布局规划、后续工程建设及远景发展规划之间以及与相邻单位之间的关系、泊位作业标准、船型尺度、总平面布置方案），航道、锚地及导助航设施（航道选线和尺度、航槽可挖性及稳定性分析、航道疏浚工程、导助航标志的配布、待泊锚地的布置和尺度、港口导航），装卸工艺（主要设计参数、工艺方案、装卸机械设备的选型、泊位通过能力、仓库和堆场面积、装卸车能力、装卸工艺主要技术经济指标），水工建筑物（建筑物种类和等级、建筑物的主要尺寸、工艺荷载、水文地质条件、主要外力计算结果、荷载组合、主要建筑物的结构计算内容、方法和结果、地基处理、结构方案比较、试验结果和建议、主要工程量），陆域形成和道路、堆场、铁路，生产、生产辅助、生活辅助建筑物，供电、照明设施，通信控制及计算机管理，给排水、采暖、通风与供热，机修、供油、消防，环境保护，职业安全卫生，节能，施工条件、施工方法和进度，经济效益分析等。

初步设计应达到的深度要求为：①多方案比较：对主要水工建筑物、总平面布置和工艺方案，在充分细致论证其优缺点的基础上，进行方案比较，综合各种因素，择优推荐设计方案；②建设项目的单项工程要齐全，主要工程量误差应在允许范围之内；③主要设备和主要材料表要符合订货要求，可作为订货依据；④总概算不应超过已批准的工程可行性研究报告中的投资估算总额；⑤满足施工图设计及施工准备工作的要求。

施工图设计的主要内容包括：工程施工安装所需的全部图纸，重要施工、安装部位和生产环节的施工操作说明，施工图设计说明，建筑防火专篇，预算书和设备材料明细表。在施工总平面图上应有设备、建筑物、道路、铁路、管线各部分的布置，以及它们的相互配合、标高、外形尺寸、坐标等，施工图阶段应提供设备和标准件清单，预制的建筑配、构件明细表等。施工详图中应包括非标准设备构件详图、设备安装及工艺详图、建（构）筑物及其构配件尺寸、联接结构断面图、材料明细表。图纸要按专业分类配套出齐，如总平面、工艺、水工建筑物、集疏运交通、设备加工与安装、给排水、暖、风、电、通信、自动化控制、土建等专业。

施工图设计的深度应满足如下要求：①编制施工图预算、设备和土建工程招标的需要；②编制施工组织设计、设备安装和土建施工的需要；③设备、材料订购的需要；④非标准设备和构件加工制作的需要。

三、总平面布置与工艺设计

总平面布置是港口工程项目设计的纲领，其主要任务是对港口水域、港口陆域、主要建筑物和设施进行综合布置，使装卸作业和集疏运输系统、主要工程建筑物系统和生产辅助建筑物等相互配合与协调，保证发挥港口的综合通过能力，降低运输成本。装卸工艺设计、集疏运功能的实现和项目建成后对周边环境、项目功能和自身安全的影响是总平面布置的依据与关键。

装卸工艺与营运管理是港口工程的核心。港口装卸工艺设计包括选择装卸作业机械化系统、确定合理的工艺流程、配备装卸作业系统基本要素（操作人员、库场以及各种附属设施），以达到高效、优质、安全、经济地完成港口生产。装卸工艺设计应从全局出发，结合考虑货流货种、港口及水陆路运输，选择最适用、最理想的货物中转装卸作业和储存方法。装卸作业系统各环节的能力应基本平衡，以保证船舶装卸为主，使得工艺流程简捷、作业环节协调、车船周转迅速，力求技术先进实用、投资成本和营运成本经济合理，并对附属的配套设施统一考虑，预留接口。

港口总平面布置因装卸工艺的不同而有所区别。杂货码头的总平面布置一般都采用传统方式:前方为码头装卸作业带,后方为库场、道路、铁路、生产和生活辅助设施。集装箱码头则多采用岸边布置装卸桥吊、堆场作业机械,后方布置拆装箱库和生产辅助建筑。散货(煤炭、矿石)码头的平面布局随着装卸工艺的改进而不断演变。大型煤炭出口码头装卸工艺主要有三个流程:卸车→堆场作业→装船,其中卸车以旋转式翻车机为主,堆场作业为地面堆取料方式,装船通过装船机完成。

港口的集疏运输功能通过港口设置的过驳锚地、码头及其陆上设置的装卸设备、库场以及交通运输系统实现。港内水域各部分的尺度,往往是以设计船型尺度为基准,按照交通运输部行业规范计算确定,并征询船舶驾驶人员意见。必要时进行船舶操纵仿真模拟验证。合理的港内水域尺度应该是船舶操纵技术与港口工程规模相协调的统一体,也是在保证船舶作业安全前提下的必要水域尺度。港口陆域按功能区划分,可分为生产作业区、辅助生产区及管理区。陆域布置一般以作业区为单元,将各部分组合成一体,这是近年来港区布置的基本模式。

港口的通过能力,取决于码头、库场、集疏运系统三者能力的平衡,并以三者之一的薄弱环节为控制条件。现代化的港口以高效、快速为标志,我国港口发展正经历这一过程,原有港口的改造最后一般是落实到"提高港口集疏运能力"这一主题。

《现代集装箱港区规划设计与研究》提出的集装箱码头生产作业系统各环节能力不平衡配置和设计通过能力的前瞻性观点,可作为集装箱港口各作业系统通过能力 $P_{作业系统}$ 的匹配原则,即:$P_{信息} > P_{疏} > P_{堆场} > P_{码头}$,满足这一不等式可最大限度降低港口生产随机性对码头装卸效率的影响,减少大型集装箱船在港非作业等候。

为维持港口业务的正常进行,港口尚应配备相应的辅助设施,包括供水、供电、通信、导航、海关、商检、出入境管理、金融、贸易以及保险机构等。作为一个多功能的现代化国际港口,应考虑临港工业、保税区、信息处理、后方仓储、生活供应和城市设施等条件。

港口总平面布置必须充分考虑港工建筑物的环境影响及其引起的海岸、航道、港池冲淤变化,设计中应对此进行预报分析,提出应对工程措施。建设过程可能产生的环境影响包括疏浚挖泥和防波堤对海生物底栖地的破坏、陆上开挖对植被覆盖和水土保持的影响、港口营运中船舶产生的油污和固体垃圾、装卸作业引起的噪声和大气污染、港区地面水和冲洗水排放的影响等。另外,港工建筑物所引起的海岸演变、进港航道与港池的水深维护是设计中的研究重点,往往成为港口生存与发展的关键课题。

四、结构设计要点

结构设计是港口工程项目设计的主体。结构选型、尺度确定、荷载与计算参数选取、计算内容与模式、结构设计图绘制是结构设计的主要内容。

工程结构设计理论和方法随着科学技术的发展而提高,先后经历了容许应力法、破损阶段法、极限状态设计法和概率极限状态设计法四个阶段。现行港口工程设计标准采用"以分项系数表达的、概率理论为基础的极限状态设计方法"。这一方法考虑了影响结构可靠性的各种参数的随机变化,把它们的随机特征反映在分项系数中,以包含分项系数所得到的结构"抗力"应大于外荷载等因素施加于结构的"作用"来判断结构实现其设计功能的可靠性。

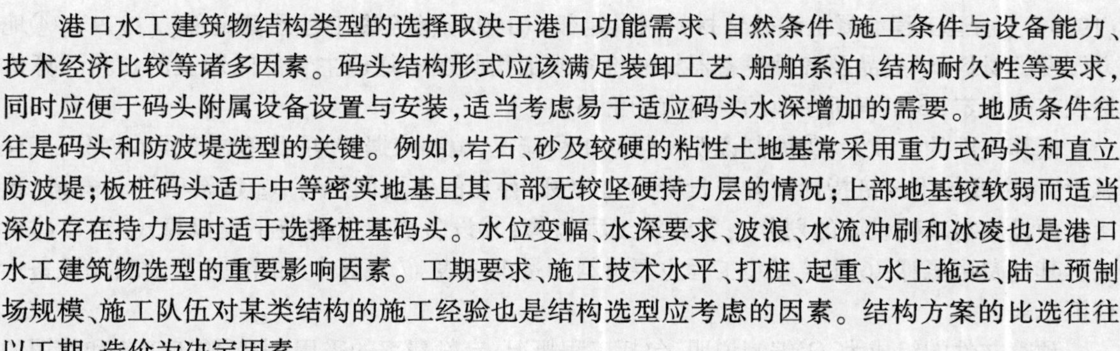

港口水工建筑物结构类型的选择取决于港口功能需求、自然条件、施工条件与设备能力、技术经济比较等诸多因素。码头结构形式应该满足装卸工艺、船舶系泊、结构耐久性等要求，同时应便于码头附属设备设置与安装，适当考虑易于适应码头水深增加的需要。地质条件往往是码头和防波堤选型的关键。例如，岩石、砂及较硬的粘性土地基常采用重力式码头和直立防波堤；板桩码头适于中等密实地基且其下部无较坚硬持力层的情况；上部地基较软弱而适当深处存在持力层时适于选择桩基码头。水位变幅、水深要求、波浪、水流冲刷和冰凌也是港口水工建筑物选型的重要影响因素。工期要求、施工技术水平、打桩、起重、水上拖运、陆上预制场规模、施工队伍对某类结构的施工经验也是结构选型应考虑的因素。结构方案的比选往往以工期、造价为决定因素。

港口水工建筑物的主要尺度，包括建筑物顶高程、底高程、长度和宽度等，一般在总体设计中确定。建(构)筑物构件主要尺度，如沉箱码头单个沉箱尺度、板桩入土深度、高桩码头排架宽度、间距、基桩入土深度等，往往根据使用要求、地质条件、结构布置和已建成码头的经验给出初步数据，通过结构计算进行比较和优化。构件细部尺度也按这一原则计算核定。

作用在码头结构上的荷载可分为四类：码头地面使用荷载，包括堆货荷载与人群荷载、流动起重运输机械荷载、铁路和汽车荷载；船舶荷载，包括船舶系缆力、船舶挤靠力和船舶撞击力；环境荷载，包括土压力、水流力、波浪力、冰荷载和地震荷载等；结构物自重。作用于防波堤的环境荷载主要是波浪力。

结构设计应考虑建筑物在施工和使用中可能出现的“作用”和“抗力”，根据它们的持续时间长短和出现概率的高低，按照持久、短暂、偶然状况进行组合，对结构承载能力和正常使用两种极限状态进行验算。不同类型结构的计算模式不同，其“作用”和“抗力”类型、组合方式也不同。

不同类型港口水工建筑物的结构设计计算内容均包括整体稳定性和构件承载力两类验算，以保证结构在设计基准期内实现设计功能的可靠性(安全性、适用性、耐久性)为目标。例如，重力式码头应验算墙身与胸墙的抗滑和抗倾稳定性、码头结构整体稳定性、基床和地基的承载力及沉降。板桩码头应验算板桩墙入土深度、弯矩和拉杆拉力、锚碇结构稳定性、码头结构整体稳定性。高桩码头应验算基桩承载力及压屈稳定性、梁板构件强度、挡土结构抗滑和抗倾稳定性、码头结构连同岸坡的整体稳定性。

五、工程概预算的编制

编制概预算的目的在于控制项目建设投资、实施经济核算、降低工程造价。设计概算是建设项目初步设计文件的重要组成部分。设计单位进行初步设计时，必须根据工程的构成分别编制单项或单位工程概算以及建设项目总概算。经批准的概算，是确定项目建设投资、编制建设计划、控制投资拨款、考核设计经济合理性和衡量工程建设成本的依据。施工图预算是保证概算执行的重要环节，是施工单位进行经济核算、确定工程预算成本和考核工程实际成本的依据。概算应控制在批准的可行性研究报告投资估算的范围内，预算不能超过概算。

工程概预算的编制依据主要包括：①国家政策和法令、上级机关的有关规定；②初步设计和施工条件设计(概算依据)；③有关的国家定额标准或行业定额标准。对于港口航道工程而言，现在主要采用《沿海港口水工建筑工程定额》(1994)、《沿海港口装卸机械设备安装工程定额》(1994)、《沿海港口水工建筑及装卸机械设备安装工程船舶机械艘(台)班费用定额》

(1999)、《水运工程混凝土和砂浆材料用量定额》(1998)、《疏浚工程预算定额》(1999);④地方颁发的材料、半成品及各种设备器材的价格或工程所在地基建主管部门颁发的材料预算价格及有关规定;⑤工程所在地的材料市场价格。

概算文件的组成为:①编制说明。包括工程概况,编制依据,单项及单位工程的划分,工程总投资,主要技术经济指标及各项投资所占比例,存在的主要问题等;②建设项目总概算(包括地面设施与基础设施的划分);③建筑工程概算;④设备购置及安装工程概算;⑤港口建设工程其他费用概算;⑥建筑安装工程主要材料用量汇总表;⑦概算中采用的主要材料及设备价格汇总表。

预算文件的组成为:①编制说明,包括工程概况,定额费率的采用,主要施工工艺和使用的主要船机设备,人工及主要材料单价,主要技术经济指标,存在的主要问题及其他必要的说明;②建筑工程或设备安装工程预算表;③主要材料汇总表;④钢材明细表;⑤补充单位估价表。

建设项目概预算包括项目从可行性研究至竣工验收所需的全部建设费用,主要由6个部分构成,详见图5-2-1。

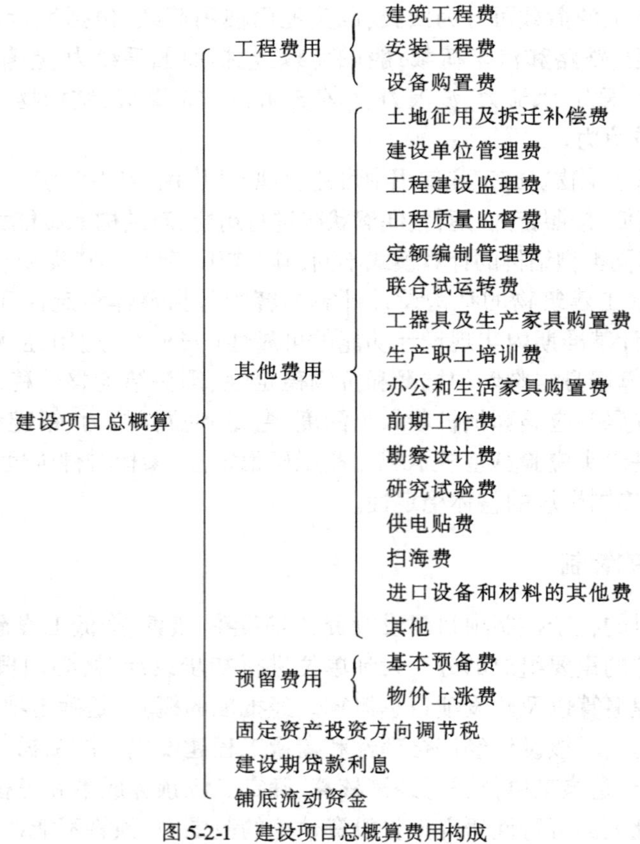

图5-2-1 建设项目总概算费用构成

第三节 港口工程施工

工程施工是通过有效的组织方法和技术途径,按照设计图纸和说明书的要求建成满足使用要求的建筑物的过程。港口工程施工与一般土木工程建筑物施工有共同之处,但因施工环境和建筑物结构特征不同而形成自身特点。

港口航道工程与其他土木工程的施工程序类似,主要包括承接施工任务、签订施工合同、施工准备、组织施工、竣工验收五个阶段。

施工单位主要通过投标或议标方式承接施工任务。承接施工任务后,建设单位、施工单位按照合同法及国家有关规定签订合同,明确各自在施工期内双方应承担的义务和职责。合同规定了工程承包的内容、工期、质量、造价及材料供应等要求。工程合同经双方法人代表签字后具有法律效力,必须共同遵守。施工准备的主要任务是了解施工的客观条件,掌握工程的特点,根据施工进度及质量要求合理部署施工力量,编制施工组织设计,落实劳动力、材料、机械及现场的"三通一平"等工作。组织施工在整个施工程序中占有极为重要的地位。组织施工是根据施工组织设计确定的施工方案、施工方法以及进度要求,把全部施工活动在时间、空间上科学地组织起来,并在施工中对施工的质量、安全以及施工进度等进行全面控制,按期优质完成施工任务。合同中规定的内容全部完成后,根据国家有关法规、规范、质量等级评定标准进行竣工验收。只有验收合格的工程方可正式移交建设单位使用。

土木工程施工实务的研究内容是各种工程的施工技术与施工组织。工程建设项目的施工由许多工种工程和工序组成。每一个工种工程的施工,由于工程对象、施工条件等的不同,可以采用不同施工方法和不同施工机械来完成。施工技术即根据不同工种工程的施工特点,研究如何采用先进的施工方法,针对施工难点和可能出现的问题,采取措施保证工程质量,安全经济地完成各个工种工程的施工任务。施工组织则研究如何根据工程特点、工程性质、工程施工条件等,从技术和经济统一的全局出发,对施工人力、材料、机械、资金等进行科学、合理的安排,形成最佳的施工顺序、施工人力和设备投入、施工准备方案和部署,并编制出指导施工的施工组织设计,使得能以最少的人力和物力消耗,保质保量地按期或提前完成工程施工任务。由上可以看出,施工技术侧重施工方案,施工组织则侧重施工管理。

一、港口工程施工技术

港口工程施工技术包括基本工种工程和专门工程的施工方法以及应配备的施工设备。基本工种工程主要有土石方工程、地基处理与基础工程、混凝土与钢筋混凝土工程。港口工程往往在水深浪大的海上或水流湍急的河流上施工,水上工程量大、质量要求高、施工周期短,施工条件恶劣、易受海象气候条件制约,目前已形成了若干专门施工技术,如码头防波堤构件预制与下水、疏浚工程、软土地基加固、不同结构类型码头与防波堤施工技术。本节简要介绍构件预制下水、疏浚技术、软基加固三类代表性基本工种工程和重力式码头、高桩码头专门工程施工技术。

1. 钢筋混凝土工程与构件预制下水方法

钢筋混凝土工程由钢筋工程、模板工程和混凝土工程三个主要工种组成。按施工方法分为现浇混凝土结构施工和预制装配混凝土结构施工。现浇混凝土结构施工是指在施工现场支模直接浇筑工程构件。预制装配混凝土结构施工是指根据设计要求在预制场预制混凝土构件,然后运到工地进行拼接。港口工程多采用预制构件水上安装,例如重力式码头的方块和沉箱、高桩码头上部梁板构件、防波堤护面块体、高桩码头和板桩码头的沉桩等。港口工程中的现浇混凝土主要用于预制构件连接部位、结构物胸墙上部结构等。

混凝土或钢筋混凝土构件在固定或临时预制场制作过程中，预制场内设有一套供构件堆存搬运的纵横向移动装置，包括吊车、纵移横移车及轨道系统(图 5-3-1)。构件完成后，从预制场出运下水或装船运输有多种方式，形成了一门专门技术。以重力式码头的沉箱下水为例，目前已有滑道下水、干船坞下水、座底浮坞或半潜驳下水、大吨位起重船吊运下水、平台船接运下水、土坞灌水沉箱起浮下水等多种方式。与之配合的预制场内水平运输有纵横移轨道台车运输、气囊滚动运输、水垫运输、滑板运输等多种方式。

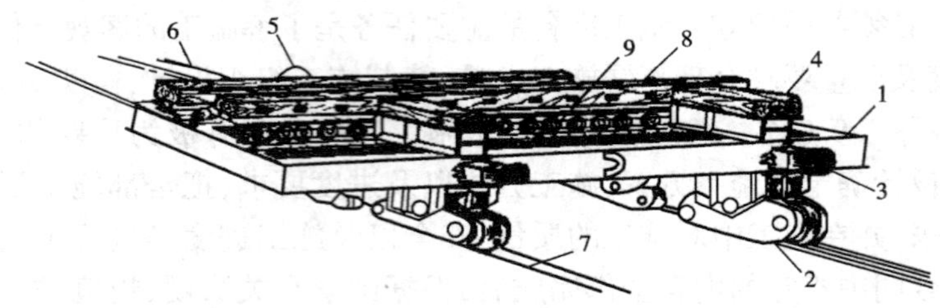

图 5-3-1 预制构件纵横向移动系统

1-框架梁系统；2-车轮系统；3-缓撞垫；4-构件支垫；5-牵引滑轮；6-钢丝绳；7-纵移道；8-横移车；9-横移车滚子

基于混凝土材料抗压强度远大于抗拉强度的承载能力特点，发展出预应力混凝土结构。即在混凝土结构承受外荷载之前，预先采用人为方法，在混凝土结构内部形成一种受压应力状态，使结构在使用阶段产生拉应力的区域先受到压应力作用，此压应力将部分或全部抵消使用阶段荷载产生的拉应力，从而推迟钢筋混凝土构件裂缝的出现以及限制裂缝的开展，提高结构的刚度。由于其良好的结构性能，预应力混凝土结构已在港口工程，特别是高桩码头的桩梁板构件中普遍使用。

2. 疏浚与吹填工程

疏浚工程是采用挖泥船进行水下土石方挖除的工程。疏浚工程主要用于港池、航道的开挖和维护，以及码头和防波堤基槽开挖等。将疏浚工程挖取出的泥土，在泥泵动力下通过管线送到预先选定好的陆上或水中填泥场沉积形成陆地的过程，称为吹填工程。

疏浚挖泥船按工作原理可分为水力式与机械式两类。水力式挖泥船的工作原理是泥泵产生的真空将水底的泥土连同水流形成泥浆一起吸起。按作业运行和吸泥头取泥方式，水力式挖泥船可分为绞吸式挖泥船和耙吸式挖泥船两种。绞吸式挖泥船一般不能自航，吸泥头前装有绞刀用以绞松泥土，挖泥时以船尾定位钢桩配合收放首锚、尾锚和横锚的钢缆摆动船体，吸起的泥浆由排泥管输送到排泥场地(图 5-3-2)。耙吸式挖泥船可以自航，挖泥时沿挖槽航行，以耙头直接吸泥，吸起的泥浆装入自带的泥舱

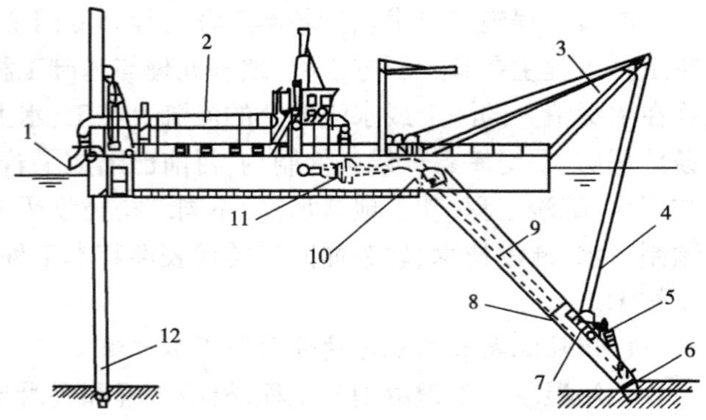

图 5-3-2 绞吸式挖泥船构造简图

1-浮管连接头；2-排泥管；3-绞刀架吊架；4-绞刀架起落钢缆；5-绞刀马达；6-绞刀；7-边锚缆；8-绞刀架；9-吸泥管；10-吸泥管套筒；11-泥泵；12-定位桩

输运到排泥地点或者边抛于挖槽以外(图 5-3-3)。

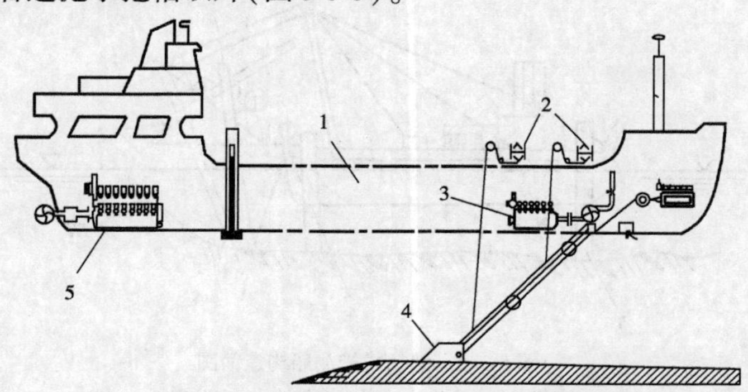

图 5-3-3　耙吸式挖泥船构造简图

1-泥舱;2-耙管绞车;3-泥泵主机;4-耙头;5-航行主机

机械式挖泥船利用泥斗挖掘泥土,挖取的泥土一般装入另外配备的泥驳,由拖轮运到排泥地点。根据挖土泥斗的工作方式,机械式挖泥船可分为链斗式、抓斗式和铲扬式(图 5-3-4 ~ 5-3-6)。链斗式挖泥船利用上下鼓轮的转动带动链节板,使一系列泥斗连续运动,自水底挖掘泥土。抓斗式挖泥船利用抓斗直接挖掘水下泥沙,抓斗由两个或多个抓瓣组成,挖泥时抓斗靠自重下坠切入土壤,提升时抓瓣合拢将土抓起。铲扬式挖泥船利用铲斗挖掘水下土石,挖泥时操纵铲斗机构的推压装置推压斗柄,并拉紧钢缆使铲斗切土挖掘。

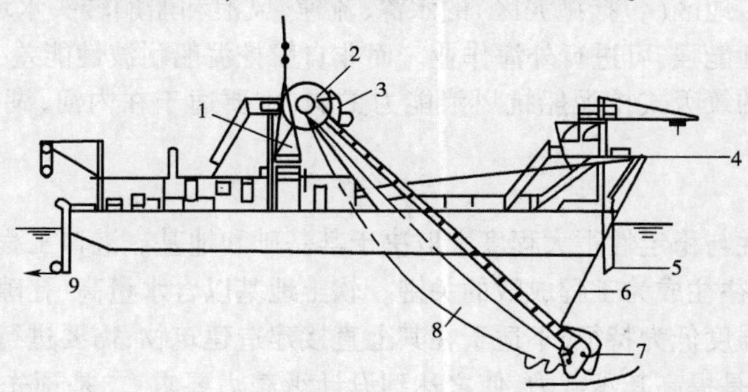

图 5-3-4　链斗式挖泥船构造简图

1-溜泥槽;2-上导轮;3-斗桥支承轴;4-首锚缆;5-边锚缆;6-吊斗桥钢缆;7-下导轮;8-斗桥;9-水下导缆装置

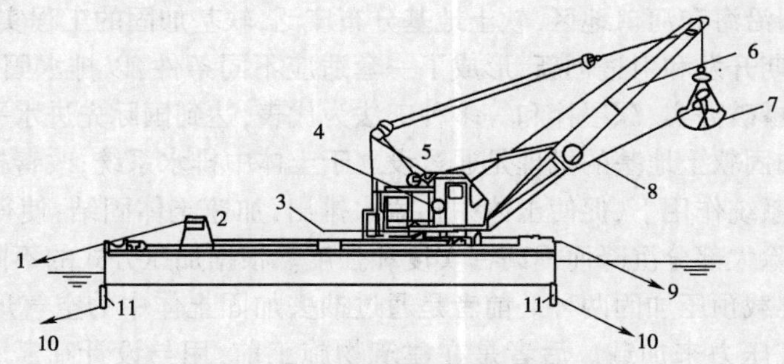

图 5-3-5　抓斗式挖泥船构造简图

1-船艉缆;2-绞车;3-吊杆俯仰钢缆滚筒;4-抓斗升降、启闭风缆滚筒;5-A 形架;6-吊杆;7-抓斗;8-抓斗稳定索;9-船艏缆;10-边缆;11-水下导缆装置

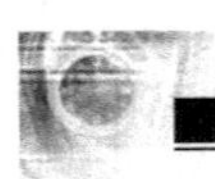

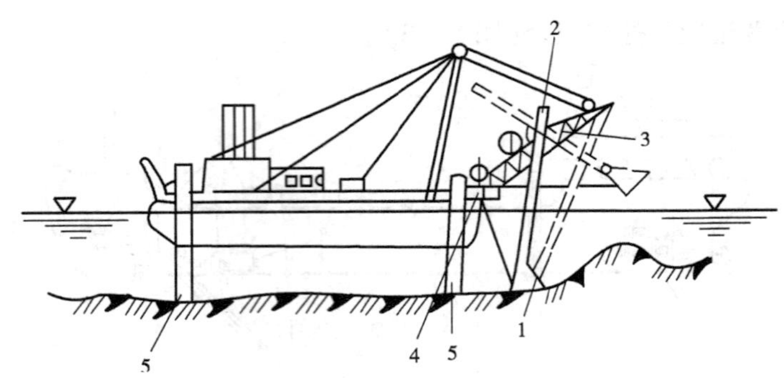

图 5-3-6 铲扬式挖泥船构造简图

1-铲斗;2-斗柄;3-支杆;4-转盘;5-定位桩

选择挖泥船时要考虑不同挖泥船的性能、所适用开挖的泥土、工程土方量、施工地区自然条件、施工条件及泥土处理要求等因素。挖泥船的性能包括船长、船宽、吃水、动力、航速、排泥方法、泥泵性能、最大最小和最有效挖深、最大最小挖宽、船的抗风浪能力和各种条件下的生产率等,应分析其是否与所承担的任务和施工条件相适应。应注意挖泥船对土质的适应性,选择与之适应的挖泥船:吸扬式挖泥船适宜挖淤泥或砂土;链斗式挖泥船适宜挖松软砂壤土,除细砂、石质外,其他土质一般也能适用;抓扬式挖泥船适宜挖松软砂壤土或卵石等;铲扬式挖泥船适宜开挖硬土、礁石或砾石河床。挖泥船的生产能力要与工程规模(工程量和工期)相适应,并考虑挖泥船对施工地区(包括抛泥区)的水深、流速、风浪和船舶转头水域等情况的适应性。自航式挖泥船耐波性能强,可进行外海作业。而非自航挖泥船耐波性能差,尤其靠定位桩固定和输泥管拉得很长的绞吸式挖泥船抗风浪能力更弱,主要适于在内河、湖区和有掩护的港池施工。

3. 软基加固

建筑物的安全性与稳定性很大程度上取决于其基础和地基。港口工程多建造于河流海岸冲积地层,地基处理往往成为工程成败的关键。软土地基以含水量高、孔隙比大、土颗粒细、渗透性差、压缩性大、强度低为特征,不适于在其上直接建造建筑物,需要进行软基加固。软基加固的目的有两个:一是提高其承载力,使之达到设计承载力要求;二是预先消除地基在使用荷载下所能发生的大部分变形,使建筑物在使用期间不致产生不利的沉降和差异沉降。软基加固所采取的措施主要有预先加载使得地基土密实、将软土换填为好土、在软土中加入胶结材料使之胶结等。我国沿海和河口地区,软土地基分布广泛,软基加固的工程实践很多。在港口建设过程中,通过长期开发和引进创新,形成了一套适应不同条件,以排水固结、振冲置换、强夯加固、爆破挤淤和爆破夯实、深层拌和等多种工法为代表,达到国际先进水平的软基加固技术。

排水固结法加固软土地基的机理是通过设立于土体中排水系统,改善排水边界条件,缩短排水路径,在加压系统作用下,促使土体中孔隙水排出,加速土体固结,使得孔隙水压力降低,有效应力增加,消除大部分沉降而提高密实度和强度。根据加压方式的不同,排水固结法分为真空预压加固和堆载预压加固两种。前者是通过抽去加固土体中的空气形成真空,以加固土体外部表面的大气压力来加载。后者是在建筑物施工前,用与设计荷载相等或略大的荷载(称为预压荷重,材料包括土、砂、石料等),堆积于加固土体之上,使地基强迫压密沉陷,以提高地基的强度,减少建筑物的后期沉降量。为提高加固效果,必要时可联合采取真空预压与堆

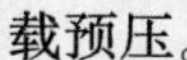

载预压。

振动水冲法在松砂地基和软粘土地基中的加固机理不完全相同。加固松砂地基时在振冲器反复水平振动和冲水的作用下，使周围土体在径向的一定范围内出现瞬间的结构破坏，抗剪强度降低，土颗粒重新排列，相对密度提高，达到提高强度、减少沉降、防止液化的加固目的，称为振冲密实法。加固软粘土地基时利用振冲器反复水平振动和冲水的作用，在加固土体中成孔，并振填碎石，形成碎石桩，构成碎石与加固土体的复合地基。碎石桩自身强度高于加固土体，并可发挥一定排水作用，加速土体固结，称为振冲置换法。

强夯法是将十几吨至上百吨的重锤，从几米至几十米的高处自由落下，对土体进行动力夯击，使土产生强制压密而减少其压缩性、提高强度。这种加固方法主要适用于颗粒粒径大于0.05mm 的粗颗粒土，如砂土、碎石土、山皮土、粉煤灰、杂填土、回填土、低饱和度的粉土、粘性土、微膨胀土和湿陷性黄土，对饱和的粉土和粘性土无明显加固效果。

爆破法是利用炸药爆破释放的能量达到改良地基的目的。主要有爆破排淤填石法（简称爆填法）和爆破夯实法（简称爆夯法）两种工艺。爆填法是利用爆破排除淤泥质软土，并换填块石的置换法，即在抛石体外缘一定距离和深度的淤泥质软基中埋放药包群，起爆瞬间在淤泥中形成空腔，抛石体随即坍塌充填空腔形成“石舌”，置换淤泥，经多次推进爆破，最终达到置换要求。爆夯法是利用爆破使块石或砾石地基振动密实的方法。

深层拌和法是通过特制的深层搅拌机，在地基深处就地将软土和固化剂强制搅拌，利用固化剂与软土之间的物理—化学反应，使软土变为具有整体性、水稳定性和一定强度的加固土的方法，常用于饱和软粘土。工程实践中常用水泥作为固化剂，此时深层拌和法称为水泥系深层拌和法（CDM 工法）。

4. 重力式码头施工

重力式码头由抛石基床、墙身、墙后回填物料、上部结构和码头设备等组成。重力式码头的施工顺序为基槽开挖、基床抛石、基床夯实、基床整平、墙身制作安放、墙后回填、上部结构和附属设施安装等。

基槽开挖可根据地质条件采用水下爆破或挖泥船施工。基床抛石可采用水上或陆上机具进行，对于离岸较远且与岸不相连的基床，则只能采用抛石船水上抛筑。基床夯实可采用重锤或爆破夯实。根据建筑物对平整度的不同精度要求，基床整平分粗平、细平、极细平三种等级。基床粗平一般由潜水员在水下根据整平船上悬挂的刮尺作为标准，对基床抛石“去高填洼”，细平和极细平则需在基床面设导轨控制整平精度。

重力式码头的墙身一般为预制沉箱、方块或扶壁。沉箱下水后可短时间水上储存或直接拖运到待建码头位置下沉安放，方块和扶壁则用驳船装载运送到待建码头位置吊装。墙身安装完成并形成抵御水平荷载的能力（主要指沉箱已经完成箱内填料）之后，可进行抛填棱体施工。在抛填棱体表面铺设倒滤层的工序完成后，方可进行墙后填土。倒滤层设置于抛填棱体与回填土之间，其粒径介于这两种回填料之间，且级配良好，用于防止回填土流失于抛填棱体孔隙中。

在墙身构件安装完毕、沉降稳定后，可进行胸墙混凝土现场浇筑。胸墙一般处于水位变动区，为保证混凝土质量，应趁低潮浇筑混凝土。无论采用混凝土拌和船还是其他方式供应混凝土，必须保证连续供应，以满足混凝土在水位以上振捣、底层混凝土初凝前不宜被水淹没的要求。

5. 高桩码头施工

高桩码头主要由基桩、上部结构、接岸结构、岸坡和码头设备组成。其施工顺序如图 5-3-7 所示。其中桩基、节点和上部结构施工是高桩码头独具特点的技术。

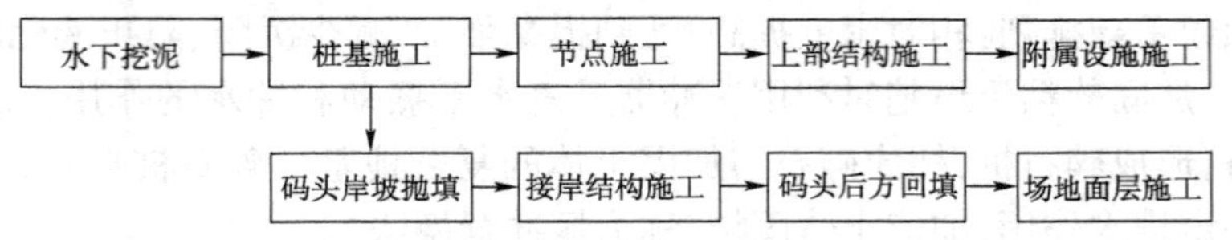

图 5-3-7　高桩码头施工顺序

桩基施工的主要工作包括桩的预制和运输、设置打桩定位基线及测量平台、定位沉桩、桩的临时固定和处理多道工序。高桩码头的基桩大多采用先张法预应力钢筋混凝土空心方桩，在预制场专门的预制台座上整根预制。对于用离心法预制的钢筋混凝土管桩和钢管桩，可分节预制后现场拼接成符合设计长度的桩。桩的运输一般采用水上驳船装运。

水上沉桩作业普遍采用打桩船打桩。沉桩顺序应考虑水位、水深和风、浪、流的影响，保证所有的桩位都能施打。整个码头工程要分成几段组织流水作业，打桩顺序应满足分段的要求，并注意减少移架、改架、移锚次数。通常应采用顺岸打桩的顺序，由岸边向外逐排打，尽量减少沉桩对岸坡稳定的影响。为了使先打的桩不影响后面桩的施打，可采用阶梯形推进施工。另外，锚缆布置应使各种工作船之间相互协调，避免干扰。

沉桩质量控制包括偏位控制、桩尖标高与贯入度控制、桩的裂损控制。为了保证桩的承载力，高桩码头沉桩深度实行桩尖标高与贯入度“双控”，即在控制桩尖沉到持力层标高的同时，还要求控制打桩的最后贯入度。以打桩最后贯入 100cm 或最后锤击 30 ~ 50 击的平均每击下沉量判别桩是否满足入土深度要求。

基桩沉好后，在桩的端部安装夹桩木支撑模板并浇筑桩帽。以桩帽为底托安装横梁、纵梁、面板，并在预制件之间的接缝现浇混凝土。为保证高桩码头结构的整体性，桩帽、预制梁板构件之间的接缝处都有搭接钢筋。梁板结构完成后，再安装靠船构件和码头前方装卸设备轨道。

二、港口工程施工组织与管理

施工组织与管理贯穿于工程项目施工准备与实施全过程，决定着项目建设最终结果能否达到项目决策预期目标。在工程项目实施的不同阶段，施工组织与管理工作的任务有所不同，简述如下。

在工程项目施工投标阶段，参与竞标的承建商，必须根据业主的招标文件要求和所掌握的工程资料与施工条件，结合本企业的施工技术和管理特点，编制施工组织设计文件或施工组织规划大纲，构成施工投标方技术标书的主要部分之一。

一旦中标获得承包权，在签订工程施工合同之后，必须根据合同条件规定的开工时间，及时进行开工前的各项施工准备工作。内业准备包括：选派施工项目经理，组建项目经理部；明确施工项目管理的指导方针和包括工程质量、施工成本、施工工期和施工安全的责任目标；组织设计交底和图纸会审；编制施工组织设计；编制施工预算；进行施工总分包及技术咨询服务等施工所必需的各类合同结构、合同管理及风险控制的策划。外业准备包括：完成工程定位和

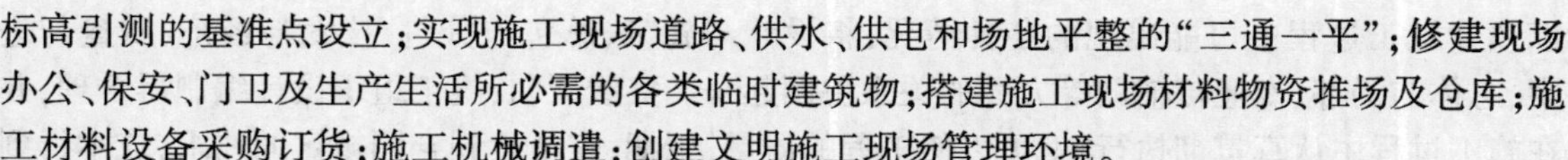

标高引测的基准点设立；实现施工现场道路、供水、供电和场地平整的“三通一平”；修建现场办公、保安、门卫及生产生活所必需的各类临时建筑物；搭建施工现场材料物资堆场及仓库；施工材料设备采购订货；施工机械调遣；创建文明施工现场管理环境。

从项目开工到工程完建、竣工验收的过程中，施工组织与管理要以施工组织设计为指导文件，通过进度管理、技术管理、安全和质量管理、成本管理来全面、全过程保证工程施工顺利进行，以达到预期管理目标。

施工进度管理是一个动态的循环过程。要明确施工项目的进度目标，并进行适当的分解，合理编制施工进度计划。在施工进度计划实施过程中，定期检查实际进度，与计划进行比较，一旦发现进度偏差，应及时分析产生原因，采取必要措施或调整原进度计划。

施工技术管理是对工程各项技术活动、构成施工技术的各种生产要素进行计划、组织、实施、指挥和协调的系统管理活动，包括工程项目和施工技术交底及图纸会审、编制施工组织设计、施工技术措施制定和贯彻实施、新技术新工艺的引进开发和研究、预制件和工程检验检测、竣工资料准备等。工程项目的施工技术管理，是施工企业技术管理活动在现场的延伸和具体化，它对建立正常的技术工作秩序，严格技术工作程序和责任制，保证施工质量和安全，提高施工效率，降低工程成本、增加经济效益都具有举足轻重的作用。

施工单位对本单位施工工程的质量终身负责。工程施工质量管理的中心任务是通过健全有效的质量监督工作体系来确保工程质量达到合同规定的标准和等级要求。根据工程质量形成的时间阶段，施工质量管理可分为事前管理、事中管理和事后管理。其中，工作的重点应是质量的事前管理。工程项目的施工过程受当地工程质量监督站和监理工程师的监督检查。

管理不善是造成施工安全事故的主要原因。事故分析表明，大部分事故都是由于没有安全技术措施、缺乏安全技术知识、不做安全技术交底、安全生产责任制不落实、违章指挥、违章作业造成的。建立施工现场安全生产保证体系，实行目标管理，制定总的安全目标，目标分解到人，责任落实、考核到人是预防事故、保证安全施工的重要措施。港口工程包含大量的水上施工作业，应该严格遵守水上施工安全作业、船舶拖航和调遣、防风防台、施工水域使用和航行通告管理的各种规定。

施工成本管理是通过控制手段，在达到建筑物预定功能和工期要求的前提下优化成本开支，将施工总成本控制在施工合同或设计规定的预算范围内。成本控制通过成本计划、成本监督、成本跟踪、成本诊断等措施来实现。成本计划将预算总成本分解到各个分项分部工程甚至工序，明确工程各组成部分的费用限额，作为成本审核监督的依据。成本跟踪掌握不同施工阶段工程各组成部分的费用动态。成本诊断对各阶段工程超支结余作定量及原因分析，预测工程成本趋势，提出降低成本的措施。施工原材料、劳动力、船机设备的资源投入是工程成本的主要构成，加强施工资源管理，优化施工资源配置，实行动态管理，对于保证正常施工生产，降低工程成本，增强项目竞争力，具有重要作用。

三、港口工程施工组织设计

施工组织设计是指导施工全过程的技术经济文件，是对施工全过程实行科学管理的重要手段。通过施工组织设计的编制，可以全面分析项目的施工条件，拟定合理的施工方案，确定施工顺序、施工方法、劳动力组织，制定技术组织措施，统筹合理地安排工程进度计划。并且可以预计施工过程中可能出现的各种情况，将设计与施工、总包与分包、技术与经济、质量与进度、总体与局部、专业与辅助等方面的关系协调起来。实践证明，施工组织设计编制得合理，并在施工过程中认真贯彻执行，就可以使工程的质量、工期、安全达到合同规定的要求，成本得到有效控制。

港口与航道工程施工组织设计主要内容包括11部分：编制依据，工程概况，施工组织的管理机构，施工的总体部署和主要施工方案，施工进度计划，各项资源的需求、供应计划，施工总平面布置，技术、质量、安全管理和保证措施，文明施工与环境保护，主要技术经济指标，附图等。

施工组织设计的编制应贯彻统筹规划的原则，充分体现施工合同的总体要求，力求达到技术先进、措施可靠、组织严密、关系协调、经济合理。施工组织设计应在全面、深入研究合同条件、设计文件内容，调查和分析现场施工条件的基础上，从拟建工程施工全过程的人力、物力、时间、空间、技术组织等五个要素着手进行编制。施工组织设计的编制，应针对工程特点、技术关键和施工难点采取有针对性的技术、经济措施，施工方案力求技术先进、科学合理、安全可靠、经济合理。施工组织设计应在宣布中标之后，在项目经理的领导下，由项目总工程师组织经理部的人员分工协作进行编写，由项目总工程师统一汇总、协调，以保证各项内容的正确性及其相互关系的协调性。施工组织设计经项目经理审查后，应报企业审定，在工程开工之前，将经企业法人代表签发批准的施工组织设计报送业主和工程监理单位。所报送的施工组织设计，经监理工程师审核确认后才能正式批准开工。项目经理应组织项目部有关人员认真学习、贯彻落实施工组织设计文件。

第四节　港口工程科研

港工科研属于应用基础研究范畴。港口工程的各个分支学科虽各有侧重，并以不同的方式反映各自的研究特点，但基本思路是类似的，即依据大量工程实践经验，运用基础学科中已知的力学或物理学的规律以及数学工具进行理论分析，并与现场观测或工程实践进行比较验证。例如，海浪、河口海岸演变和泥沙问题的研究，只有依靠大量的现场观测资料，才能揭示其客观规律。由于港工的科研课题主要来自于工程实践，因此研究始终遵循实践—认识—再实践的基本法则，常见的基本研究手段包括原型观测实验、室内模型实验和数值模拟分析。原型观测实验是获得直接经验和第一手资料不可缺少的途径和有效方法，为后两种方法提供课题任务和研究条件，并可作为验证后两种方法成果正确与否的实际依据。室内模型实验和数值模拟分析是深入研究工程问题内在规律的有效手段。

一、原型观测实验

港口工程原型观测实验主要在两个区域进行，一是海岸及近海，二是海上。海岸及近海原型测验分析包括三个方面的内容：①近海环境特征与演变。主要任务是对浅海动力因素特征、岸滩与地层的冲淤演变进行观测研究，包括测定海域的风况、波高、波周期、潮位、流速、含沙量、温度、含盐度、冰情等，以及探测岸段与陆架的微地貌、潮滩、生物种属、底质、沉积物、浅地层结构等；②环境与工程相互作用观测。在浅海海域，建成海岸或近海工程以后，常需对其生

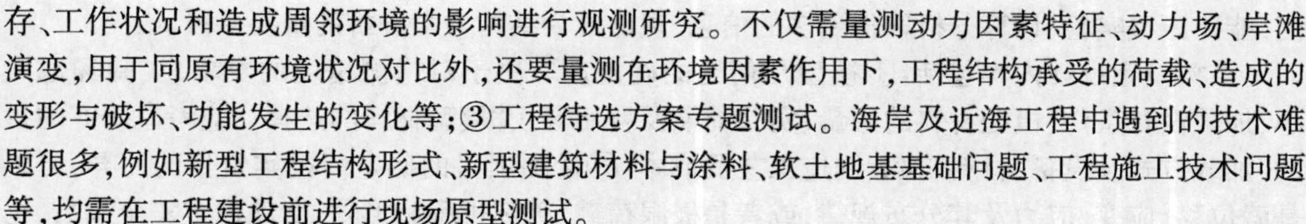

存、工作状况和造成周邻环境的影响进行观测研究。不仅需量测动力因素特征、动力场、岸滩演变，用于同原有环境状况对比外，还要量测在环境因素作用下，工程结构承受的荷载、造成的变形与破坏、功能发生的变化等；③工程待选方案专题测试。海岸及近海工程中遇到的技术难题很多，例如新型工程结构形式、新型建筑材料与涂料、软土地基基础问题、工程施工技术问题等，均需在工程建设前进行现场原型测试。

为了满足浅海环境条件和海岸及近海工程的需要，海上原型观测实验站网布设的海域相当宽阔，范围可达数百平方公里，通常需量测四维动力场（包括三维空间分布和时间变化），测验内容多样，涉及大气、水体、地层、生物和工程本身等多方面的因素，常用的技术手段包括海上站网定位技术、水下地形量测技术、海洋水文测验技术、海洋遥感遥测技术、地层同位素测定技术等。

二、室内模型实验

港工的室内模型实验可分为水力模型实验与结构模型实验两大类。

1. 水力模型实验

是指根据水动力、泥沙运动相似原理，建立比尺模型，研究港口工程建设中潮流、波浪、泥沙及工程布置问题。

根据研究任务不同，水力模型可分为整体模型、断面及构件模型两大类。前者侧重于研究港口水域规划布置及其防浪、防淤和减淤措施。后者主要用于港口水工建筑物（如防波堤）的研究，仅需截取建筑物的某个断面或者采用某一组独立构件单元进行模型实验，侧重研究建筑物的消浪性能、整体及单元构件受力状况、建筑物的合理断面形式，实验一般在具有波浪发生装置（规则波和不规则波）和水流系统的二元水槽（池）中进行。

按模拟对象所处的地理位置的不同，水力模型又可分为海港、河口港及河港模型。海港整体模型实验的主要动力是波浪和潮流，属非恒定流。模型除陆岸为自然边界外，另三面设置模拟原型波浪（潮汐）运动的波浪（潮汐）发生装置。研究防浪掩护或者潮汐水流变化规律时，通常采用定床波浪模型或定床潮汐模型。研究港口、航道泥沙问题时，按其动力因素主次，一般采用波浪泥沙模型（亦称动床模型）或潮流泥沙模型。当动力因素难以区分主次时，则采用波浪和潮流综合作用的泥沙模型。河口港整体模型实验的主要动力是潮流和径流，属非恒定流。模型两侧均为陆岸自然边界，上游为吸收潮能的扭曲水道，下游临海侧设置潮汐控制系统，产生河口潮汐运动。河口港定床模型侧重研究建港前后水流变化规律及船舶进出和靠离港口码头的条件。河口港泥沙模型主要研究河口泥沙运动对港口、航道淤积的影响及防淤、减淤措施。此外，河口盐水模型可以研究河口盐淡水异重流对港口、航道淤积的影响。河港整体模型实验的主要动力是河水径流，属单向恒定流，分定床模型和泥沙模型两种。模型河段的上下游边界按水位、流量关系控制。当研究目的是解决港池、航道的淤积问题时，多用泥沙模型。

2. 结构模型实验

是实验固体力学的重要组成部分。结构模型实验按研究目的可分为非破坏模型实验和破坏模型实验。按荷载作用性质可分为静态实验与动态实验。按几何形态可分为平面模型实验、半整体模型实验和整体模型实验。

模型实验要能反映原型的实际工作状态，必须在结构实验相似理论指导下进行模型设计，控制实验过程，并将模型实验结果根据相似关系换算回原型。模型实验所研究的问题比较广泛,能比原型实验、计算分析取得更多的信息,现已成为结构力学分析的重要手段。

结构模型设计内容包括:①模型几何比的确定。取决于对量测精度的要求、实验场地大小、加载设备条件、模型材料的用量、实验周期及费用等;②模型材料的选择。应考虑研究的目的、加载方式及设备、材料来源、制造工艺及成本;③量测项目的确定。视实验目的而异,可以是静位移、应变、应力及其分布规律,或者是极限荷载、破坏过程和形式、滑动稳定安全系数,也可以是动力特性及响应(频率、阻尼比、振型、临界转速、动应力、地震响应等);④加载设备的选择。静荷载可用体力、挂重、杠杆、拉压力荷载传感器、油压千斤顶、离心实验机等,动荷载可用敲振锤、激振器、振动台等;⑤量测方法的选择。有机测法、电测法、光测法、声测站和脆性涂层等方法,需根据量测项目、对实验精度的要求、模型尺寸、材料性能、工作环境、使用技术水平等来选择;⑥数据处理与分析。包括数据的取舍、误差分析、力学特征参量的计算、模型向原型的转换、实验成果的表达与分析;⑦实验进度计划的制定。包括实验进度、投资费用分配、准备工作内容、组织分工、模型制造与安装、测点布置、加载和量测设备的准备、性能检验、安装及调试、预载实验、正规实验、拟定实验报告编写大纲等。

室内模型实验并非盲目模仿原型,而是抓住主要物理现象和主要影响因素,并适当概化与处理好边界条件来模拟原型的。与原型测验方法相比,室内模型实验方法有三个重要优势:①单因素影响分析。在室内实验中可以单独地改变某一个物理量的数值,而保持其他物理量数值不变,从而探讨此一物理量或因素对物理现象的影响和变化规律;②工程方案成效评价。为选择和确定工程方案提供必要的科学依据;③环境后果和工程寿命的预报。一是测定一年或多年环境演变和工程及其结构的变化,包括工程运行与功能状况。二是测定环境与工程相互作用与影响的全过程,直至环境出现突变和工程发生破坏为止,从而预报环境后果和工程寿命,为宏观决策提供科学依据。

三、数值模拟分析

数值模拟分析近年来在港工科研中得到普遍应用。它是以电子计算机为工具,结合数值计算和图像显示的方法研究自然界和工程的各类问题。例如港口防波堤平面布置的数值模拟,通过计算波浪传播效应,并将结果显示在屏幕上,可以清晰、形象地看到波浪折射、绕射等传播变形的细节。另外还可模拟航道和港池对港内波高分布的影响、潮流的环流位置、泥沙冲淤在建筑物周围引起的海床变形的详细情况等。有了这些模拟结果,便可以修改设计,得出最佳的平面布置方案。

利用数值模拟手段研究浅海动力场和海岸及近海工程问题时,具有不受海域范围限制、可考虑多种多样动力与环境因素作用(如物理模型中难于模拟的地转影响、失重、高温、高压等条件)、没有模型相似与比尺效应问题等显著特点,并有适用性强、方案易修改、计算速度快等优势。

数值模拟包括三个主要组成部分。第一是数学模型,即描述一个物理现象的控制方程及其初始条件、边值条件,港工的数学模型一般为微分方程。数学模型的建立不但要能够正确地反映物理问题本质,而且还要求在数学上是适定的,即解的存在性和唯一性。第二是数值方法,有了数学模型还要寻求有效的、高精度的计算方法,使数值模拟的结果准确,并节省计算时间。第三是计算结果处理和图形显示,大量的数据只有通过适当的处理和图形显示,才能更直

观地将结果表现出来。随着数学模型理论、计算方法和计算机图形软件的发展,数值模拟可以愈来愈逼真地显示和预报海岸工程建设中的各种物理现象。

常用的数值方法主要有有限差分法、有限元法和边界元法。

有限差分法的原理最简单、最直观,它是将计算域离散后,在原来的微分方程中用差分代替微分,构成差分方程。有限差分法的理论严密,要求差分方程及其解必须收敛于微分方程及其解,对于时变过程的模拟还要求满足稳定性条件。除此之外还要限制由于数值计算误差引起的伪物理效应。早期有限差分网格都是矩形的,因而限制了这一方法在复杂边界条件下的使用。近年来发展起来的网格生成技术可以生成贴体坐标,可以在需要的地方进行网格加密,或采用自适应网格,在计算过程中变量梯度较大时自动将网格加密。尤其是最近发展起来的非结构网格,更贴近实际计算域的形状,使有限差分法有了较大的优势。

有限元法是把物体或结构整体所具有的域划分为有限多个子域(称为单元),以求得近似解的一种数值计算方法。离散后的物体或结构中相邻单元之间,通常只在若干点上相互连接,这些点称为节点。相邻单元在图形上相吻合的边不相接触,而只通过接触边上的节点传力。有限元法首先通过单元分析建立单个单元内应力和节点力与单元节点位移的关系,进而利用这种关系进行总体合成,并处理边界条件,通过求解线性代数方程组把基本未知量,即各节点的位移求出,就可分别算出各单元内的应变、位移和应力。有限单元法最大的优点是单元大小、形状可根据计算的需要确定。在所求变量梯度较大处单元小一些,密一些,梯度小的地方单元可大一些,疏一些。还有一个优点是最后形成的线性代数方程组的系数矩阵为稀疏矩阵,经过一定处理后可节约计算时间。

边界元法是通过将微分方程的基本解作为加权余量式中的权函数而得到边界积分方程。边界元法最大的优点是“降维”,即二维问题只需要在边界曲线上积分成为一维问题,三维问题只需要在边界曲面上积分成为二维问题。由于只在边界上积分,计算量可以大幅减少。尤其当以格林函数代替基本解时,其本身可满足某些边界条件,边界积分的范围将大大减小。由于边界单元法能够“降维”,尽管它所形成的线性代数方程的系数矩阵是满矩阵而不是稀疏矩阵,求解工作量仍可极大减少。

在海岸工程的数值模拟中,有限差分法的使用较为广泛,如潮流方程、浅水波方程、泥沙平衡和岸滩演变方程等。迦辽金有限元法亦可用于上述方程的模型中,但一般都用于复杂边界,可以根据需要划分网格大小。用椭圆型缓坡方程模型模拟水波折射绕射时,可用有限元和边界元结合的杂交元方法。对于海岸工程中的波浪问题,当不考虑粘性时,可采用势流理论求解。如单纯的波浪绕射问题,需求解 Laplace 方程(三维)或 Helmohalz 方程(二维),采用间接边界元方法(格林函数法)较为简便。而对于海岸工程建筑上的非线性波浪力等,可采用直接边界元法计算。

近年来数值模拟分析已广泛应用于港口航道工程设计和科研,开发了一大批专门用于水动力特性和结构分析的专门软件和商业软件,其分析成果已普遍为工程界和科技界所接受。

现代科学技术的发展以学科交叉和研究内容的不断深化为特征,许多高新技术成果和方法也被迅速应用于港工科研工作中。卫星遥感(RS)在港口航道工程中的应用即其中的典型实例。遥感技术是在普通航空摄影的基础上逐步发展起来的一门独立的边缘学科。卫星遥感技术与全球定位系统(GPS)和地理信息系统(GIS)相互融合、渗透和统一,称为3S 技术,不但为地学研究、资源调查、环境监测、生物和天文学等领域以及军事、管理等的应用提供了新的科学方法和手段,而且也是数字地球、数字海洋等信息系统的技术支撑。河口海岸区域地形复杂、岸线曲折、水下浅滩与深槽交错,河口水流由潮流、径流、沿岸流以及波浪流等流动合成,变化多端。受此影响,泥沙在河口区处于悬浮、搬运、沉降与再悬浮的永恒运动之中,因此河口海岸地形也处于永恒的变化之中。传统的监测方法是采用大规模水文同步调查和地形测量来获取基本的水文、泥沙和地形资料。这种做法费时费力,而且需要较多的资金支持,且获得的资料也是离散数据,无法得到整个区域同步观测的资料,对特别海况、风况条件下的资料根本无法测量,对缺损的历史资料也无法弥补。卫星遥感技术正好弥补了这一缺陷,它使人们能够从宇宙空间的高度,大范围、快速、同步、周期性地获取河口区水体动态变化资料。20 世纪 80 年代以来,卫星遥感逐渐成为港口、航道工程监测和分析的一种重要的新手段,得到了广泛应用:卫星遥感技术利用水色进行水体悬沙遥感,可确定河口海岸地区水体含沙量分布和泥沙输移规律;利用可见光遥感测深原理,既可获得工程水域全景式的水下地形,也可通过历史的遥感图片获取缺失的过往水下地形,研究河口海岸演变趋势。各种新技术在港口工程科研工作中的应用,将显著提高预测海洋工程环境因素影响和河口海岸演变趋势,实现港口海岸工程与环境协调发展的能力。

第五节　港口航道工程项目管理与港务设施维护

建设工程项目管理是以建设项目为对象,以实现项目目标为目的,对工程项目进行有效的计划、组织、协调和控制的管理过程。其目标就是要在限定的时间和资源消耗范围内高效率地实现业主规定的项目总目标,即费用、时间和质量最优的实现程度。根据工程项目管理主体的不同,大体上可分为业主方、设计方、施工方三种类型的工程项目管理。本书主要从建设单位(业主)的角度进行讨论,其目标主要是控制工程投资、项目总进度和各阶段进度,控制项目形成全过程(设计、招标、施工、试运行、缺陷责任期)的质量。建设工程项目管理是一项复杂的系统工程,这就要求项目的组织者和管理者必须从保证项目总体效益和总体目标的最佳实现的目标出发,做好管理系统的组织协调,使整个系统达到整体最优的运作。

建设单位(业主)在项目建设过程的管理在第四章从建设程序、项目管理制度、规范标准和相关法律法规作了讨论,不再重复。本节重点讲述港口工程项目建设完成、交付使用后,其运行过程中的维护管理。

港口港务设施是港口进行装卸作业、集疏运作业、货物存储和各种辅助生产的基础设施。要为港口生产的发展和各种经营性活动提供安全的设施保障,港务设施必须具备四项基本功能:①能安全承受在使用期和施工期可能出现的各种作用;②在正常使用和维护下具有合适的工作性能;③在正常使用和维护下具有足够的耐久性;④在发生偶然事件情况下,结构仍能保持必需的整体稳定性。港务设施管理是港口企业管理的重要组成部分,要求管理者通过实施管理活动,保证港务设施在设计使用期或更长一段期限内始终保持良好的技术状态,具有或基本具有上述四项功能。

港务设施管理是一项繁杂而专业性要求很强的工作。这不仅因为港务设施繁多,包括范围广,更主要是管理工作要贯穿新建设施的立项、验收和接收,现有设施的维护、管理和更新改造,直至老设施的鉴定和报废的整个过程。在整个设施管理过程中不仅要涉及管理方法、管理程序、工作流程、管理规章制度,而且要涉及一系列的专业知识和技术。因此,设施管理者不仅要精通专业知识和技术,而且要懂得管理,这样才能适应港务设施管理工作的需要。

港务设施管理包含两个层面的含义,即管理层面和技术层面。管理层面是指管理思想、管理机构、管理方法和措施、管理决策与控制、管理规章和制度等;技术层面是指如何应用专业知识和技术对设施进行科学防范、治理和维护,如何采用先进的科技成果对设施进行更新改造和功能提升。这两个层面是互为依托、相辅相成的关系。

港务设施管理包括管、用、养、修四项具体工作,分别要求对港务设施进行科学管理、合理使用、定期养护和计划修理。其中,科学管理是工作核心,它贯穿于用、养、修的各项工作中。

多年来,我国根据自身特点和设施状况,在港务设施管理工作中,贯彻执行了以预防为主、修理和更新改造相结合的设施管理方针,通过多年实践,在设施管理中积累了经验,制定了一套切实可行的管理方法和措施,建立和完善了管理规章制度。

港务设施管理主要包括以下内容:

(1)根据国家和交通部有关方针、政策、法令、法规和规范,制定港务设施管理制度、规章、方法和实施细则等,以保证港务设施依法管理,管理工作有章可循;

(2)参加港口港务设施新建工程的预可行性研究、可行性研究、初步设计、施工图设计等技术文件的审查,以及新建工程的竣工验收和固定资产的接收;

(3)负责港口港务设施技术等级的评定和鉴定,临时事故的调查和分析,突发事故的紧急处理和上报以及港务设施违章事件的处理;

(4)对港口港务设施进行经常性巡查和定期检查。对主要的设施要进行沉降、位移、倾斜等变形的长期定点观测,以掌握其动态的技术状况。对港务设施要进行每年一次的秋检,并填写秋检台账。每年的汛期、雨季和洪水、台风季节前后,应组织对重点设施进行认真检查,确保设施安全可靠;

(5)根据对港务设施的定期检查、秋检和观测情况,编制年度维修、大修和更新改造计划,并组织实施;

(6)对维修、大修和更新改造工程项目,负责立项、审批、技术文件的审查以及工程的竣工验收,负责工程施工质量管理和评定,处理工程设计、施工、验收中的技术纠纷,以及勘察设计费标定和工程定额的管理;

(7)负责港务设施现有资料和历史资料的收集管理,港务设施固定资产、技术台账及其他技术资料的整理和归档。负责对港务设施管理的新材料、新技术、新结构和新工艺的研究、引进、应用推广及适用性的反馈工作;

(8)根据港口远景规划和设施功能调整的中、远期目标,预测和筹划港务设施未来的管理任务和需解决的技术问题。

第六节 港口航道工程实务岗位执业资格制度

执业资格是政府对某些责任较大,社会通用性强,关系公共利益的专业技术工作实行的准入控制,是专业技术人员依法独立开业或独立从事某种专业技术工作学识、技术和能力的必备标准。1995 年,人事部颁布《执业资格证书制度暂行办法》,正式开始在我国建立各行业执业资格制度体系。到目前为止,建设行业已经建立了注册建筑师、勘察设计注册工程师、房地产估价师、房地产经纪人、造价工程师、注册城市规划师、监理工程师、建造师等 8 类执业资格制度,其中准入设计执业的"勘察设计注册工程师"包含土木、结构、公用设备、电气、机械、化工、电子工程、航天航空、农业、冶金、矿业/矿物、核工业、石油/天然气、造船、军工、海洋、环保等 17 个专业方向。准入施工执业的"一级建造师"包含建筑工程、公路工程、铁路工程、民航机场工程、港口与航道工程、水利水电工程、市政公用工程、通信与广电工程、矿业工程、机电工程 10 个专业方向。

参照国际上的成熟做法,我国建设行业执业资格制度主要由考试制度、注册制度、继续教育制度、教育评估制度、社会信用制度等五项基本制度组成。首先,执业资格主要通过考试的方式获得,满足一定学历和实践要求的人员可参加全国统一组织的执业资格考试,合格者取得执业资格证书。在各执业资格考试实施初期,一般会通过特许和考核认定的办法使少数具有一定资历和较高技术水平的专业技术人员取得执业资格。其次,已经取得执业资格的人员,必须向注册管理机构申请注册,经批准注册的人员获颁注册证书之后方能以相应的名义执业,注册有效期一般为 2 ~ 3 年,届满需要继续注册的,应当在期满前办理再次注册手续。第三,继续教育制度是执业资格制度的重要组成部分,执业人员接受继续教育的情况是其能否继续注册执业的重要依据,这对于不断提高执业人员的专业技术水平具有重要意义。第四,建设行业执业资格制度实施教育评估制度,将有效地促进高等学校土建类本科专业教学质量的提高,较好地实现了高校人才培养和社会人才使用之间的相互衔接和相互促进。最后,自 2002 年起,建设行业注册管理机构均逐步建立起了注册执业人员的信用档案,实施了执业资格社会信用制度,完善了建设行业执业资格的制度体系。

2003 年,人事部、建设部、交通部联合发布《注册土木工程师(港口与航道工程)执业资格制度暂行规定》、《注册土木工程师(港口与航道工程)执业资格考试实施办法》和《注册土木工程师(港口与航道工程)执业资格考核认定办法》,标志着水运工程领域执业资格制度的建立正式启动。结合已经建立的建造师和监理工程师执业资格制度,三者完整地构成了贯穿水运工程建设过程中的设计、施工和监理执业资格体系。

注册土木工程师(港口与航道工程)执业资格考试,讲求科学合理,注重考察从业人员解决实际问题的能力。考试分为基础考试和专业考试两个阶段。基础考试的内容包括高等数学、普通物理、普通化学、理论力学、材料力学、流体力学、计算机应用基础、电工电子技术、工程经济学、建筑材料、结构力学、工程流体力学、土力学与地基基础、工程测量与地质、工程水文学、混凝土结构与钢结构、港口与航道工程建筑物概论、港口与航道工程模型实验、港口与航道工程施工和项目管理、职业法规共 20 个部分。专业考试分为《专业知识考试》和《专业案例考试》两部分,内容涵盖海港总平面设计、河港总平面设计、渠化工程枢纽总体布置设计、航道设计、防护建筑物设计、码头建筑物设计、修造船建筑物设计、通航建筑物设计、装卸工艺、配套工程、工程概算与技术经济分析以及勘察设计职工职业道德准则。

一级建造师执业资格考试,基于建造师是以专业技术为依托,以工程项目管理为主的懂管理、懂技术、懂经济、懂法规,综合素质较高的专业人才的原则,分为综合知识与能力和专业知识与能力两个部分。综合知识与能力考试包括《建设工程经济》、《建设工程法规及相关知识》

和《建设工程项目管理》3 个科目。专业知识与能力部分的考试，设《建设工程专业管理与实务》科目。《建设工程专业管理与实务》（港口与航道工程专业）的内容涵盖工程水文、工程测量、地质地基、建筑材料等专业基础知识；重力、高桩、板桩码头施工，斜坡堤施工，疏浚整治，港口航道工程技术与装备发展等专业技术；招投标、合同管理，技术、进度、质量、安全、成本等施工管理；港口法、船舶防污染海域管理条例涉及港口航道施工条款，水运工程建设标准强制性条文等法律法规及相关知识。

第七节　我国主要港口航道工程设计施工科研机构

新中国成立 60 年来，随着水运工程事业的蓬勃发展，港口航道工程设计施工科研力量不断发展壮大，相关设计、施工、科研单位总人数已逾 10 万人。主要设计施工企业包括中国交通建设集团下属的中交水运规划设计院、第一、二、三、四航务工程勘察设计院有限公司，中交中港第一、二、三、四航务工程局有限公司（主营业务港口建设），天津、上海、广州航道局有限公司（主营业务疏浚吹填工程）；交通运输部长江航道局下属重庆、武汉、南京航道工程局。我国沿海及长江沿线绝大多数大中型港口基本上由上述单位设计和建设，航道的开挖、维护和吹填造地等工程也几乎全部由航道局承担。

此外，国内其他一些大公司或集团也拥有较强的水运工程建设力量和装备，如海军系统、水产渔业系统。沿江沿海各省市均拥有一批筑港、疏浚的设计施工力量和装备，都是我国水运工程建设重要力量。

港工科研机构包括国家级的重点实验研究机构（如大连理工大学的海岸和近海工程国家重点实验室、华东师范大学的河口海岸动力沉积和动力地貌综合国家重点实验室、河海大学的水文水资源与水利工程科学国家重点实验室等）、交通运输部直属的科研院所、各航务工程局所属的科研院所以及拥有港口航道与海岸工程专业的大专院校等。

据中国水运建设行业协会会员单位名单等资料不完全统计，全国港口航道工程设计、施工、科研、咨询单位在 200 家以上，本节选介其中部分单位，受到收集资料的限制，难免有所遗漏。

一、设计单位

交通运输部规划研究院院址北京，组建于 1998 年 3 月 4 日，由原交通部水运规划设计院和公路规划设计院中从事规划工作的部门成建制合并组成。主要承担公路和水运交通的发展战略研究、规划研究、政策与法规研究，受交通运输部委托代审公路和水运重大建设项目可行性研究，负责全国港口普查，承担国内外与公路和水运发展有关的咨询业务等。

中交水运规划设计院有限公司（院址北京），**中交第一航务工程勘察设计院有限公司**（院址天津），**中交第二航务工程勘察设计院有限公司**（院址武汉），**中交第三航务工程勘察设计院有限公司**（院址上海），**中交第四航务工程勘察设计院有限公司**（院址广州），这五大设计院主要承担国内外大型港口、航道、锚地、海上灯塔、人工岛、通航建筑物、口岸设施、修造船厂、水上交通管制设施、海岸景观、河道整治工程、工业与民用建筑、铁路、公路、桥梁、仓储、污水处理设施、油气化工项目、核电站、电厂等工程及配套设施的勘察、规划、咨询、预可行性研究、工程可

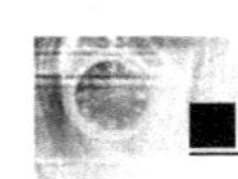

行性研究、初步设计、施工图设计、勘察监理、设计监理、施工监理、施工图审查、桩基检测、软基处理与监测、基础工程、码头施工、施工及设备采购招标技术规格书编制、计算机网络系统集成、建筑智能化设计、设备采购安装调试和工程项目总承包等项业务。

中国交通建设集团所属**中交上海航道勘察设计研究院有限公司**,**中交天津港航勘察设计研究院有限公司**,**中交广州水运工程设计研究院有限公司**,长江航道局所属**长江航道规划设计研究院**(院址武汉),长江航运(集团)总公司所属**长江航运规划设计院**主要承担航道工程、港口工程、通航建筑物工程、水上交通管制工程设计。根据其归属航道工程和航运企业需要,这些单位的业务还不同程度涉及港口、航道回淤观测研究,海洋勘察、工程测量、钻探、物探、浮泥测试及水文测验,疏浚船舶专用设备、导航设备、勘测仪器设备研制,电算、遥测遥报技术应用等。

中交天津港湾工程设计院有限公司、**中交武汉港湾设计研究院有限公司**,**中交上海港湾工程设计研究院有限公司**、**中交广州港湾设计院有限公司**是分别隶属于中交一、二、三、四航务工程局有限公司的设计或设计科研机构。其设计咨询业务范围包括港口航道工程、修造船水工建筑物、水利及防洪堤工程、市政工程、道路及桥隧工程等。

水运事业发达的河北、山东、江苏、浙江、福建、安徽、江西、湖北、湖南、四川、广东、广西等省或自治区都有交通或航运规划设计研究院。沿海省份以海港设计开发为主业,内河省份则以通航水利枢纽、河港、内河航道整治工程设计为重点。

此外,水利电力系统所属的长江水利委员会长江勘测规划设计研究院(简称长江设计院)、国家电力公司成都勘测设计研究院、中国水电工程顾问集团公司华东勘测设计研究院(简称华东院)、中南勘测设计研究院(简称中南院)是通航水利枢纽的重要设计单位。

二、施工单位

中交第一航务工程局有限公司创建于 1945 年,隶属于中国交通建设集团有限公司。下设六个具有综合施工能力的工程公司以及港湾工程科研、设计院,分别驻在天津、青岛、大连、秦皇岛等地。先后承建国内外港口、船厂、通航建筑物等水工工程和高速公路、大型桥梁、机场、大型成套设备安装、工业民用建筑等诸多大中型工程,如马耳他船厂、毛里塔尼亚友谊港、澳门国际机场、巴基斯坦卡拉奇港、毛里塔尼亚阿克儒特—阿塔尔 123 公里国道等境外大型工程,以及天津港、大连港、营口港、秦皇岛港、烟台港、日照港、黄骅港、珠海高栏港、广州港、盐田港、大连造船新厂、大连益远船坞基地、上海浦东国际机场、天津滨海国际机场、航天部西安闫良试飞中心、青岛颐中国际大酒店、长江口深水航道整治、东海大桥、杭州湾大桥以及数百公里国家"五纵七横"高速公路建设等境内大型工程,近年来承接了京沪、京哈高速铁路建设项目。

中交第二航务工程局有限公司创建于 1950 年,隶属于中国交通建设集团有限公司。下设 8 家子公司、6 家分公司,是一家融设计、施工、科研、资本运作于一体,以路桥、港航、铁路、市政工程施工为主业,"大土木"、多元化经营的大型工程建设企业。作为中国港口工程骨干施工企业,二航局修建各类码头 200 多座。近几年来,先后参与了黄骅港北防波堤、长江口深水航道整治二期等国家重点工程的建设。20 世纪 90 年代,进军路桥市场,建造和参与建设了百余座跨江河、跨海湾大桥,以及沪宁高速公路、京珠高速公路、同三高速公路等国道主干线。其中包括世界上最大跨径斜拉桥苏通长江大桥、世界上最长的跨海大桥杭州湾大桥、世界上最大跨径钢桁架拱桥重庆朝天门长江大桥、世界上最大跨径单跨双铰钢桁加劲梁悬索桥贵州坝陵河大桥等具有世界影响的工程。2005年，二航局挺进铁路建设市场，已承建合武铁路客运专线湖北段、洛湛铁路岑茂段、太中银铁路等项目。2007年，中标承建广州市轨道交通6号线，正式进入了地铁施工领域。在市政、水利、环保工程领域，也取得了十分突出的业绩。

中交第三航务工程局有限公司创建于1954年，隶属于中国交通建设集团有限公司，下设7个工程公司、2个专业公司、1所设计研究院、1所培训中心，分布在上海、南京、连云港、宁波、厦门。主要承担各类港口与航道工程，公路、桥梁、隧道工程，市政工程，地基与基础工程的建设，混凝土预制构件制作等项目，具有工程勘察、设计、施工、科研、教学的综合能力。已在国内外承建了各类码头1000多座，高速公路、桥梁工程近300km，还承建了各类航道、船坞、机场等工程。其中包括上海宝山钢铁厂一期、二期码头，宁波北仑港一期、二期工程、连云港港庙岭工程、深圳盐田港国际集装箱码头、上海浦东大桥、东方明珠电视塔、金茂大厦以及大型船坞、船厂等著名工程。开发了大直径预应力混凝土管桩、超高强预应力混凝土离心管桩、中掘法沉桩、外海软体排铺设工艺及设备、无验潮水下地形测量系统、高强泵送混凝土及搅拌船等工艺和设备。

中交第四航务工程局有限公司创建于1951年，隶属于中国交通建设集团有限公司，下辖一、二、三分公司、福州分公司、工程技术研究院、港湾设计院、工程总承包公司、广州航通船业有限公司和三个BOT项目公司等，是一家集勘察、设计、科研、海内外施工和船舶制造于一体的大型国有建筑施工企业。已在国内外先后承建了90多公里的码头岸线、1000多公里的公路、桥梁和隧道，承接了湘潭四大桥、重庆涪陵李渡长江大桥、广明高速公路等多个BOT项目，并成功进入了铁路工程领域。

中交天津航道局有限公司是由创建于1897年的海河工程局发展而来的，隶属于中国交通建设集团有限公司，主营业务为港口航道疏浚、海上采砂供砂、吹填造陆、航道工程设计、勘察测量等。拥有现代化的挖泥船及其各种辅助船舶120余艘，年疏浚能力达4000万立方米以上，足迹遍布国内沿海港口、内陆江河湖泊以及港澳地区和海外十几个国家，曾在各种复杂海区进行工作，业绩卓著。

中交上海航道局有限公司是由光绪三十一年十二月初一日（公元1905年12月26日）设立的浚浦工程总局发展而来的，隶属于中国交通建设集团有限公司，是一家集港航疏浚、航道整治、填筑以及勘测、设计、工程总承包、船舶修造等业务为一体的全国最大疏浚企业。所施工工程遍及我国东南沿海及中东、东南亚、中、南美洲、非洲等地十数个国家和地区，其中包括长江口深水航道、洋山深水港和曹妃甸起步及关键工程等数十项国家重点建设工程。

中交广州航道局有限公司创建于1973年，是以疏浚为核心主业的国家航道工程大型施工企业。拥有一支门类齐全、船型均衡发展的疏浚船队，包括耙吸、绞吸、斗式等各类大中型挖泥船和辅助工程船舶共80多艘，年疏浚能力已超过1亿立方米。已在国内外先后承建了各类大中型工程100多项，曾优质地完成了澳门国际机场跑道区人工岛填筑工程、珠江口海底输气管线疏浚开沟工程，以及广州港、盐田港、营口港、锦州港等南北各大港口的港池航道扩建、维护施工和软基加固处理工程。

长江重庆航道工程局、长江宜昌航道工程局、长江武汉航道工程局、长江南京航道工程局除承担所负责的长江干线河段航道的疏浚维护外，还承接国内外其他地区港口疏浚、航道整

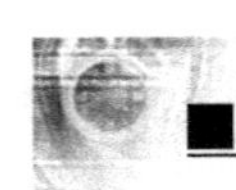

治、河湖治理、河道筑坝、围堰护坡、围海造地、码头建设等工程。拥有自航耙吸式、绞吸式、斗轮式、吸盘式、抓斗式系列挖泥船和铺排船、抛枕船等大型施工船机设备。

三、科研单位

南京水利科学研究院的前身为成立于1935年的中央水工试验所，是我国历史最悠久的水利科研机构，隶属于国家水利部、交通运输部、电力工业部。下设水文水资源、水工水力学、河流海岸、岩土工程、材料结构、大坝安全与管理等6个研究所、勘测设计院。该院承担的港口航道和海岸工程科研项目包括航运枢纽、通航建筑物及渔业工程水力学研究，河流动力学、枢纽泥沙问题研究，河道整治、潮汐河口治理、海岸演变和海港航道冲刷、淤积及其防止措施、防浪掩护与防浪建筑物、深水筑港及近海工程技术研究，土与建筑物相互作用、地基加固及基础工程、土工聚合物在工程中应用的研究，混凝土与钢筋混凝土耐久性以及新材料的开发研究，港工结构物研究，钢结构腐蚀与防护新技术的研究，工程分析与工程管理应用软件开发，施工质量检测技术研究等。

交通运输部天津水运工程科学研究院创建于1974年，是交通运输部直属水运工程科学研究事业单位，主要从事河口、海岸、航道整治、波浪与水工建筑物相互作用、港工结构、通航水力学、海上建筑物等方面的基础理论研究及水运工程建设项目技术咨询、技术服务；港口环境保护与环境影响评价、水运工程环境保护监理、海域使用论证、水运工程检测设备计量检定及试验检测；大地控制、地形等陆地测量及内河、近海水深、水文、波浪等水上测量，海洋管线的铺设及导航定位探测，水运工程建设监理等业务。建有各种大型试验厅10多座，拥有环型水槽、大型方向谱不规则波造波机、模型流速、水位、流向自动采集处理系统、船模测试系统、航道适航水深测试系统等自动化仪器设备，具有自主知识产权的TK-2D和国际先进水平的Mike 21水动力、泥沙运动、河口海岸环境特性模拟的软件系统。研究手段包括原体观测、物理模型、数学模型、卫星遥感、电子遥控自航船模、动态仿真技术等。承担过三峡工程、葛洲坝工程中航道泥沙关键技术的研究，国家“九五”重点攻关项目——深水筑港关键技术研究，在河口海岸演变、淤泥质海岸、粉沙质海岸泥沙运动规律及港口淤积机理与防治、山区河流、平原河流航道整治技术、通航水利枢纽建设关键技术等领域有重要创新。

中交天津港湾工程研究院有限公司、中交武汉港湾工程设计研究院有限公司、中交上海港湾工程设计研究院有限公司、中交四航工程研究院有限公司，是中交一、二、三、四航务工程局有限公司的独立科研机构。**天津港湾工程研究院**以软土地基加固工程、海工特种混凝土、结构混凝土无破损检测、海工钢结构防腐、水工模型试验、水动力数学模型、各类桩基的动静载试验、灌注桩及地下连续墙施工工艺、自动控制等为特色。**武汉港湾工程设计研究院**集工程设计、科研与技术开发、工程质量检测、工程监理于一体，以桥隧技术、混凝土及其他材料、高分子材料、混凝土外加剂、特殊施工工艺、建筑物结构加固、软土地基加固、施工机械的研究开发为特色。**上海港湾工程设计研究院**主要从事港口、航道、土建、公路、桥梁等工程项目的科学研究及综合设计。**四航工程研究院**主要从事新型建筑材料、地基处理、环境岩土工程、大型钢结构及钢筋混凝土结构防腐保护技术的开发、设计和施工，桩基静动载检测、深基坑监测、现场土力观测及结构应力应变检测为代表的工程质量检测，在海工建筑物检测、评估、鉴定、维修改造等方面独具特色。

上海河口海岸科学研究中心成立于1998年,原名交通部长江口深水航道科学试验中心,2000年1月改为现名,是交通运输部设在上海的河口海岸工程研究基地,所属河口实验室1999年被交通部评定为首批部重点实验室。近期首要任务是紧密配合长江口深水航道治理工程和深水港口的工程建设,加大科研力度,实行工程动态跟踪和超前研究,以保障工程实施取得最佳效果,同时为上海国际航运中心的建设、长江及沿海的港航工程建设提供优质的技术服务。其远期目标是建设成为设施一流、与国际接轨、开放型、国家级大型河口海岸工程研究中心。

重庆交通大学西南水运工程科学研究所前身为水利电力部、交通部西南水利水运工程科学研究所,始建于1965年,是西南地区目前规模最大的从事水利水运工程科研的专门机构。主要研究领域包括航道整治与河道综合治理工程研究,水电站枢纽及河流泥沙防治研究,航电枢纽及通航水力学问题研究,小尺度船模及应用技术、枢纽通航条件及水工量测仪器仪表研究,防洪工程研究及防洪影响、水环境影响评价论证及咨询,桥梁、港口、水利枢纽通航条件及通航安全评估,深水基础施工、地基处理、边坡治理工程技术研究及咨询。

交通运输部水运科学研究院创建于1956年,是集科学研究、技术咨询、工程设计、产品开发和专业培训于一体的交通运输部直属研发机构,主要从事水运行业的宏观管理与决策、发展战略与规划、电气与自动化控制、通信与信息化、装卸工艺与装备、环境保护与安全评价等专业领域的研究,以及咨询、开发、设计和工程承包等业务。拥有交通运输部EDI技术服务中心、港口保安研究咨询中心、集装箱运输工程研究中心、港航法律研究中心、交通水运发展研究中心、交通水运安全研究中心、交通水运环境保护研究中心、水运安全评审中心、港口劳动安全卫生工程试验检测中心和港口机械质量检测中心。拥有一座占地15万平方米的大型综合试验场,建有"港口物流装备与控制工程 "等交通运输部重点实验室和科研成果转化基地。

上海船舶运输科学研究所成立于1962年,主要的研究开发领域有:新船型及运输系统、舰船自动化系统、环境工程及环保技术、智能交通系统等;开展新技术、新装备及系统工程的论证、设计、开发、生产、经营,以及环境评价、工程承包、施工监理、技术咨询等业务。是舰船自动化和智能交通系统集成研发制造商和服务商,船舶水动力试验研究基地。

长江科学院始建于1951年,隶属水利部长江水利委员会,是国家水利行业的重点科研单位,以水利水电科学研究为主,为国家水利事业、长江治理开发和水行政管理提供科技支撑,并面向国民经济建设相关行业开展技术服务、科技开发。下设12个专业研究所。主要专业有:防洪减灾、河流泥沙、水资源与生态环境、水土保持、工程安全与病害防治、空间信息技术应用,水力学、土工与渗流、岩石力学、水工结构、基础处理、工程材料、爆破与抗震、机电控制设备、自动化与水工仪器等。自20世纪50年代起,长江科学院先后为长江三峡、南水北调、长江堤防等大中型水利水电工程建设,长江干支流河道治理,水利基础科研项目开展了大量科学试验研究,多数研究项目与港口航道工程密切相关。

第六章　中外港口及港工技术发展

第一节　世界海运与重要港口

一、世界海运发展

海洋运输是国际贸易货物运输的主要方式,尤其是洲际间大宗货物的往来,大部分是通过远洋运输完成的。第二次世界大战后,海运船只日趋大型化,运量大、成本低、投资少,导致运费大幅度下降,加之许多国家实行沿海建厂的布局,使得世界海洋运输迅速发展。海洋运输的结构模式是"港口—航线—港口",即通过国际航线和大洋航线联结世界各地的港口,形成海上运输网络。世界海运对区域经济的国际化和世界范围内的经济联系发挥着极其重要的作用。

世界海运发展呈现如下特点:

1. 世界海运发展迅速

由于海运优越性明显,因此发展十分迅速。随着世界经济的发展,特别是国际间经济联系的扩大,使海运在国际贸易中的地位更加重要。1950 年世界海运量为 5.5 亿吨,1960 年为 10.8 亿吨,1972 年为 27 亿吨,1985 年为 32 亿吨,2001 年为 58.3 亿吨,2006 年增至 74 亿吨。与此相适应的是世界商船队的规模不断扩大,1965 年(300 总吨以上的商船)总吨位为 1.6 亿吨,1975 年为 3.42 亿吨,1985 年为 4.2 亿吨,20 世纪 90 年代中期达 7 亿吨以上,2007 年已增至 10.4 亿吨。尤其值得重视的是,集装箱船的发展速度更快,2007 年总吨位已达 13665 万吨,总载箱量 1300 万 TEU。

2. 船舶大型化、自动化、高速化和专业化

1950 年,世界上最大的油船载重量为 2.5 万吨,1959 年达到了 10 万吨,1966 年超过 20 万吨,1968 年出现了 30 万吨以上的大油船。目前投入使用的最大超级油船已达 60 万吨以上。20 ~ 30万吨的油船已成为石油运输的主力。在商船队中,以油船比重最大,其他如液化天然气船、运煤船、运矿石船和运粮船也都出现了大型化的趋势。为了降低费用,提高运输速度,杂货运输中最先进的运输方式——集装箱运输于 1960 年出现并投入运营,成为国际航运市场的主力,已投入运行的最大集装箱船载箱量达 13798TEU,载重量 13.76 万吨。

3. 海运货物结构以能源矿物和铁矿石为主,集装箱发展迅速

海运货物的构成主要是量大、价廉、笨重和运距大的大宗物资,其中又以能源等矿物资源为主,特别是石油及其制品,其次为铁矿石、煤炭、谷物及其他各类矿产品等。2001 年,国际原油海运量(不含近油和短途海运量)为 15.95 亿吨,占当年海运总量的 27.36%,大宗干散货物

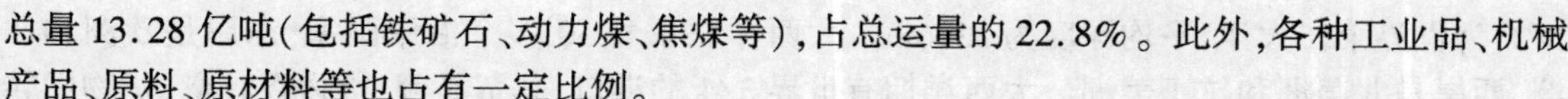

总量13.28亿吨(包括铁矿石、动力煤、焦煤等),占总运量的22.8%。此外,各种工业品、机械产品、原料、原材料等也占有一定比例。

40多年来集装箱运输从小到大、从少数航线起步到形成网络,其中最突出的变化是从分散式经营发展为目前的集约化经营。目前,全球有上百个国家和地区进入集装箱运输网,各主要航线均已实现集装箱化,全球集装箱港口400多个,集装箱码头泊位10000多个。世界港口集装箱总吞吐量在1996~2000年间增长幅度为40%,2000年达到22040万TEU,2010年将上升为4.07~5.25亿TEU。

4.海运货物的数量与构成同经济发展水平密切相关

据统计,经济和贸易发达国家海运量大,约占每年世界海运货物总装卸量的60%,其中装货量不足40%,而卸货量占80%以上。发展中国家则相反,装货量占60%以上,卸货量不足20%,其年总装卸量只占世界海运年总量的40%左右。

5.海运发展不平衡

世界海运的地区发展不平衡,主要表现在:

(1)各大洋的海运发展不平衡。在地球上的四个大洋中,以大西洋航区海运最发达。大西洋两岸是世界主要发达国家集中地区,其海运货物的周转量和吞吐量约占世界海运总量的60%以上。其次为太平洋、印度洋。北冰洋航区因受气候影响和地理位置等原因,目前海运量少。

(2)世界商船队的绝大部分被经济发达国家控制,总吨位占世界70%以上。其中日本、美国及一些具有航海传统的国家,如希腊、挪威等,大多拥有规模庞大的商船队。据统计,希腊商船队的规模达14220万吨,占世界的18.5%,日本达9800万吨,挪威达5740万吨,美国达4160万吨。在发展中国家登记的商船也不少,约占世界商船总吨位的30%,但这些商船绝大部分是属于发达国家的"方便旗船"。

所谓"方便旗船"是指其船舶登记国籍与船舶所属国籍是不同的。许多船东为了逃避本国很高的船舶税和本国较高的船员待遇规定,改向税收和船员待遇较低的国家注册登记,并悬挂该国的国旗,称为方便旗,悬挂方便旗的船舶即方便旗船。

当今世界上主要的"方便旗船"国家有巴拿马、利比里亚、巴哈马、马耳他以及塞浦路斯等。其中,在巴拿马登记的商船数量和总吨位均居世界首位,约占世界总吨位的24%。"方便旗船"的主要主权国有美国、法国、日本等。

(3)国际航运市场的重心正在向亚太地区转移。随着亚太地区经济的迅速发展,目前这里已成为世界经济最具活力的地区,海运量随之大增。据统计,2001年全球海运总量为58.3亿吨,其中亚洲地区占36.8%,居首位。这主要得益于西亚国家的原油出口,以及东亚、东南亚国家的工业品出口和大量工业品的流入。欧洲国家占25.5%,居第二位。美洲国家占20.9%。非洲和大洋洲国家分别占9.4%和7.4%。

二、世界主要海运与内河航线

1.国际大洋航线

国际大洋航线包括大西洋、太平洋、印度洋的三大航线,还有从大西洋通过地中海、苏伊士运河、印度洋到太平洋以及通过巴拿马运河横贯几个大洋的航线。

(1)大西洋及其主要航线。大西洋面积约占世界大洋面积的26%,相当于太平洋面积的

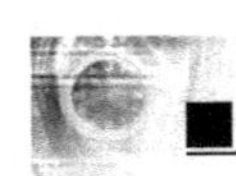

1/2，为世界第二大洋，平均深度为3296m。大西洋联系着50多个沿岸国家，东岸是欧洲和非洲，西岸是北美洲和拉丁美洲。大西洋拥有世界3/4的港口，其贸易额、货物吞吐量、货物周转量分别占世界总量的60%以上、3/5和2/3。大西洋航线是国际大洋航线中最繁忙的航线，平均每天有数千艘商船在大西洋上航行。大西洋航运除了西欧、北美之间的大宗货运外，拉美的石油、铁砂、铝土、香蕉、咖啡、粮食、木材，北非和西非的石油、磷酸盐、花生、可可以及中非的铜等，都有一定的运量。

大西洋的周围几乎都是各大洲的发达地区，包括整个欧洲、北美东部、拉丁美洲的重要国家（巴西、阿根廷、委内瑞拉和墨西哥）、非洲的几内亚湾沿岸和北非，以及中东一些经济水平较高的国家（地中海东岸）。

大西洋的主要航线：

①北大西洋航线（北美—欧洲间的航线）。这条航线因横跨大西洋而得名，西起北美东部海岸，北经由纽芬兰横跨大西洋入英吉利海峡至西欧，其支线分布于欧美两岸，具有航船多、运量大、运输繁忙的特点，是海上航运干线，拥有世界2/5的重要港口和80%的海洋货运。该线连接着世界最主要的两大经济中心（西欧和北美），是这两个世界上工业最发达地区之间的原料、燃料、产品交换的运输线。美国、英国、法国、意大利、德国、墨西哥等国在北大西洋海域共辟有百余定班航线，货、客运均很发达。

②苏伊士运河航线（北美—西欧—直布罗陀—地中海—苏伊士运河—东方航线）。这是北美东岸、西欧各港去东方的主要航线，由直布罗陀海峡入地中海，经过苏伊士运河、红海进入印度洋，最后到达中东、印度、远东或澳大利亚、新西兰。该航线是西欧与亚太地区、海湾地区间贸易往来的捷径，是世界上最繁忙的航线。向西方主要输送农矿原料，往东方主要运送工业制品。中国至西欧班轮航线是中国最早开辟的远洋航线。

③好望角航线（西欧、北美东岸—好望角—东方航线）。这是历史上最早连接东西方的一条航线，绕过非洲的好望角，穿过印度洋连接东方。它是巨型油船的协运输线，主要承担运往西欧的石油的70%，以及输往美国的石油运输量的45%。

④西欧、北美东岸—加勒比海航线。这组航线连接西欧、北美东岸与加勒比海沿海各港。除至加勒比海沿海各港外，还可经巴拿马运河到达美洲太平洋东岸港口。西欧—加勒比海航线多经英吉利海峡横渡北大西洋。它同北美东海岸各港出发的船舶一起，一般都经莫纳海峡和向风海峡进入加勒比海。

⑤南美东海岸—好望角—东方航线。该线是南美东海岸国家去海湾运油，或远东国家购买巴西矿石的常走路线。中国至南美东海岸运油和运矿石也走该航线。此航线处于西风漂流海域，风浪较大，特别是西航顶风、顶浪，因此一般西航偏北，东航偏南。

⑥西欧、地中海—南美东海岸航线。此航线一般要经过西非大西洋岛屿加那利、佛得角群岛上的航站。南美东海岸的巴西、阿根廷等国资源丰富、农矿产业发达，与西欧、北美工业国间的关系密切，使得该航线贸易运输非常繁忙。

（2）太平洋及其主要航线。太平洋北部经白令海峡和北冰洋相通，南面和印度洋及大西洋连在一起，东西两岸分别是南、北美洲和亚洲、大洋洲。它的面积为17968万平方公里，平均深度为4300m，是世界上最大最深的大洋。太平洋联系着30多个国家和地区，拥有世界1/6的港口、1/4的货物吞吐量和1/10的货物周转量。目前，世界沿海国家的贸易额有很大一部

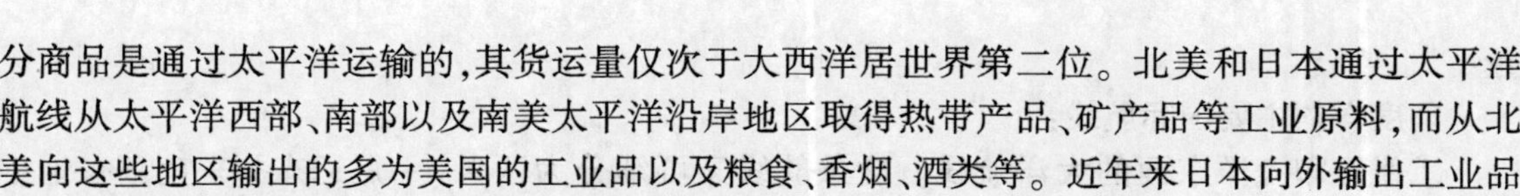

分商品是通过太平洋运输的,其货运量仅次于大西洋居世界第二位。北美和日本通过太平洋航线从太平洋西部、南部以及南美太平洋沿岸地区取得热带产品、矿产品等工业原料,而从北美向这些地区输出的多为美国的工业品以及粮食、香烟、酒类等。近年来日本向外输出工业品的运量,如纺织品、钢材、汽车、轮船、电子设备等迅速增加。

太平洋周围地区经济发展水平虽不很高,但是一个潜力巨大的大洋。随着亚洲、拉丁美洲、大洋洲发展中国家的兴起,特别是我国四个现代化进程的深入、亚洲大陆架油田和深海锰结核开采,以及太平洋地区各国交往的密切,太平洋海运在世界经济中的地位和作用日渐重要。

太平洋的主要航线:

①北太平洋航线(远东—北美西海岸航线)。这条航线因跨越太平洋北部而得名。本航线是北美西海岸(如加拿大、美国、墨西哥)各港到远东(包括中国、朝鲜、日本、俄罗斯和东南亚)各港间的贸易运输线。二次世界大战后,由于日本经济腾飞,远东、东南亚经济振兴以及俄罗斯生产力东移、美国生产力西移,使得北太平洋两岸贸易往来与日俱增,货运量显著增加。本航线以日本、美国和加拿大的贸易运量最多。该航线还经由巴拿马运河与美国东岸大西洋各大港及西欧的北大西洋航线相接。

②远东—东南亚—中东航线。这条航线是我国、朝鲜、日本去东南亚各港,再经马六甲海峡或望加锡、龙目海峡去中东波斯湾各港的航线,可再延伸至地中海、西北欧、东西非和南美东海岸各港。二次世界大战后,由于日本、远东和东南亚地区经济的迅速发展,俄罗斯经济重心东移,美国生产力的西移,以及中东输油及大量的生活和生产资料购买需求,使太平洋两岸的贸易航运日趋繁忙。

③远东—加勒比海、北美东岸航线。该航线除北太平洋航线的大洋航路外,多半由夏威夷群岛南北,再经巴拿马运河到达北美大西洋沿岸港口。

④远东—澳新航线。中日等国至澳大利亚东海岸和新西兰港口的航线,经琉球的久米岛、加罗林群岛的雅浦岛,由新爱尔兰岛与布干雅尔岛之间进入所罗门海、珊瑚海。中澳间的集装箱航线则由我国北方港口南下,在香港加载后经南海、苏拉威西海、班达海、阿拉弗拉海,由托雷斯海峡进入珊瑚海、塔斯曼海。中日等国至澳大利亚西海岸的航线,多经菲律宾的民都洛海峡,而后由望加锡海峡、龙目海峡入印度洋后南下到达。

⑤远东—南美西岸航线。从我国北方沿海各港出发的船舶多经琉球奄美大岛、硫磺列岛、威克岛,在夏威夷群岛之南的莱恩群岛附近穿过赤道进入南太平洋,至南美西岸各港。

(3)印度洋及其主要航线。印度洋的面积7491万平方公里,是世界第三大洋,平均深度为3879m,大部分地区位于热带,水温比较高。其北面为亚洲大陆,东面是澳大利亚大陆,西面是非洲大陆。自古以来印度洋为这三大洲之间的交通要道。苏伊士运河开凿之后,又可以从印度洋直接进入地中海,通向欧洲,沟通了大西洋和太平洋,把欧洲同亚洲,东非和大洋洲各国联系起来。在国际海运上起着“海上”走廊的作用。

印度洋沿岸有30多个国家和地区,沿岸各港终年不冻,一年四季可通行无阻。海上航运以石油运输为主,拥有世界近1/10的港口和1/16的货物吞吐量。目前,美国进口的石油和石油制品的25%,西欧进口石油的64%,日本进口的90%以上都要经过印度洋运出。除石油外,东南亚的橡胶和热带农产品、澳大利亚的农产品等都需横穿印度洋运往欧洲。

印度洋航线一般是指连接大西洋航线和太平洋航线的过往航线。洋内东西两侧外贸货运量不大。

印度洋的主要国际航线：

①横穿印度洋东西的大洋航线。这条航线又可细分为两条：一是远东—东南亚—地中海—西欧航线；另一条是远东及东南亚—好望角—南美洲航线。

②波斯湾航线。该航线又可细分为三条：一是波斯湾—东南亚—日本航线，该航线向东经印度洋、马六甲海峡或望加锡、龙目海峡入太平洋至日本。二是波斯湾—苏伊士—西欧、北美航线，该航线西行经曼得海峡、红海，通过苏伊士运河和地中海入大西洋，可抵西欧、北美。三是波斯湾—好望角—西欧、北美运油航线，该航线经波斯湾出霍尔木兹海峡，经阿拉伯海沿非洲东海岸穿莫桑比克海峡，绕好望角沿西非海岸达西欧或北美。

③印度洋北部地区—亚太航线。

④印度洋北部地区—欧洲航线。

2. 世界海运通道与主要通海运河

世界大洋航线上的海峡和运河常常是海上运输的重要通道。作为海上交通的咽喉——海上通道，历来是海洋战略的重要内容，受到世界各国的高度重视。据统计，全世界共有海上大小通道1000多个（主要指海峡），其中适于航行的重要通道有130多个，形成相互连接、相互支援的八个区域性（由北至南）海峡群：北冰洋地区海峡群、北海—波罗的海地区海峡群、地中海—黑海地区海峡群、墨西哥湾—加勒比海地区海峡群、东北亚地区海峡群、东南亚地区海峡群、西南太平洋地区海峡群、西印度洋地区海峡群。在八大海峡群中，又有16个最为重要的航道咽喉点。其中大西洋有7条，分别是加勒比海和北美的航道、佛罗里达海峡、斯卡格拉克海峡、卡特加特海峡、好望角航线、巴拿马运河、格陵兰—冰岛—联合王国海峡。地中海有两条，分别是直布罗陀海峡和苏伊士运河。印度洋有两条，分别是霍尔木兹海峡和曼德海峡。亚洲有5条，其中3条在东南亚，1条在东北亚，1条在太平洋东北海域，分别是马六甲海峡、巽他海峡、望加锡海峡、朝鲜海峡和太平洋上通过阿拉斯加湾的北航线。

世界重要通海运河主要有苏伊士运河、巴拿马运河和基尔运河。

(1)苏伊士运河。运河位于埃及的东北部，宽180～200m，长172.5km，为亚非两洲的分界线（图6-1-1）。苏伊士运河扼欧、亚、非三洲交通要冲，沟通地中海和红海，使大西洋和印度洋连接起来，是著名的国际通航运河之一，在国际海运中占有十分重要的地位。每天有46万吨石油由此从红海运达地中海，并在20世纪70年代初于苏伊士湾和地中海之间铺设了一条106.9km长、日输油量15万吨的输油管线。苏伊士运河航运量目前已经占到全球航运量的7%。

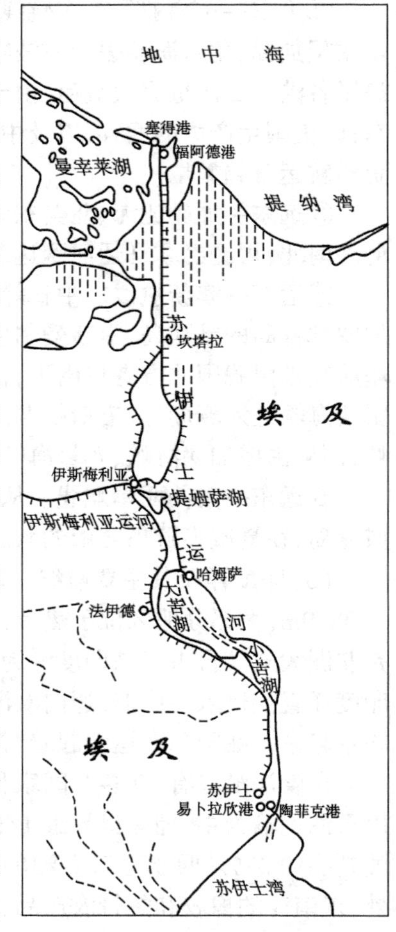

图6-1-1 苏伊士运河平面示意图

苏伊士运河所通过的苏伊士地峡地势低平，运河大部分是陆地开挖而成，其中有 38.8km 是利用提姆萨湖、大苦湖和小苦湖等湖泊浚深作为航道。经过不断拓宽、浚深和扩建，运河过水断面面积 5000m^2，航道水深 23.5m，可通航吃水 20.43m、满载 26 万吨或空载 70 万吨的油船。船舶通过运河一般只需要 10h。苏伊士运河的通航大大缩短了从欧洲通往印度洋和太平洋两岸各国的航程。由英国的伦敦经过地中海、苏伊士运河和红海到印度的孟买，比绕过好望角缩短了 8000km。从中东的科威特到西欧的鹿特丹港，可缩短航程近 9000km。这条航线不仅路近、省时、减少运费，而且在“封闭的海洋”——地中海、运河、红海中航行，比较安全。在世界通海运河的货运量中，苏伊士运河居首位。除石油外，欧亚两洲间一般海运货物的 80% 都经过苏伊士运河，每年通过运河的海上贸易量约占世界的 14% 左右。其货流以北上的石油和南下的金属及其制品为主。

(2)巴拿马运河。巴拿马运河位于巴拿马共和国中部横贯巴拿马地峡的最窄地段，全长 81.6km，沟通大西洋的加勒比海和太平洋的巴拿马湾(图 6-1-2)。巴拿马运河于 1904 年兴建，1914 年 8 月 15 日竣工，1920 年正式通航。运河通航后，大西洋和太平洋沿岸之间的航程大为缩短，从美国纽约到旧金山，取道巴拿马运河比绕麦哲伦海峡由 25900km 缩短至 10000km，从旧金山到厄瓜多尔的瓜亚基尔的航程则由 19800km 缩短为 6100km。

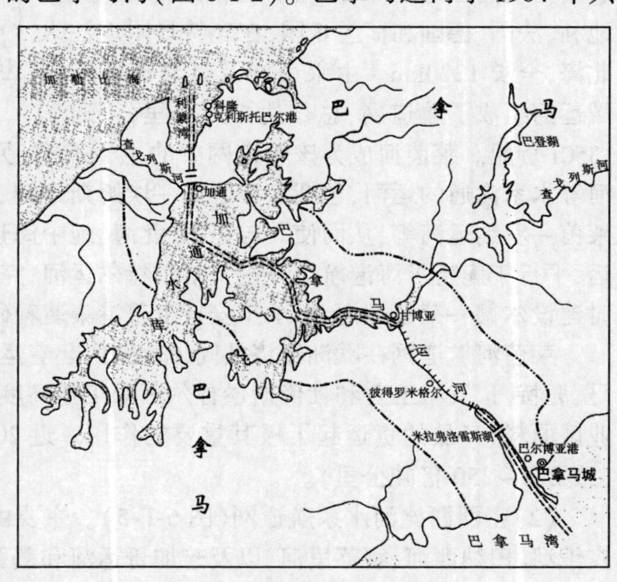

图 6-1-2　巴拿马运河平面示意图

为克服两端的潮位差和减少开挖工程量，巴拿马运河在大西洋一侧的加通附近建有拦河坝和双线三级船闸，将运河水面由 0.0m 抬升至水面高为 25.9m 的加通水库。然后经分水岭，在米拉弗洛雷斯湖西的彼得罗米格尔建有双线单级船闸，将水面由 25.9m 降至 16.75m。继而在巴拿马湾附近的米拉弗洛雷斯湖设双线两级船闸，将水面高程由 16.75m 降至 0.0m。通过巴拿马运河的船舶一般为 45000 吨级，最大为 65000 吨级，其长度不得超过 297m，宽度不得超过 32.8m，最大满载吃水为 12.0m，船舶在运河上的航速为 8 ~ 18n mile/h，通过运河平均需 27h，其中航行时间为 10h。世界船队的船型划分常以船舶可否通过巴拿马运河为标准，船型尺度超过巴拿马运河通航标准的船舶称为超巴拿马型。

为适应船舶大型化的需要，巴拿马运河扩建计划于 2007 年 9 月 3 日正式启动，主要是对现有运河的疏浚，沿运河新修一条航道以及在运河的太平洋和大西洋两端各修一个三级提升船闸和配套设施。新建船闸闸室宽 55m，长 427m，船闸槛上最小水深 18.3m。可通过的最大船舶尺度为船长 366m，船宽 49m，吃水 15.2m，此尺度约相当于载箱量 12000TEU 的集装箱船。扩建工程计划耗资 52.5 亿美元，工期 7 年，预计 2014 年完工投入使用。

(3)基尔运河。运河位于德国北部，横贯日德兰半岛，西起易北河河口的布尤斯比特尔科克港,东至基尔湾的霍尔特琦港,全长98.6km,宽111m,平均水深11.3m,沟通波罗的海和北海,是波罗的海通往大西洋的捷径(图6-1-3)。该运河也是一条重要的国际通航运河。每年可通过商船6万多艘次,其主要货流为煤、钢铁、石油、矿石等大宗货物。

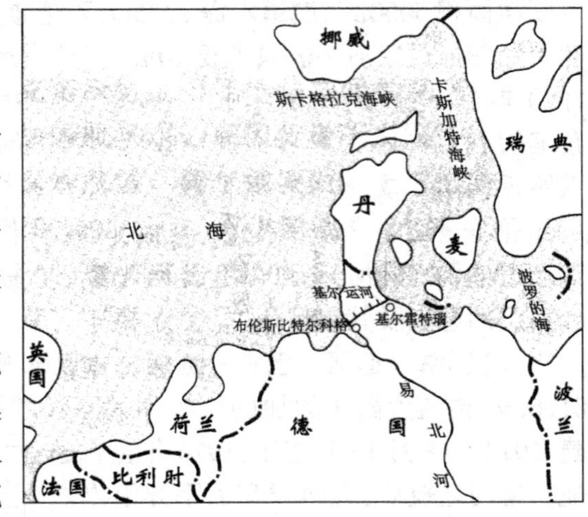

图6-1-3　基尔运河平面示意图

3. 世界主要内河航道网

目前世界上已基本形成四个现代化的内河航道网:以莱茵河为主干的西欧航道网、以密西西比河为主干的美国航道网,以伏尔加河为主干的俄罗斯欧洲部分航道网、联接圣劳伦斯河和美国加拿大之间五大湖的圣劳伦斯水道。

(1)莱茵河航道网(图6-1-4)。莱茵河发源于瑞士境内圣哥达峰,流经瑞士、列支敦士登、奥地利、法国、德国和荷兰6国,在鹿特丹附近注入北海,全长1320km。由莱茵河及其支流和跨流域运河组成了航道网,总长达2万公里,可通航1350t货船。莱茵河成为该航道网中的主干航道,另外开挖了一系列与易北河、威悉河、多瑙河等水系沟通的运河,包括多特蒙德—埃姆斯运河、中德运河、易北支运河、美茵—多瑙运河、莱茵—罗纳运河等,从而使其与里海、北海、地中海连通。为充分利用莱茵河解决海港的集疏运,平行于鹿特丹海港航道开挖了哈尔特尔运河,完成了阿姆斯特丹—莱茵运河扩建工程。同时建设尔德—莱茵运河,以承担安特卫普港集装箱码头的集疏运任务。

莱茵河航道网在欧洲经济共同体范围内起着运输大动脉的作用,其下游正处于阿姆斯特丹、鹿特丹、安特卫普和杜伊斯堡鲁尔区等工业高度集中的经济区,对上述海港的集疏运和工业区原料、产品的货运起了极其重要的作用。近20年来,莱茵河的年运量为1.8~2.0亿吨(或270~350亿吨公里)。

(2)密西西比河水系航道网(图6-1-5)。主要由密西西比河及其主要支流伊利诺斯河、俄亥俄河、田纳西河、密苏里河,以及芝加哥运河和墨西哥湾沿岸运河等组成。密西西比河在未开发治理以前,水深很小,航道条件不好。经过150多年的治理,特别是近50年来进行以防洪、航运为主要目标的综合开发治理,在干流上游及其主要支流进行渠化,在中下游进行疏浚整治,使密西西比河水系形成一个四通八达的航道网。在密西西比河上游,从明尼阿波利斯到圣路易斯1087km长的河段建成27座渠化枢纽,使该段水深达2.74m。在密西西比河中下游,经过多年疏浚以及裁弯取直工程,使该段航道条件改善,其航道水深不小于2.74m,从巴吞鲁日到入海口的水深为12.2m。

密西西比河水系与其他水系相通,形成江河湖海相连的航道网。在北部通过伊利诺斯河端的芝加哥运河同五大湖相通,沿圣劳伦斯水道东出大西洋。在南部,与墨西哥湾沿岸运河相通,在中部通过田纳西—汤比格比运河与汤比格比河相连。密西西比河水系航道网中的航道水深在2.74m以上的航道里程为9736km,约占美国2.74m以上航道的38%,其运量约占美国内河货运量的75%左右。

(3)俄罗斯欧洲部分的伏尔加河航道网(图6-1-6)。这是以伏尔加河为主干,南北沟通、

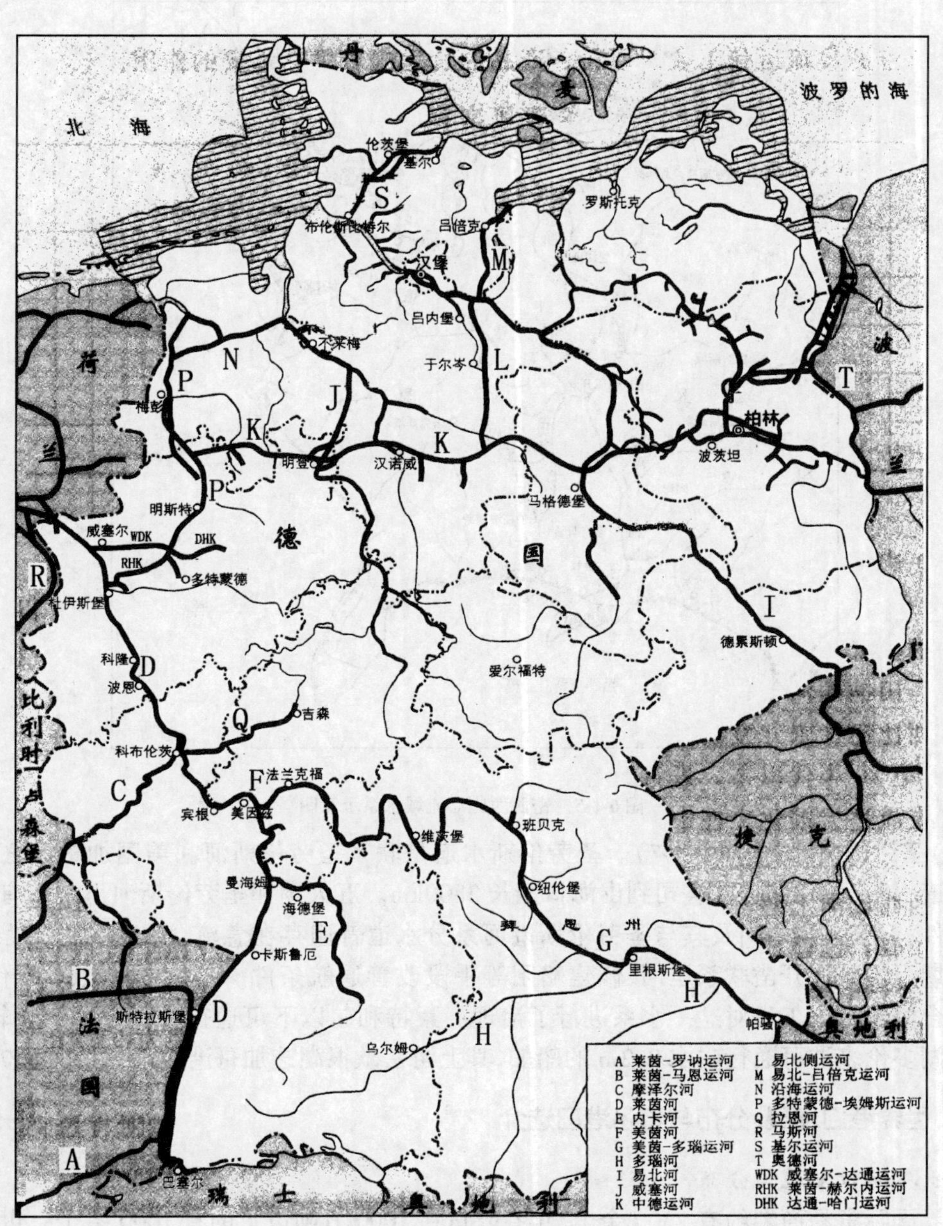

图 6-1-4　莱茵河航道网示意图

五海相连的航道网。航道网中已有 6300 多公里达到或超过 3.65m 的规划水深，共开挖了四条跨流域的连接运河：白海—波罗的海运河、莫斯科运河、伏尔加河—顿河运河、伏尔加—波罗的海运河。这些运河把伏尔加河、卡马河、顿河、莫斯科河、斯维里河、涅瓦河等河流与里海、亚速海、黑海、白海、波罗的海等五海串联在一起，形成了一个河海相连、南北沟通的水路交通网。年货运量为 3.2 ~3.3 亿吨公里，占俄罗斯内河总货运周转量的 2/3 以上。

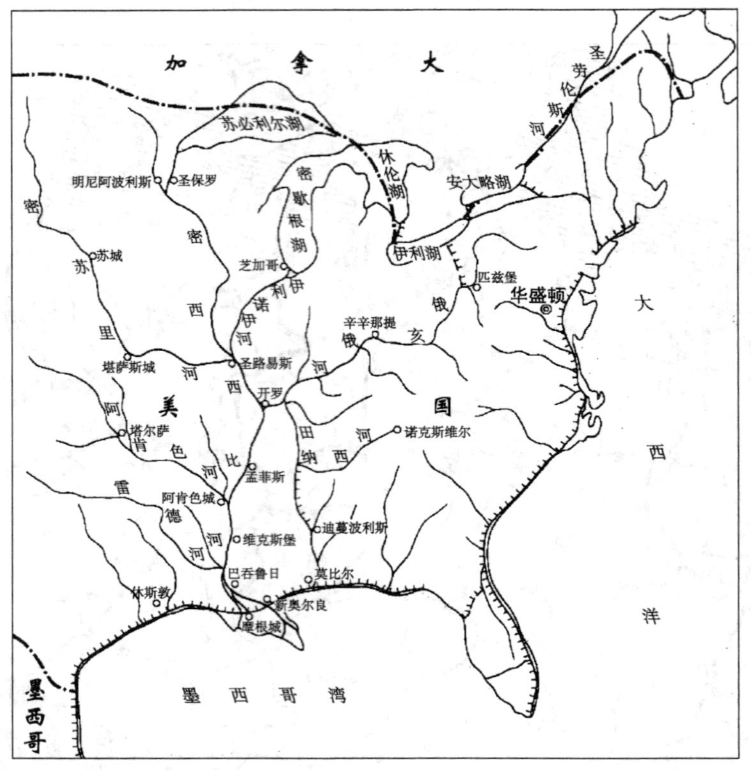

图 6-1-5　密西西比河流域水系示意图

(4)圣劳伦斯水道(图 6-1-7)。圣劳伦斯水道是联系圣劳伦斯河和美国加拿大之间五大湖的航道,从五大湖起点杜鲁司到出海口全长 3800km。五大湖和圣劳伦斯河下游都有很好的通航条件,但五大湖之间及其与圣劳伦斯港河系分水道普遍存在急流、瀑布和狭窄段。从 18 世纪早期开始采取开凿联系运河、修建船闸等手段改善通航条件。20 世纪 50、60 年代,美加两国结合修建水电工程对这一水系进行了治理。蒙特利尔以下可通行 2.5 万吨的海轮,位于安大略湖多伦多港可通行吃水 9.2m 的船舶,其上游密歇根湖芝加哥港的码头水深为 7m。

三、世界港口发展、分布与著名港口选介

1. 世界港口发展与分布

世界国际贸易商港约有 2300 余个,年吞吐量在 1000 万吨以上的有 1000 多个。世界海港的地区分布不平衡。通航远洋船舶的海港主要分布在大西洋和太平洋地区,尤以欧洲、北美洲和亚洲为多。本节拟根据其在国际贸易的重要程度,以及历史上和近年来的吞吐量发展,列出若干世界重要港口。

在国际海运中,大型海港起着重要的作用。世界海运量向大港集中,集装箱港口地位突出。东亚,特别是我国大陆港口在世界港口排位迅速提升。发达的临港产业和集疏运条件是港口发展的基本条件。1979 年世界仅有吞吐量超过 1 亿吨的大港 9 个,2000 年发展为 19 个,当时中国大陆只有上海、宁波、广州三个吞吐量超过 1 亿吨的港口。2009 年世界 30 多个亿吨港中

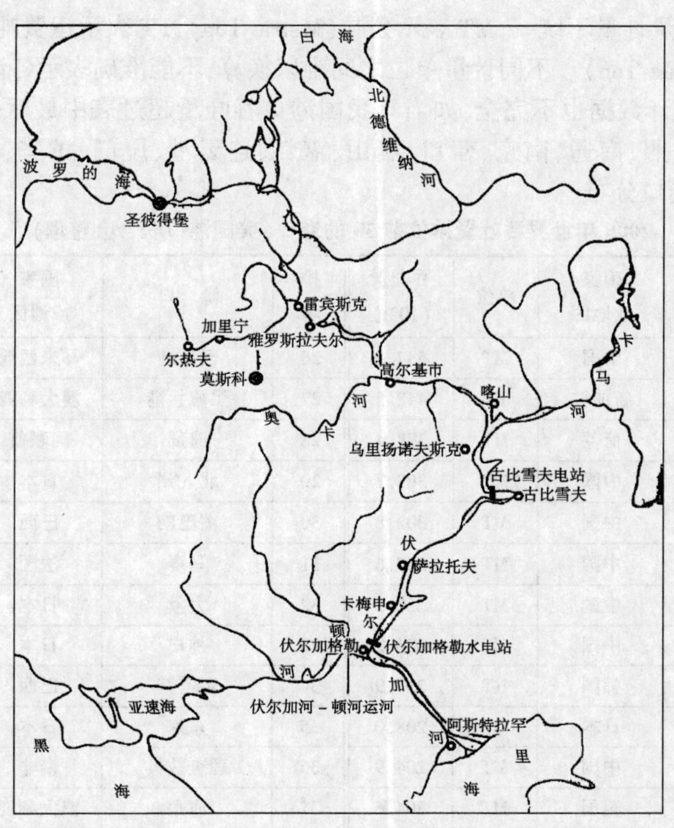

图 6-1-6　伏尔加河水系示意图

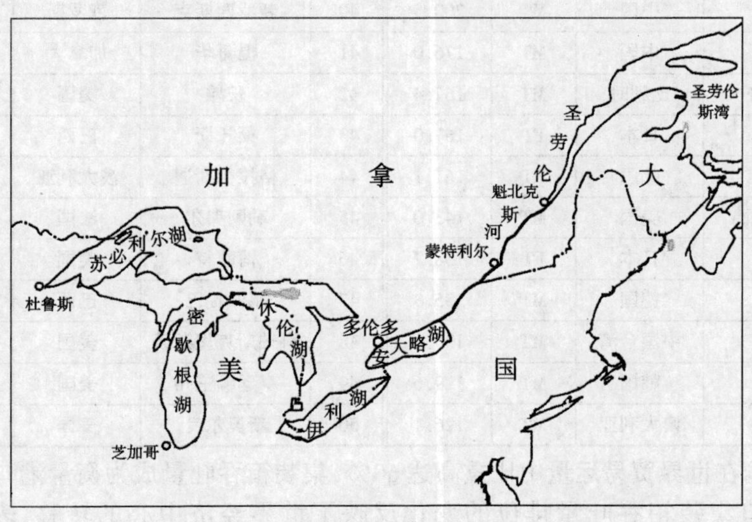

图 6-1-7　圣劳伦斯水道示意图

中国大陆就有20个。表6-1-1为美国港口联合会收集整理的2006年世界排位前50的港口。此表中各港口吞吐量计量不统一,MT表示公吨(Metric Ton),FT表示运费吨(Freight Ton),RT表示计费吨(Revenue Ton)。不同计量单位之间难以换算,不能准确表示各港吞吐量差别。该表对我国港口的统计数据也不完全,如当年我国港口吞吐量超过表中最后一位(吞吐量6980万吨)的有苏州、日照、南通、南京、营口、唐山、湛江、连云港、厦门、黄骅、泉州共11个。图6-1-8为世界重要港口分布。

2006年世界吞吐量排位前50的港口(美国港口联合会整理)　　表6-1-1

排名	港口	国家或地区	单位	吞吐量(10^6t)	排名	港口	国家或地区	单位	吞吐量(10^6t)
1	上海	中国	MT	537.0	26	巴生港	马来西亚	MT	122.0
2	新加坡	新加坡	FT	448.5	27	黑德兰港	澳大利亚	MT	111.8
3	鹿特丹	荷兰	MT	378.4	28	迪拜	阿联酋	MT	110.0
4	宁波	中国	MT	309.7	29	北九州	日本	MT	109.7
5	广州	中国	MT	302.8	30	图巴朗	巴西	MT	103.6
6	天津	中国	MT	257.6	31	马赛	法国	MT	100.1
7	香港	中国	MT	238.2	32	大阪	日本	FT	95.5
8	青岛	中国	MT	224.2	33	神户	日本	MT	95.5
9	釜山	韩国	RT	217.9	34	伊塔基	巴西	MT	93.8
10	名古屋	日本	MT	208.0	35	东京	日本	FT	90.8
11	秦皇岛	中国	MT	204.9	36	理查兹贝	南非	MT	86.3
12	南路易斯安那	美国	MT	204.6	37	海角	澳大利亚	HT	86.2
13	光阳	韩国	MT	202.4	38	纽卡斯尔	澳大利亚	MT	85.6
14	休斯敦	美国	MT	201.5	39	阿姆斯特丹	荷兰	MT	84.3
15	大连	中国	MT	200.5	40	新罗西斯克	俄罗斯	MT	80.8
16	深圳	中国	MT	176.0	41	温哥华	加拿大	MT	79.6
17	安特卫普	比利时	MT	167.4	42	长滩	美国	MT	76.6
18	千叶	日本	FT	167.0	43	桑托斯	巴西	MT	76.3
19	蔚山	韩国	RT	161.1	44	格拉德斯通	澳大利亚	MT	74.2
20	纽约/新泽西	美国	MT	143.0	45	勒阿弗尔	法国	MT	73.9
21	横滨	日本	FT	138.2	46	博蒙特	美国	MT	72.1
22	汉堡	德国	MT	135.3	47	塞佩提巴	巴西	MT	70.4
23	高雄	中国台湾	MT	135.1	48	科珀斯克里斯蒂	美国	MT	70.4
24	仁川	韩国	MT	129.6	49	亨廷顿三州	美国	MT	70.0
25	丹皮尔	澳大利亚	MT	126.1	50	新奥尔良	美国	MT	69.8

集装箱运输在世界贸易运量中比重高达60%,集装箱吞吐量成为衡量港口重要性的重要标志。世界港口集装箱吞吐量排位的变化反映了世界经济中心的转移,表6-1-2反映了1970～2008年间世界集装箱港口20强的变化。

1970 年起全球 20 大集装箱港吞吐量排序的演变　　表 6-1-2

1970 年			1975 年			1980 年			1985 年		
排序	港名/国名	万 TEU	排序	港名/国名	万 TEU	排序	港名/国名	万 TEU	排序	港名/国名	万 TEU
1	纽约/美	93.0	1	纽约/美	173.0	1	纽约/美	194.7	1	鹿特丹/荷	265.5
2	奥克兰/美	33.6	2	鹿特丹/荷	107.9	2	鹿特丹/荷	190.1	2	纽约/美	240.5
3	鹿特丹/荷	24.2	3	神户/日	90.5	3	香港/中	146.5	3	香港/中	228.9
4	西雅图/美	22.4	4	圣胡安/美	87.7	4	高雄/中国台湾	97.9	4	高雄/中国台湾	190.1
5	安特卫普/比	21.5	5	香港/中	80.2	5	新加坡/新	91.7	5	神户/日	185.7
6	贝尔法斯特/英	21.0	6	奥克兰/美	52.2	6	汉堡/德	78.3	6	新加坡/新	169.9
7	不来梅/德	19.5	7	西雅图/美	48.1	7	奥克兰/美	78.2	7	长滩/美	144.4
8	洛杉矶/美	16.5	8	巴尔的摩/美	42.1	8	西雅图/美	78.2	8	安特卫普/比	135.0
9	墨尔本/澳	15.8	9	不来梅/德	41.0	9	神户/日	72.7	9	横滨/日	121.9
10	伦敦/英	15.5	10	长滩/美	39.1	10	安特卫普/比	72.4	10	釜山/韩	117.3
11	拉尔纳/英	14.7	11	东京/日	36.9	11	横滨/日	72.2	11	汉堡/德	115.9
12	弗吉尼亚/美	14.3	12	墨尔本/澳	36.5	12	不来梅/德	70.3	12	基隆/中国台湾	115.8
13	利物浦/英	14.0	13	横滨/日	32.9	13	巴尔的摩/美	66.3	13	洛杉矶/美	110.4
14	哈里奇/英	14.0	14	汉堡/德	32.6	14	基隆/中国台湾	66.0	14	东京/日	100.4
15	哥德堡/瑞典	12.8	15	安特卫普/比	29.7	15	釜山/韩	63.3	15	不来梅/德	98.6
16	费城/美	12.0	16	弗吉尼亚/美	29.2	16	东京/日	63.2	16	圣胡安/美	88.2
17	悉尼/澳	11.8	17	悉尼/澳	26.2	17	洛杉矶/美	62.1	17	奥克兰/美	85.6
18	勒阿弗/法	10.8	18	伦敦/英	26.0	18	吉达/沙特	56.3	18	费利克斯托/英	85.0
19	安科雷哥/美	10.1	19	基隆/中国台湾	24.6	19	长滩/美	55.4	19	西雅图/美	84.5
20	费利克斯托/英	9.3	20	勒阿弗/法	23.2	20	墨尔本/澳	51.3	20	巴尔的摩/美	70.6
1990 年			1995 年			2000 年			2011 年		
排序	港名/国名	万 TEU	排序	港名/国名	万 TEU	排序	港名/国名	万 TEU	排序	港名/国名	万 TEU
1	新加坡/新	522.4	1	香港/中	1255.0	1	香港/中	1869.7	1	上海/中	3172
2	香港/中	510.0	2	新加坡/新	1184.6	2	新加坡/新	1708.7	2	新加坡/新	2994
3	鹿特丹/荷	366.7	3	高雄/中国台湾	505.3	3	釜山/韩	754.0	3	香港/中	2438
4	高雄/中国台湾	349.5	4	鹿特丹/荷	478.4	4	高雄/中国台湾	742.6	4	深圳/中	2257
5	神户/日	259.6	5	釜山/韩	450.3	5	鹿特丹/荷	626.8	5	釜山/韩	1619
6	洛杉矶/美	258.7	6	汉堡/德	289.5	6	上海/中	561.3	6	宁波—舟山/中	1469
7	釜山/韩	234.8	7	长滩/美	284.4	7	洛杉矶/美	487.0	7	广州/中	1423
8	汉堡/德	196.9	8	横滨/日	272.7	8	长滩/美	460.1	8	青岛/中	1302
9	纽约/美	187.2	9	洛杉矶/美	255.5	9	汉堡/德	424.8	9	迪拜/阿联酋	1300
10	基隆/中国台湾	182.8	10	安特卫普/比	272.9	10	安特卫普/比	408.2	10	鹿特丹/荷	1188
11	横滨/日	164.8	11	纽约/美	227.6	11	深圳/中	399.4	11	天津/中	1159
12	长滩/美	159.8	12	东京/日	217.7	12	巴生/马	320.7	12	高雄/中国台湾	946
13	东京/日	155.5	13	基隆/中国台湾	216.5	13	迪拜/阿联酋	305.9	13	巴生/马来	890
14	安特卫普/比	154.9	14	迪拜/阿联酋	207.3	14	纽约/美	305.0	14	安特卫普/比	866（未变）
15	费利克斯托/英	141.8	15	费利克斯托/英	192.4	15	费利克斯托/英	279.3	15	汉堡/德	860
16	圣胡安/美	138.1	16	马尼拉/菲	169.0	16	不来梅/德	275.2	16	洛杉矶/美	794
17	不来梅/德	119.8	17	圣胡安/美	160.0	17	东京/日	289.9	17	丹戎佩勒/马来	750
18	西雅图/美	117.1	18	奥克兰/美	155.0	18	焦亚陶罗/意	265.2	18	厦门/中	646
19	奥克兰/美	112.4	19	上海/中	152.7	19	丹戎不碌/印尼	247.6	19	大连/中	640
20	马尼拉/菲	110.4	20	不来梅/德	151.8	20	圣胡安/美	233.4	20	长滩/美	611

注：纽约含新泽西港，不来梅含不来梅港，伦敦含蒂尔伯里港，弗吉尼亚含汉普顿路诸港。（摘自《海洋情报》2008 年第 3 期）。

就港口在国际贸易中的地位而言，各大洋沿岸重要港口如下。

（1）大西洋沿岸。北海与西欧有伦敦、利物浦、鹿特丹、安特卫普、不来梅、哥本哈根、勒阿弗尔、里斯本；地中海有马赛、巴塞罗那、热那亚、塞得港、阿尔及尔、丹吉尔、达尔贝达；西非有拉各斯、开普敦；北美有蒙特利尔、诺福克、波士顿、纽约、新奥尔良、南路易斯安那、休斯敦、迈阿密；加勒比海有哈瓦那、太子港、圣多明各、圣胡安、西班牙港；南美有韦腊克鲁斯、里约热内卢、蒙得维的亚、圣多斯、布宜诺斯艾里斯、坦皮科等。

（2）太平洋沿岸。亚洲太平洋沿岸的港口众多，有符拉迪沃斯托瓦（海参崴）、釜山、仁川、大连、秦皇岛、天津、青岛、上海、宁波、广州、深圳、湛江、香港、基隆、高雄、胡志明市、曼谷、新加坡、雅加达、马尼拉、东京、横滨、神户、大阪、北九州等；大洋洲及太平洋岛屿上的主要港口有悉尼、奥克兰、惠灵顿、苏瓦等；在北美洲和拉丁美洲的太平洋沿岸主要港口有温哥华、西雅图、旧金山、洛杉矶、巴拿马城、卡亚俄等。

（3）印度洋沿岸。包括加尔各答、马德拉斯、孟买、吉大港、卡拉奇、科伦坡、哈尔克岛、马基勒（伊拉克）、法奥、科威特、亚丁、吉达、蒙巴萨、达累斯萨拉姆、德班、伊丽莎白港等。

2. 世界著名港口选介

航运和港口吞吐量变化是世界经济增长速度的晴雨表，港口的货物吞吐量随着全球产业结构和货物运输网络的调整不断发生变化。20 世纪 50 年代纽约—新泽西港是世界吞吐量最大的港口，1960 年其吞吐量为荷兰鹿特丹港所超过。20 世纪 90 年代以来，在作为世界制造业中心，不断高涨的中国经济的驱动下，东亚特别是中国港口持续呈现蓬勃发展的繁荣景象。1998 年新加坡成为世界最大港口，2005 年上海港吞吐量超过了新加坡。在 2009 年货物吞吐量排名世界前十位的港口中，中国上海、宁波、天津、广州、青岛、大连、秦皇岛、香港占据了 8 席，进入十大集装箱吞吐量港口也有上海、香港、深圳、宁波、广州、青岛 6 港。我国著名港口在中国港口一节介绍。本节仅介绍鹿特丹、新加坡、釜山、纽约—新泽西、南路易斯安那和名古屋、神户、千叶、横滨等著名港口。

（1）鹿特丹港（Port of Rotterdam）。荷兰最大港口，也是世界著名的大港之一。位于 51°55′N，4°24′E，莱茵河支流，新马斯河和老马斯河交汇的入海口处。自 20 世纪 70 年代初以来，该港的货物吞吐量一直居世界港口榜首。是西欧散货、原油、散粮、集装箱最大的物流中心。

①发展简况。鹿特丹名首见于 1283 年，当时为鹿特河口一小块围垦地。1328 年成为城镇，1340 年成为荷兰主要港口。鹿特丹港的发展可分为 3 个时期：

第 1 时期：16 世纪后半叶至 1863 年，为该港的初级阶段。

第 2 时期：1863 年，开始建设长 31.5km 的开敞式“新水道”，将下莱茵河和鲁尔区的工业基地与北海连通，以解决海湾淤积和船型增大而不能通航的困难。由于“新水道”的开挖成功，1870 年开始进行港池建设，港口建设的重点由新马斯河的北岸转到了南岸。港池由东向西逐步转向海口发展。这阶段的发展持续到第二次世界大战前。

第 3 时期：二次世界大战后的恢复和持续发展期。战后，荷兰政府重视港口的恢复和发展工业。1958 年，欧洲经济共同体的建立和西欧经济的发展，给该港发展带来了生机。除在新马斯河的南岸继续建港和将散货码头改造成件杂货码头外，自 1947 年以来，先后兴建了 3 个大型港区和工业区，即鲍特莱克区、欧罗区和马斯平原区。大大促进了石油、矿石、散粮、集装

箱吞吐量。相应的大型炼油厂、石油化工厂、炼钢厂等相继建设,形成了相当大的规模。

1970 年,该港的吞吐量突破 2.0 亿吨,1973 年曾达到 3.1 亿吨,以后长期在 3 亿吨左右。从 1960 到 1998 年鹿特丹港的吞吐量一直位居世界第一。2011 年为 4.334 亿吨,居世界第 5 位,集装箱吞吐量 1188 万 TEU,列世界的第 10 位。

②自然条件与航道。属海洋性气候,晴朗无雨天气较少,该港年平均雾天(能见度小于 1.0km)约 35 天。潮差一般为 1.65m,最大潮差为 1.8m。海港水域不设闸,进港航道疏浚深达 23.5m,并在港口口门处设一道分水堤,将驶向欧罗港区和老港区的船舶分开。

③港口设施。鹿特丹港是一个市辖港。该港由国家、市政和私人企业共同负责,分工明确。国家负责整治和维护北海与港口之间的航道,设置浮筒和灯标,并负责该段航道的导航。通往腹地的航道(包括新水道、新马斯河、老马斯河等)均属国家所有,并进行管理。鹿特丹市政府拥有港区内的港口设施,如港池、码头和场地,还负责港区内的导航、维持秩序和安全。私人企业向市政府租借港口设施,然后建造地面以上设施。

A. 集装箱码头(包括多用途码头)。码头线总长 16702m,占地面积 413.8 公顷。铁路、公路疏运发达,计算机管理比较先进。

B. 散货装卸码头。码头线长 4156m,装卸效率很高,海运码头和内河码头配套。船舶最大吃水可达 25.0m,堆场、货棚、粮食筒仓的容量均很大。

C. 特种货物装卸码头。包括水果和果汁码头。码头线长 1340m,有较好的冷藏设施。

D. 滚上滚下码头(渡轮)。码头线长 1444m,占地 34.5 公顷。

E. 油船码头。共有泊位 71 个,分属壳牌、得克萨斯/埃索、科威特石油公司等世界著名的石油公司。

F. 捆绑船浮筒。共有泊位 6 个,长度 160 ~ 300m,水深 11.65 ~ 13.15m。鹿特丹港现着重发展集装箱码头,增加泊位和场地,扩建水果码头等。鹿特丹港港区分布如图 6-1-9 所示。

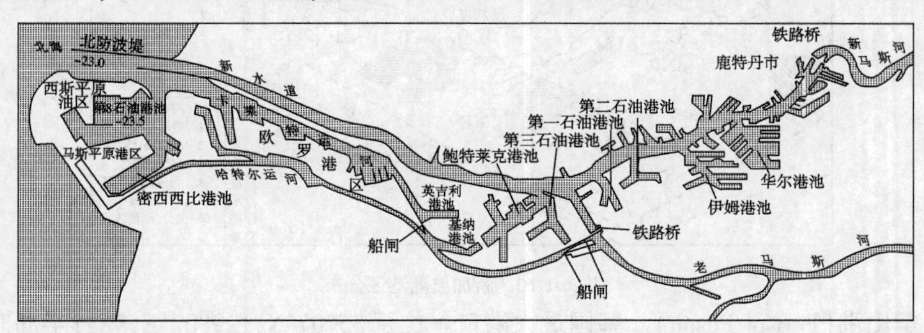

图 6-1-9　鹿特丹港港区分布

(2)新加坡港(Port of Singapore)。东南亚最大的海港,为自由港。位于 1°16′N,103°50′E,马来半岛南端的新加坡岛。

①自然条件与航道。新加坡港地处国际海运洲际航线上,地理位置极其优越。同时,该港与香港维多利亚港一样也是世界三大最优良的深水港之一。港口主航道水深 13.1m。港区后方有铁路连接马来西亚、吉隆坡等地。新加坡是世界三大炼油中心和世界主要造船基地之一。

1997 年,新加坡港集装箱吞吐量列世界第 1 位。2011 年完成货物吞吐量 6.157 亿吨,集装箱吞吐量 2994 万 TEU,分别为世界第 3 位和第 2 位。

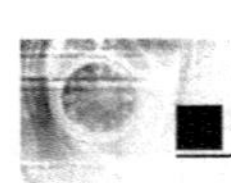

②港区设施。新加坡港的港区主要有丹戎巴葛、岌巴、布拉尼、巴实巴让、巴西班让、裕廊、三巴旺以及亚逸楂湾、布孔岛等炼油厂码头。其中,裕廊港区为工业港;巴实巴让港区为杂货港区;亚逸楂湾、布孔岛等炼油厂码头共有码头泊位50多个,最大靠泊能力35万吨级油船。

20世纪80年代以来,新加坡港重点建设发展集装箱码头。新加坡港共有集装箱码头4座,集装箱专用泊位36个,码头线总长7302m。

A. 丹戎巴葛码头。有集装箱泊位8个,码头线长2142m,前沿水深9.0~14.8m,配置装卸桥30台,堆场龙门吊94台。

B. 岌巴码头。有集装箱泊位13个,码头线长2785m,前沿水深9.6~14.6m,配置装卸桥36台,堆场龙门吊117台。

C. 布拉尼码头。有集装箱泊位9个,码头线长2375m,前沿水深12~15m,配置装卸桥31台,堆场龙门吊112台。

D. 巴西班让码头。新加坡港口公司投资76亿新加坡元兴建的大型集装箱码头,第一批4个泊位于1998年上半年竣工投产,配置前伸距为55m的超巴拿马型集装箱装卸桥20台,吞吐能力300万TEU。全部工程计划建设26个泊位,预计在2020年全部建成。

新加坡港港区分布如图6-1-10所示。

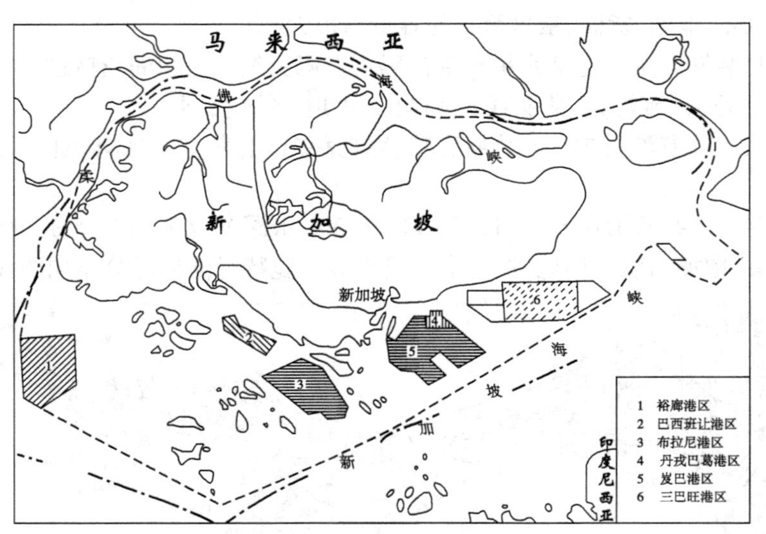

图6-1-10 新加坡港港区分布

(3)釜山港(Port of Pusan)。韩国最大港口。位于35°07′N,129°02′E,朝鲜半岛东南角釜山湾内(图6-1-11)。

①发展简况。釜山港于1441年开港,1976年成为国际贸易港。1985年完成集装箱吞吐量115万TEU,在世界集装箱港口中排名第12位。1990年排名跃居第6位,1994年排名升为第5位,1999年排名升为第4位。2011年完成集装箱吞吐量1619万TEU,位列世界集装箱吞吐量第5大港。

港口所依托的釜山市,现有人口400多万,周边地区是韩国最发达的工业区。该港承担了韩国出口货物总量47%的装卸任务和集装箱通过量的95%。

②自然条件与航道。釜山港自然条件良好,港口水域面积224.8km^2,主航道水深达14m。

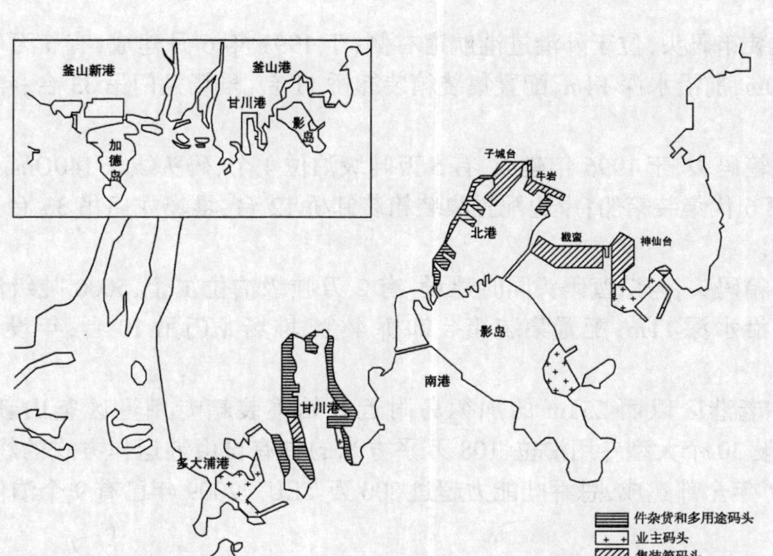

图 6-1-11　釜山港港区分布

③港区设施。釜山港由北港、南港、甘川港、大多浦港、釜山新港组成。港口码头线长度超过 14km，共有近百个泊位。

A. 件杂货码头区。釜山港公共件杂货码头主要分布于第 1 ~ 第 8 突堤。

第 1 突堤，码头线长 475m，前沿水深 8 ~ 9m，主要装卸杂货、集装箱和钢材等货物。

第 2 突堤，码头线长 475m，前沿水深 9 ~ 11m，可靠泊 2 万吨级船 6 艘，主要装卸杂货、集装箱、钢材和原糖等货物。

中央码头，位于第 2、第 3 突堤之间的顺岸码头，码头线长 645m，前沿水深 9m，主要装卸杂货和集装箱等。

第 3 突堤，码头线长 1145m，前沿水深 9 ~ 10m，主要装卸集装箱、杂货、钢材和木材等货物。

第 4 突堤，码头线长 1308m，前沿水深 9 ~ 10m，可靠泊万吨级船 9 艘，主要装卸集装箱、杂货、散水泥、钢材等货物。

第 5、第 6 突堤相连接，有集装箱泊位 4 个，5 万吨级散粮泊位 1 个，码头线长 371m。

第 7 突堤，码头线长 656m，水深 7.5 ~ 10.5m，主要装卸煤、废钢和矿石等货物。

第 8 突堤，呈 L 形，西北侧码头线长 535m，水深 10m；西南端及近岸码头线长 465m，水深 9m 以下。

此外，还有客运码头线长 320m，沿海船码头线长 575m；外港有石油泊位 7 个。

B. 集装箱码头区。20 世纪 80 年代以来，釜山港大力建设集装箱码头。1995 年以前，新建集装箱专用泊位主要在老港区，至 1999 年，老港区共有大型集装箱码头 4 座，集装箱专用泊位 16 个。

子城台集装箱码头，位于第 5、第 6 突堤，于 1982 年建成，有 5 万吨级泊位 4 个、1 万吨级泊位 1 个，码头线长 1447m，前沿水深 12.5m，配置集装箱装卸桥 13 台，堆场龙门吊 30 台；年设计通过能力 100 万 TEU。

神仙台集装箱码头，位于外港进港航道右侧，于 1991 年 6 月建成，有 5 万吨级泊位 4 个，码头线长 1200m，前沿水深 14m，配置集装箱装卸桥 11 台，堆场龙门吊 33 台；年设计通过能力 128 万 TEU。

戡蛮集装箱码头，于 1996 年建成，有 5 万吨级泊位 4 个，码头线长 1400m，前沿水深 15m，可靠泊年 5、第 6 代集装箱船；岸边配置集装箱装卸桥 12 台，堆场龙门吊 33 台；年设计通过能力 128 万 TEU。

牛岩集装箱码头，与戡蛮码头同时建设，有 2 万吨级泊位 1 个，5000 吨级泊位 2 个，码头线长 500m，前沿水深 11m；配置集装箱装卸桥 4 台，堆场龙门吊 10 台；年设计通过能力 36 万 TEU。

1995 年在老港区以西 25km 的加德岛附近开始集装箱专用港区釜山新港的建设（图 6-1-12），将建设 30 个大型专用泊位，108 万平方米的具有自由港运作方式的物流园区。该港区计划于 2011 年全部建成，总吞吐能力超过 800 万 TEU。2009 年已有 9 个泊位投入运营。

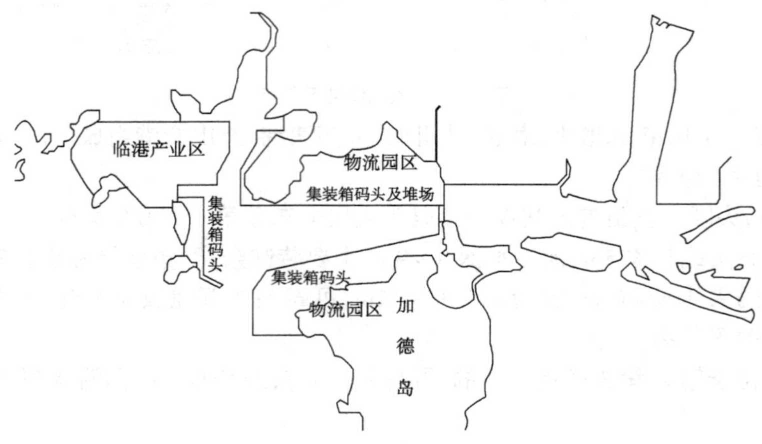

图 6-1-12　釜山新港平面布置

（4）纽约—新泽西港（Port of New York-New Jersey）。美国最大的海港，原名纽约港。位于 40°45′N，74°W，哈得逊河注入大西洋的河口，美国纽约州和新泽西州的交界处，是美国东岸的一个最主要的航运枢纽。

①发展简况。纽约—新泽西港于 1614 年由荷兰人开始建造，1664 年英荷战争后被英国占领。北美独立战争后，开始大规模建设，1800 年成为美国最大港口。1825 年建成的伊利运河，将纽约通过哈得逊河与布法罗、北美五大湖及美国中西部地区沟通，使纽约—新泽西港成为地位突出的海港和世界性商业中心。由于哈得逊河淤积少、水面宽阔，所以沿河曾建造大量木栈桥突堤式码头，栈桥长 200 ~ 500m，宽仅 30m 左右，装卸用船吊。20 世纪 50 年代中期进行技术改造，回填两窄突堤间港池，形成宽突堤，并开始建造顺岸码头和宽突堤码头。1956 年纽约港首先开展集装箱运输，1958 年开始在伊丽莎白港区建集装箱码头，1962 年投产，这是世界上最早的全集装箱码头。至 1999 年，全港共建有水深 9.14 ~ 12.80m 的远洋船泊位 400 多个（其中件杂货泊位 250 多个）。

1921 年，纽约州和新泽西州共同设立纽约港务管理委员会。1972 年，成立纽约—新泽西港务局，负责发展、经营交通运输设施和有关地区商业。纽约—新泽西港的集装箱吞吐量在

20世纪六七十年代曾处于世界前列,80年代后增长缓慢。港口吞吐量在1.5亿吨左右。1980年以前集装箱吞吐量居世界首位,近年来集装箱吞吐量在300~500万TEU左右,是世界重要集装箱港口。

②自然条件与集疏运通道。港口水域主要是哈得逊河下游河口段48km,长岛海峡西端东河段30km,纽瓦克湾32km和上纽约湾。哈得逊河淤积甚微,海湾水域水深且潮汐小,平均潮差为1.37m。

大型船舶进出港区有两条航道:南面由安布罗斯航道(宽609m,水深13.7m)经狭水道进出;北面由长岛海峡西端的东河出入。长岛与斯塔滕岛之间的狭水道长16km,最狭处宽1200m,水深12.2~30.5m。东河航道长256km,水深大于12.2m。

纽约—新泽西港港口腹地广大,集疏运便利。纽约有14条铁路线,其中干线8条,港区调度线6条;公路网四通八达;纽约州运河网全长854km,沟通港口与圣劳伦斯水道、五大湖沿岸港口的货运;港务局管辖4个飞机场。

③港区设施。全港在自由女神像周围方圆25mile范围内,全港共有港区16个。在纽约一侧有10个:斯塔滕岛港区、豪兰钩港区、布鲁克林港区、埃利港区、布希港区、东河港区、北河港区、帕森格港区、切尔西港区和特兰斯阿特兰提克港区。在新泽西一侧有6个:伊丽莎白港区、纽瓦克港区、新泽西城港区、赫博肯港区、威霍肯港区和河岸港区。在港区内各企业还建有大量专业散货货主码头。

布鲁克林港区是纽约—新泽西港最主要的散货作业港区。港区内建造的突堤式码头每个泊位长200m、宽100m,后方建有8370m^2 仓库;该港区有顺岸码头1座,码头线长641m,有万吨级以上泊位3个;码头后方仓库长达549m。

新泽西城港区汽车码头是纽约港以汽车装卸为主要业务的专业化码头,拥有最现代化的设备。

纽瓦克港/伊丽莎白海运码头是纽约港最大的集装箱港区,有集装箱泊位24个,码头线总长5139m,配置集装箱装卸桥28台。

此外,纽约港还有两处重要的集装箱码头:环球码头(Global Marine Terminal)、豪兰钩码头(Howland Hook Terminal)。

纽约—新泽西港码头分布如图6-1-13所示。

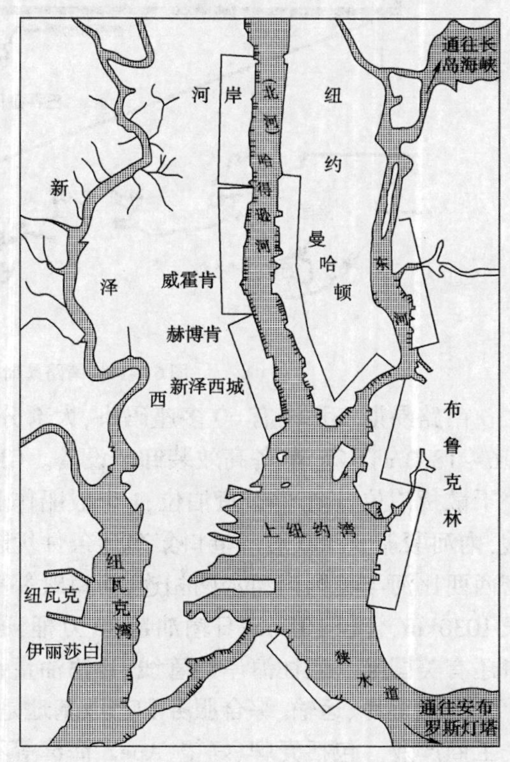

图6-1-13　纽约—新泽西港码头分布

(5)南路易斯安那港(Port of South Louisiana)。1992年南路易斯安那港以2.4亿吨的吞吐量成为美国吞吐量最高的港口,此后该港年吞吐量保持在2亿吨上下,2006年曾达2.38亿吨。2001年,南路易斯安那港的吞吐量曾位居世界第三。最近几年来我国港口吞吐量有长足发展,出现了一批吞吐量超过 2 亿吨的港口,2006 年南路易斯安那港的吞吐量仍位于世界第七。2011 年该港货物吞吐量为 2.488 亿吨。由于建立年代较晚(1968 年),又没有依托于著名城市,提及世界大港时,国内对这一港口介绍较少。

南路易斯安那港位于密西西比河下游新奥尔良港与巴吞鲁日港之间,港区分布于沿河 54km 范围内。图 6-1-14 为南路易斯安那港的位置、沿河产业和码头分布。该港主要进出口货物为干散货和液体散货。干散货以密西西比河流域的出口粮食为主,美国 60% 的出口粮食在这里装船。液体散货主要为原油和石油化工产品。以 2009 年进出口货物统计为例,玉米、大豆、小麦占全港吞吐量的 38%,原油 23%,石油化工产品 18%,矿石、钢铁、煤炭和其他矿建材料占 9%,化肥 7%。

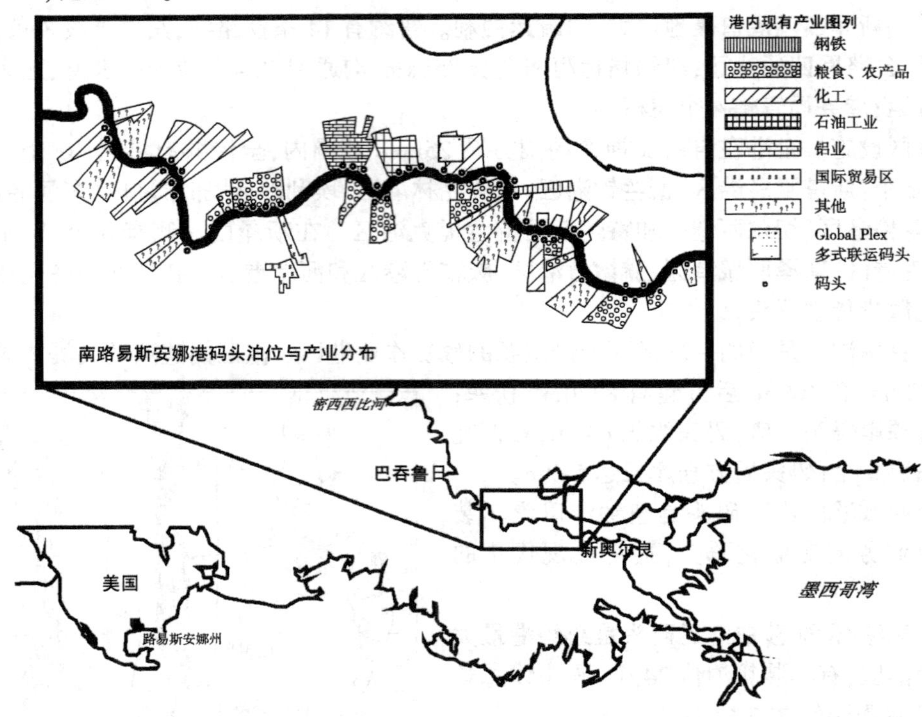

图 6-1-14 南路易斯安那港码头与港口产业分布

南路易斯安那港有 60 多座码头,大部分为货主码头,公用码头仅 9 座。码头前沿水深从 4.6 ~ 18.3m 不等,配备高效装卸船设备。Globalplex 多式联运码头是最大的公用码头,设有 2 个干散货泊位,1 个件杂货泊位,1 个驳船作业码头。南路易斯安那每年进出港大型船舶 4000 艘,内河驳船 50000 艘。港口集疏运条件优越,港区与美国铁路主干道和州际高速公路相连;密西西比河与美国内河水网相连,河口毗邻墨西哥湾和巴拿马运河;港区设有 6 条油气管线,长 1030km、管径 101cm、日输油量 80 万桶,通往美国中部的国家主输油管线以该港为起点,港口还有美国唯一通往海岸的管线,日输油量 50 万桶。

提供贸易、运输、综合服务和产业基地是南路易斯安那港经营的特色,港区周围拥有 90 多个工商产业。包括壳牌、好望、Apex、海湾等石油厂,杜邦、壳牌、孟山都、自由、修女等化工厂,LA 发电厂,三井一大陆钢铁厂,Bayou 钢铁厂,Kaiser 铝厂,Colonial 糖厂等,以及 James、河床、

航空等工业园区。港方自营的码头后方,除货物装卸存储设施外,还辟有产业园区。例如,Globalplex 多式联运码头就备有占地 130 英亩的工业园区。

(6)名古屋、神户、千叶、横滨、东京、北九州、大阪等日本港口

日本是世界主要港口大国,20 世纪 70 年代至 90 年代中期,日本的大港数量占据了世界大吞吐量港口的一半。近年来,尽管世界大港的分布格局有了很大变化,日本仍然占有较大比重(表 6-1-1)。

日本沿海共有港口 1102 个,大多集中在太平洋沿岸一侧,形成了以港口为依托的临海工业经济区域。日本港湾法根据港口的重要性划定特定重要港口 21 个,重要港口 112 个,其余为地方港口。特定重要港口主要集中于东京湾、伊势湾、大阪湾、北九州和濑户内海五大工业区沿岸。其中名古屋、神户、千叶、横滨、东京、北九州、大阪在世界港口排名中进入前 50 位。图 6-1-15 给出日本重要港口和东京湾港口分布。

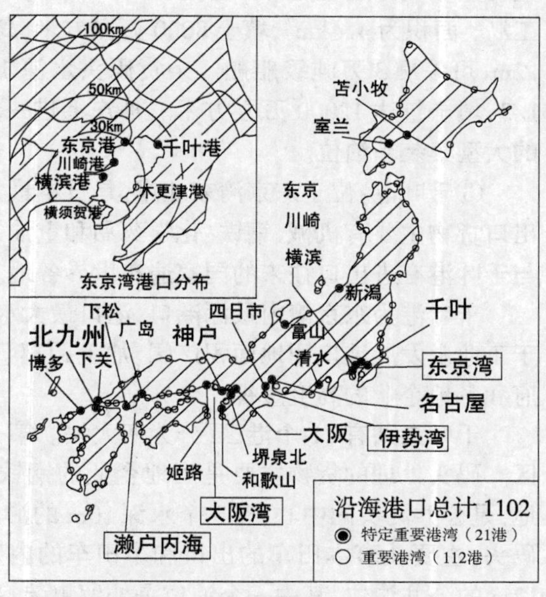

图 6-1-15　日本重要港口和东京湾港口分布

①名古屋港:位于日本本州岛的中部,伊势湾最北侧,通向太平洋,是日本中部地区最大的海洋门户。名古屋港的吞吐量长期处于日本港口前列,2005 年其吞吐量超过 2 亿吨,成为日本的第一大港。出口货物主要有汽车及相关零部件、电动机械、产业机械,进口货物以木材、矿石、粮食、棉花为主。

本港背靠平原,湾口有半岛和小岛为屏障,湾内风平浪静,是得天独厚的深水良港。全港拥有码头泊位 60 余个,岸线总长 12km。集装箱码头最大可靠 5 万载重吨的集装箱船,散货码头最大水深 14m,在伊势湾的海上泊位可泊 20 万吨载重吨的大型油船。本港能承接各种类型船舶的修理业务,特大的干船坞,长 810m,宽 92m。港口水域和陆域面积之和约相当于整个名古屋市面积的 1/3。

名古屋港老港区功能转换充分体现了"以人为本"和"人与自然相和谐"的现代理念,早在 20 世纪 80 年代后期就对紧邻市区的老件杂货码头进行改造,改建成向市民开放的花园码头,并建设了海洋博览馆、水族馆、南极科考船参观基地等供市民观赏的项目,普及与海洋、港口相关的科学知识,2004 年初又新建成以"意大利村"为概念的休闲购物中心,成为名古屋市新的旅游景点。

②神户港:位于日本本州濑户内海的东岸、大阪湾西北岸,所在地神户是阪神工业地区的重要区域,是日本的第六大城市。神户港曾经是日本第一大港,是世界大港之一,1979 ~ 1990 年期间,神户港的货物吞吐量为世界第 3,集装箱吞吐量列世界第 5。1990 年以后由于日本其他港口的发展,特别是 1995 年阪神大地震对码头的破坏,港口业务受到很大影响。以后虽然逐步恢复,吞吐量排名始终处在第 6、7 位。神户港吞吐货物中进口以农产品、石油产品、矿石、

化学药品、日用品等为主，出口以钢铁、机械、汽车、纤维工业品、化学制品、金属制品等为主。由于主要装卸货种为件杂货，因此建港时充分考虑了集装箱和滚装运输。

神户港码头岸线长达30余千米，水域面积56.68km^2，防波堤总长13448m。港区由中心区和东、西两沿海工业区的专业码头组成。中心区包括兵库码头、中突堤码头、新港突堤码头、摩耶码头、港岛和六甲岛。全港有码头泊位230多个，还有浮筒泊位，可同时停泊250多艘大型船舶。填海造地是神户港建设一大特点，也是发展港口的措施。港岛即是建设的第1座人工岛，面积为4.4km^2，填土8000万立方米，岛内建有12个集装箱码头和15个杂货码头，水深12m，可停靠3万吨级船舶。杂货码头水深10m，可停靠1.5万吨级船舶。六甲岛比港岛大1/3，填土量达12000万立方米。神户港进一步发展将建设第3个人工岛，配置水深15～16m的大型集装箱泊位。

③千叶港：位于东京湾东北岸，是日本最大的工业港口，货物吞吐量常居日本前一、二位。出口货物主要有机械、钢铁、化学药品和重油，进口货物主要有石油产品、原油、铁矿石和煤炭，与千叶港有进出口往来的国家遍布世界各地。

千叶港为东京湾内最深港口，港口最大水深18m，可开发利用的海岸线长达76km，沿海适于工业及发展港口用地面积广阔，加上距离日本首都仅40km的位置优势，因此，受到日本政府和各地企业的高度重视。

千叶港共有11个港区，分为四大块。第一块是钢铁加工、配套基地及油品灌装设施聚集区。码头处理的货物主要是当地企业的钢铁和石油制品等。这里濒临广阔的三番濑浅海湿地，是公共码头的中心，有5个水深10m的泊位。其中一个泊位将浚深至12m。第二块是专用码头，主要从事本田车的出口和丰田车的内贸运输。第三块为千叶港的中央区，有3个水深12m的公共泊位，其中一个泊位是外贸集装箱货物和进口整车的专用泊位。第四块毗邻千叶中心工业区。

④横滨港：位于东京西南、东京湾西岸，是日本的天然良港，港湾伸入陆地，水深8～20m，水深港阔，很少受太平洋风浪影响。港区中部为商港区，与闹市相连，两翼为工业港区，背后为两个工业地带。商港区拥有本牧、山下、大栈桥、新港、高岛等码头，共计91个泊位，水深多在12m以内，通常停靠2.5万吨级以上的货轮。

横滨港以输出业务为主，出口额占贸易额的2/3以上。出口商品主要是工业制成品，有机器、汽车、钢铁、化工品、日用品等；进口货物主要有原油、重油、铁矿石等工业原料和粮食。虽然横滨港货物和集装箱吞吐量处于日本港口的第2、3位，但是港口贸易额却居全国首位，是日本最大的国际贸易港。

横滨港曾多次改扩建，20世纪后叶开始实施的横滨港21世纪港口总体规划以“充满活力，领先世界的港口”、“富有情趣的港口”、“洋溢着国际性的港口”为基调，将物流、业务、文化、国际交流等多功能相结合，建设成一个充满活力的先进港口。集装箱码头全部装备了一流的装卸设备和交通运输设施，可以停靠世界最大型集装箱船。南本牧第二期4个水深16m的集装箱码头在日本港口码头规模中名列前茅，岛屿式集装箱码头大黑集装箱码头建设了设备齐全的免税区。

横滨港集疏运条件优越。以港口为中心，向南、西、北方向辐射出去的著名快速交通运输要道形成了高度发达的交通运输网络。港口管理改革的目标是提供高质量的服务，大幅度降低港口码头的经营成本，为来自海内外的用户提供365天、每24小时的全天候服务，降低客户港口码头费用，确保港口码头的高效经营。

为了扩大港口功能，提出了建设国际性的文化、信息和环境优美的"港口都市"的措施。占地面积186公顷的"港口都市"把港口生产、调度、管理、城市文化生活和娱乐等功能全部结合。港口都市内除了有港口管理大厦外，还有公园、花园、美术馆、博物馆、国际会议厅、国际海员俱乐部、中央广场、贸易购物区和住宅区等。

⑤东京港：位于日本东京湾底，东京都城市东南部，有两条人工疏浚航道与太平洋相通，现有品川、大井、青海三个港区。东京港水域面积5292公顷，陆域面积1033公顷，使用岸线23059m，共有泊位205个，其中集装箱泊位15个。在日本主要港口中，东京港内贸额位居第一，外贸额位居第二，港口货物吞吐量位居第三，外贸集装箱吞吐量位居第一。作为日本港口集装箱吞吐量第一的地位已连续保持了10年。东京港以东京都市圈(32个城市、4000万人)为直接腹地。东京港外贸主要出口货种为机电、化工、汽车、可再生材料、纸、橡胶、金属等；主要进口货种为机电、农副产品、食品、化学、纺织、轻工、日用品等。

东京港与城市共享交通主干网络。其中道路分为高速公路和一般道路两个层次，高速公路主要承担都市圈及以外的集疏运，一般道路主要承担东京市区集疏运。高速公路又可分为都市高速和地方高速。都市高速相当于我们的国家高速公路。东京市高速公路以城市为核心形成了"两环六射"的布局。其中外环高速公路已覆盖到港区，四条高速公路深入到港区，从而在港区形成了纵横交错的高速公路网络。

2005年东京都政府制定了东京港第七个发展规划。该规划要求东京港为东京都市圈生活、生产提供优质服务，强化港口枢纽作用，不断提高东京港的国际竞争力。将现代物流、港城一体、环境改善、港口安全作为此轮规划建设重点。

东京湾内还有川崎港、横滨港，空间距离仅30km，借鉴纽约—新泽西港联合发展经验，日本也提出整合三港资源，推动(东)京(横)滨港一体化发展，成立京滨港的问题。但尚在研究中。

⑥北九州港：位于日本九州岛的北端，隔关门海峡与下关港相对。处于九州岛和本州岛的交界处，距离韩国的釜山港仅230km，与中国的上海、青岛、大连等重要港口也只有1000km之遥，所处位置非常适合作为以西日本以及亚洲为经济腹地的生产和物流基地。1963年，门司市、小仓市、八幡市、若松市、户佃市五个城市合并而成的北九州市，当时的外贸港口门司港，内贸港口小仓港，以及工业港的洞海港，同时合并成为今天的北九州港。北九州集装箱码头是日本第一个获政府解禁，允许私人财团兴建的集装箱码头，建于2004年1月26日，由新加坡PSA公司主要入股及国内主要海运公司参与。北九州港的货物吞吐量在1亿吨以上，位居日本7大港口货物吞吐量排位的第4位。出口货物以钢材、水泥、化肥为主，进口货物以粮食、煤炭、石油、铁矿石为主。

北九州港海岸线约150km，码头岸线长约30km，现有泊位237个。港区包括HIBIKI集装箱港区、太刀浦集装箱港区、小仓集装箱港区和JR货运枢纽，是日本黄海沿岸唯一泊位水深达15m的港口。

⑦大阪港：位于大阪湾东北侧，与淡路岛相望，是日本关西经济区的门户。以大阪市为核心的经济圈拥有2100万人口，是日本产业与经济活动的中枢，大阪经济区的GDP占日本的

21%,工业产值仅次于东京,居日本第二位。进出口贸易额约占日本的25%,周边地区交通发达。自古以来大阪港就是京都的海上门户,市内河道纵横,有"水都"之称。大阪港货物吞吐量接近1亿吨,处于日本港口的第六、七位。

大阪港自北向南分为北港、内港及南港3个港区。全港中级以上主要码头泊位有150多个,岸线长19000余米,最大水深15m。该港主要进口货物为煤炭、矿石、食品及工业原料等,出口货物以机械、纺织品及化工产品为主。目前大阪港以集装箱航线为中心,与世界100多个国家和地区的400多个港口有贸易往来。

大阪神户两港距离仅30km,日本政府计划整合大阪、神户及邻近各港口,合并后的新港口名为Hanshin港。此举目的是降低船舶在大阪湾内部迁移的费用,增强日本港口对船舶的吸引力。

第二节　中国港口

一、中国港口发展概况

港口是国民经济的重要基础设施,我国港口建设与国民经济发展密切相关。新中国成立后20世纪的50年期间中国港口的发展经历了恢复和重建、"三年大建港"、改革开放前20年三个阶段。21世纪以来中国港口建设进入了突飞猛进的发展时期。

1949年,全国仅有大中泊位400多个,其中海港泊位300多个,万吨级以上深水泊位仅60个,集中在上海、大连、天津、广州等几个主要港口,布局杂乱,设施简陋,几乎没有装卸机械。许多码头结构年久失修,破损严重,港池航道严重淤积。在新中国成立到1972年的恢复和重建阶段,修复天津港之后,重点兴建了湛江商港和裕溪口煤码头,迈出了依靠自己力量建设大型港口的第一步。此后,在上海、天津、秦皇岛、广州黄埔和湛江等港兴建了一批万吨级泊位,在武汉、南京、芜湖和马鞍山等港建设了一批机械化的煤炭和矿杂码头,形成了第一次港口建设的高潮。

1973年2月,针对沿海主要港口出现的严重压船、压港、压货局面。周恩来总理发出了"三年改变港口面貌"的号召,掀起了全国性的第二次港口建设的高潮。港口建设进入了"三年大建港"阶段。这一期间相继在大连鲇鱼湾、秦皇岛东区、青岛黄岛、江苏仪征兴建了大型原油码头,在上海、南京、安庆、金山、浙江和广州等石油化工厂建成了万吨级以上的卸油码头,满足了大庆、盘锦和胜利等油田原油运输的需要。在秦皇岛港甲码头、天津港、烟台港、连云港、青岛港、上海港军工路和华栈、宁波港镇海、福州港马尾、黄埔港墩头基、湛江港三区以及防城港建成了新港区,缓解了散杂货运输的燃眉之急。至1978年年底,共建成商用运输泊位78个。

1979年后,国家实行改革开放政策,交通运输被列为经济发展的战略重点,中央政府加大对基础设施的投入,同时积极引进外资用于港口建设,形成了第三次港口建设的高潮。这期间开辟了秦皇岛东区、天津港3号和4号港池、宁波港北仑港区、广州港新沙港区、上海港浦东新区、大连港大窑湾港区、青岛港前湾港区等新港区;在长江下游兴建了南通港狼山港区、张家港港、镇江港大港、南京港新生圩等江海联运深水港区和宝山钢铁厂工业港;在长江中上游,先后

建成了黄石、武汉、九江、铜陵、马鞍山、芜湖、城陵矶等港的外贸码头；此外，还新辟了日照、岚山、蛇口、赤湾、盐田、北海等新港。平均每年建成深水泊位20个以上。除了上述由国家统一安排建设的港口项目之外，还建成一大批货主码头及电厂专用煤码头，补充完善了全国港口综合运输体系。

进入21世纪以来，我国经济一直处在快速发展时期，港口作为交通运输枢纽，在经济发展中发挥了重要作用。港口吞吐量和港口建设规模以前所未有的速度发展。2000年全国港口吞吐量为22亿吨，其中沿海港口吞吐量12.8亿吨。2011年全国港口吞吐量达100.4亿吨，其中沿海港口吞吐量63.6亿吨。2003年开始，中国大陆港口货物吞吐量和集装箱吞吐量连续多年居世界第一。2011年港口吞吐量超过1亿吨的达26个。货物吞吐量排名前10位的世界港口中中国大陆占8席（参见表1-1-1）。中国大陆也是集装箱港口排名前30位中数量最多的国家。中国已成为名副其实的港口大国。

与港口吞吐量飞速增长相适应，中国港口的建设能力和技术水平也步入了港口强国的地位。长江口深水航道治理工程，上海洋山深水港区，唐山港曹妃甸近海深水港区，黄骅港淤泥粉沙质海岸港口建设，广州港南沙港区选址、规划和建设，秦皇岛、上海、宁波、天津、大连、青岛等港口一批石油化工、矿石、煤炭、集装箱等具备世界一流装卸工艺水平大型专业化泊位的建设，标志着我国港口建设实力已达到世界先进水平。应该指出，中国港口在服务功能建设、港口投资效益拓展、节能环保、港口管理服务软环境等方面与世界港口先进水平还有较大差距。

二、我国沿海和内河港口发展规划

新中国成立以来，国家十分重视港口规划的指导作用。还在建国初期港口恢复和重建阶段，就对港口布局进行了规划和调整。20世纪80年代末，交通部颁布了《全国主枢纽港规划》。2006年9月和2007年6月，又分别颁布了《全国沿海港口布局规划》和《全国内河航道与港口布局规划》。

1. 全国沿海港口布局规划

全国沿海港口布局的具体方案是：根据不同地区的经济发展状况及特点、区域内港口现状及港口间运输关系和主要货类运输的经济合理性，将全国沿海港口划分为环渤海、长江三角洲、东南沿海、珠江三角洲和西南沿海5个规模化、集约化、现代化的港口群体，强化群体内综合性、大型港口的主体地位作用，港口群内部和港口群之间港口分工合理、优势互补、相互协作、竞争有序。形成煤炭、石油、铁矿石、集装箱、粮食、商品汽车、陆岛滚装和旅客运输8个运输系统的布局。参见图6-2-1。

五大港口群分别为：

（1）环渤海地区港口群。环渤海地区港口群体由辽宁、津冀和山东沿海港口群组成，服务于我国北方沿海和内陆地区的社会经济发展。

辽宁沿海港口群以大连东北亚国际航运中心和营口港为主，包括丹东、锦州等港口，主要服务于东北三省和内蒙古东部地区。辽宁沿海以大连、营口港为主布局大型、专业化的石油（特别是原油及其储备）、液化天然气、铁矿石和粮食等大宗散货的中转储运设施，相应布局锦

图 6-2-1　我国大陆沿海港口群

州等港口；以大连港为主布局集装箱干线港，相应布局营口、锦州、丹东等支线或喂给港口；以大连港为主布局陆岛滚装、旅客运输、商品汽车中转储运等设施。

津冀沿海港口群以天津北方国际航运中心和秦皇岛港为主，包括唐山、黄骅等港口，主要服务于京津、华北及其西向延伸的部分地区。津冀沿海港口以秦皇岛、天津、黄骅、唐山等港口为主布局专业化煤炭装船港；以秦皇岛、天津、唐山等港口为主布局大型、专业化的石油（特别是原油及其储备）、天然气、铁矿石和粮食等大宗散货的中转储运设施；以天津港为主布局集装箱干线港，相应布局秦皇岛、黄骅、唐山港等支线或喂给港口；以天津港为主布局旅客运输及商品汽车中转储运等设施。

山东沿海港口群以青岛、烟台、日照港为主及威海等港口组成，主要服务于山东半岛及其西向延伸的部分地区。山东沿海以青岛、日照港为主布局专业化煤炭装船港，相应布局烟台等港口；以青岛、日照、烟台港为主布局大型、专业化的石油（特别是原油及其储备）、天然气、铁矿石和粮食等大宗散货的中转储运设施，相应布局威海等港口；以青岛港为主布局集装箱干线港，相应布局烟台、日照、威海等支线或喂给港口；以青岛、烟台、威海港为主布局陆岛滚装、旅客运输设施。

(2)长江三角洲地区港口群。长江三角洲地区港口群依托上海国际航运中心，以上海、宁波、连云港港为主，充分发挥舟山、温州、南京、镇江、南通、苏州等沿海和长江下游港口的作用，服务于长江三角洲以及长江沿线地区的经济社会发展。

长江三角洲地区港口群集装箱运输布局以上海、宁波、苏州港为干线港，包括南京、南通、镇江等长江下游港口，共同组成上海国际航运中心集装箱运输系统，相应布局连云港、嘉兴、温州、台州等支线和喂给港口；进口石油、天然气接卸中转储运系统以上海、南通、宁波、舟山港为主，相应布局南京等港口；进口铁矿石中转运输系统以宁波、舟山、连云港港为主，相应布局上海、苏州、南通、镇江、南京等港口；煤炭接卸及转运系统以连云港为主布局煤炭装船港和该地区公用码头、能源等企业自用码头；粮食中转储运系统由上海、南通、连云港、舟山和嘉兴等港口组成；以上海、南京等港口布局商品汽车运输系统，以宁波、舟山、温州等港口为主布局陆岛滚装运输系统；以上海港为主布局国内外旅客中转及邮轮运输设施。根据地区经济发展需要，在连云港港适当布局进口原油接卸设施。

(3)东南沿海地区港口群。东南沿海地区港口群以厦门、福州港为主，包括泉州、莆田、漳州等港口，服务于福建省和江西等内陆省份部分地区的经济社会发展和对台“三通”的需要。

福建沿海地区港口群煤炭专业化接卸设施布局以沿海大型电厂建设为依据；进口石油、天然气接卸储运系统以泉州港为主；集装箱运输系统布局以厦门港为干线港，相应布局福州、泉州、莆田、漳州等支线港；粮食中转储运设施布局由福州、厦门和莆田等港口组成；布局宁德、福州、厦门、泉州、莆田、漳州等港口的陆岛滚装运输系统；以厦门港为主布局国内、外旅客中转运输设施。

(4)珠江三角洲地区港口群体。珠江三角洲地区港口群由粤东和珠江三角洲地区港口组成。该地区港口群依托香港经济、贸易、金融、信息和国际航运中心的优势，在巩固香港国际航运中心地位的同时，以广州、深圳、珠海、汕头港为主，相应发展汕尾、惠州、虎门、茂名、阳江等港口，服务于华南、西南部分地区，加强广东省和内陆地区与港澳地区的交流。

该地区煤炭接卸及转运系统由广州等港口的公用码头和电力企业自用码头共同组成；集装箱运输系统以深圳、广州港为干线港，汕头、惠州、虎门、珠海、中山、阳江、茂名等为支线或喂给港组成；进口石油、天然气接卸中转储运系统由广州、深圳、珠海、惠州、茂名、虎门港等港口组成；进口铁矿石中转运输系统以广州、珠海港为主；以广州港、深圳港等组成粮食中转储运系统；以广州港为主布局商品汽车运输系统；以深圳、广州、珠海等港口为主布局国内、外旅客中转及邮轮运输设施。

(5)西南沿海地区港口群。西南沿海地区港口群由粤西、广西沿海和海南省的港口组成。该地区港口的布局以湛江、防城、海口港为主，相应发展北海、钦州、洋浦、八所、三亚等港口，服务于西部地区开发，为海南省扩大与岛外的物资交流提供运输保障。

该地区港口集装箱运输系统布局以湛江、防城、海口及北海、钦州、洋浦、三亚等港口组成集装箱支线或喂给港；进口石油、天然气中转储运系统由湛江、海口、洋浦、广西沿海等港口组

成；进出口矿石中转运输系统由湛江、防城和八所等港口组成；由湛江、防城等港口组成的粮食中转储运系统；以湛江、海口、三亚等港口为主布局国内外旅客中转及邮轮运输设施。

在主要货类的运输上，将形成系统配套、能力充分、物流成本低的八大运输系统：

①由北方沿海的秦皇岛港、唐山港（含曹妃甸港区）、天津港、黄骅港、青岛港、日照港、连云港港七大装船港，华东、华南等沿海地区电力企业的专用卸船码头和公用卸船设施组成的煤炭运输系统。

②依托石化企业布点，专业化的、以20～30万吨级为主导的石油卸船码头和中小型油气中转码头相匹配的石油运输系统。

③临近钢铁企业布点，专业化的、以20～30万吨级为主导的铁矿石卸船泊位和二程接卸、中转设施匹配的铁矿石运输系统。

④以大连、天津、青岛、上海、宁波、苏州、厦门、深圳、广州等9大干线港为主，相应发展沿海支线和喂给港的集装箱运输系统。

⑤与国家粮食流通、储备、物流通道配套的，专业化运营、集约化的粮食运输系统。

⑥依托汽车产业布局和内外贸汽车进出口口岸，专业化、便捷的商品汽车运输及物流系统。

⑦在满足岛屿出行要求的前提下，适应沿海岛屿社会经济发展要求的陆岛滚装运输系统。

⑧以人为本，安全、舒适、便捷的旅客运输系统。

全国沿海港口布局规划在方案和效果上总体贯彻了适应经济、区域协调、突出重点、综合运输、资源节约的布局原则和思路，形成的5大港口群体能基本适应区域经济协调发展和全面建设小康社会及现代化建设的要求，突出了港口群内综合性、大型港口的重点作用。采用系统化布局理念形成的与国计民生密切相关的8大运输系统，也是衔接和促进国家综合运输体系发展和完善的重要体现，规模化、专业化、集约化、效益优先的港口发展方向将引领港口节约资源、提高资源利用率，促进港口可持续发展。布局方案还为港口发展留有一定的空间，可以适应国家生产力和结构进一步调整的需要。

在全国沿海港口布局规划指导下，沿海港口将逐步形成布局合理、层次分明、功能明确、节约资源、安全环保、便捷高效、衔接协调、市场有序的水路客货运输系统，辐射面、服务面覆盖全国范围，明显提升我国沿海港口的综合竞争力，基本适应国家经济、社会、贸易、国防等发展的需要。

2. 全国内河航道与港口布局规划

《全国内河航道与港口布局规划》将全国内河航道划分为两个层次，分别是高等级航道和其他等级航道；将全国内河港口划分为三个层次，分别是主要港口、地区重要港口和一般港口。

全国内河高等级航道规划布局方案是：

在水运资源较为丰富的长江水系、珠江水系、京杭运河与淮河水系、黑龙江和松辽水系及其他水系，形成长江干线、西江航运干线、京杭运河、长江三角洲高等级航道网、珠江三角洲高等级航道网和18条主要干支流高等级航道（简称两横一纵两网十八线）的布局，构成我国各主要水系以通航千吨级及以上船舶的航道为骨干的航道网络。规划内河高等级航道约1.9万

公里(占全国内河航道里程的15%),其中三级及以上航道14300km,四级航道4800km,分别占75%和25%。高等级航道有长江干线、西江航运干线、京杭运河、长江三角洲高等级航道网、珠江三角洲高等级航道网、岷江、嘉陵江、乌江、湘江、沅水、汉江、江汉运河、赣江、信江、合裕线、淮河、沙颍河、右江、北盘江—红水河、柳江—黔江、黑龙江、松花江、闽江。

全国内河主要港口规划布局方案是:

形成由28个内河港口组成、以区域主要城市对外辐射的主要港口体系,包括泸州港、重庆港、宜昌港、荆州港、武汉港、黄石港、长沙港、岳阳港、南昌港、九江港、芜湖港、安庆港、马鞍山港、合肥港、湖州港、嘉兴内河港、济宁港、徐州港、无锡港、杭州港、蚌埠港、南宁港、贵港港、梧州港、肇庆港、佛山港、哈尔滨港、佳木斯港。

三、我国著名港口选介

据交通部2003年初关于水路运输基础设施的统计,不包括香港、澳门和台湾地区,全国共有港口1467个,其中,海港165个,内河港口1302个。当时将这些港口中2002年货物吞吐量沿海达到1500万吨、内河达到1000万吨的港口称为规模以上港口,列入交通部定期公布港口吞吐量范围。规模以上的沿海港口共18个,分别为大连、营口、秦皇岛、天津、烟台、青岛、日照、上海、连云港、宁波—舟山港、温州、福州、泉州、厦门、深圳、广州、珠海、湛江。内河港口10个,分别为南京、江阴、徐州、苏州、南通、镇江、杭州、湖州、南昌、武汉。2002年以后,全国港口总吞吐量已翻了一番以上,各港吞吐量迅速增加,但这一统计标准未作调整。这些港口中上海、大连、秦皇岛、天津、青岛、广州是具有百年以上历史的传统大港,宁波港以其得天独厚的深水优势在改革开放后复兴,深圳是以全新的投资模式、少有的发展速度成长发展的新型大港,本节选介这8个港口,并介绍作为世界著名港口的香港港和台湾地区的高雄港。

1. 上海港(Port of Shanghai)

世界著名大港,2005年起其吞吐量超过新加坡成为世界第一大港。位于31°14′18.8″N,121°29′04.5″E长江口的上海市(图6-2-2)。

(1)发展简况。唐宋时期,上海地区的主要港口在吴淞江入海口的青龙镇(今上海市青浦县东北),后因吴淞江河道淤浅,港口作业逐渐从青龙镇转移到上海浦。1265年前后(宋朝景定末年至咸淳初年),设上海镇并设市舶提举分司。1403~1404年(明朝永乐元年至二年),经大规模整治,形成黄浦江。1843年11月,上海被辟为“通商”口岸。1853年,中国对外贸易的重心从广州转移到上海。19世纪70年代成为中国航运中心。1931年,上海港船舶进出口吨位已经居世界第7位,成为远东航运中心。1932年以后,由于日军侵华,港口逐渐衰落。到1949年,上海港共有公共码头线长10717m,泊位79个,其中万吨级泊位26个。中华人民共和国成立后,经历了1973~1978年和1979年后的建港高潮,先后开辟了张华浜港区、军工路港区、共青路港区、朱家门码头、龙吴港区、宝山港区、罗泾港区、外高桥港区,并通过老港区改造,建设了煤炭、散粮、木材、矿石等一批机械化专业码头。2002年开工的洋山深水港工程,大大提升了其集装箱接卸能力。

截至2006年年底,上海港海港港区拥有各类码头泊位1140个,其中万吨级以上生产泊位171个,码头线总长为91.6km。按照码头使用性质分类:公用码头泊位175个,码头线长度为

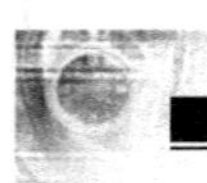

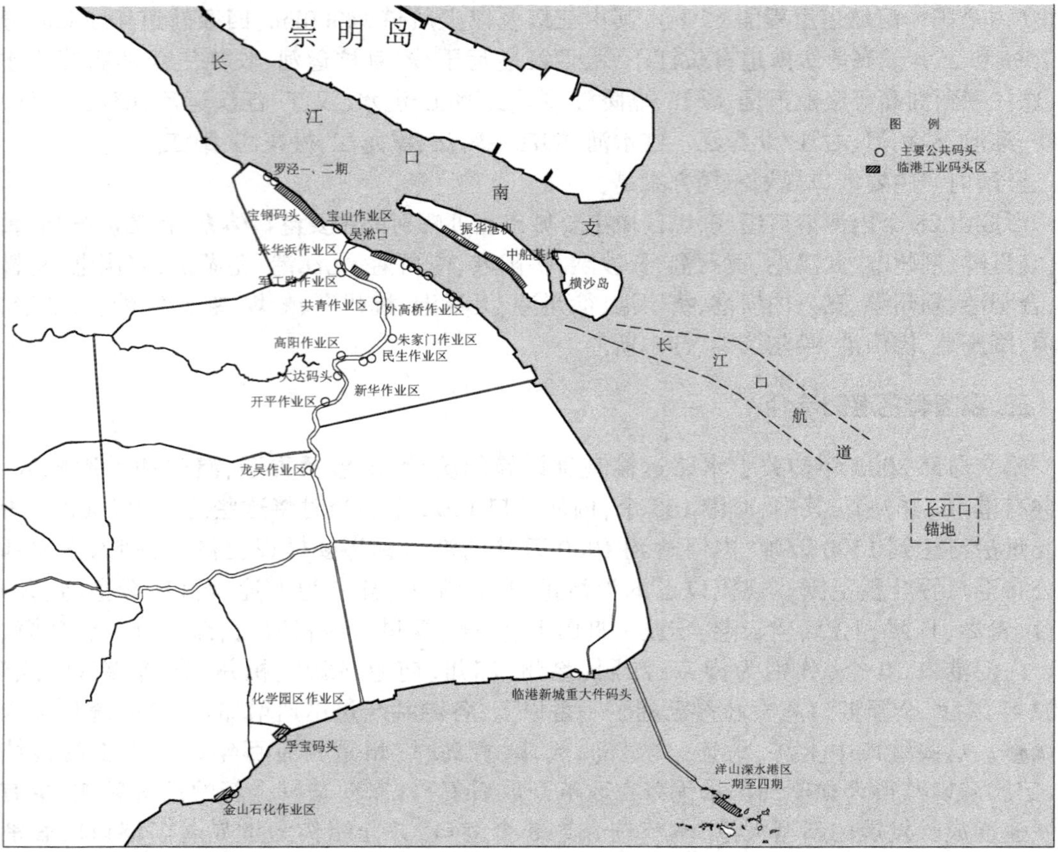

图 6-2-2　上海港港区分布

24.6km,其中生产泊位 121 个,码头线长度为 22.2km,年货物吞吐能力 17051 万吨;货主专用码头泊位 965 个,码头线长度为 67km,其中生产泊位 495 个,码头线长度为 38.2km。

上海港内河港区有码头泊位 818 个,最大靠泊能力 3000 吨级。

1984 年,上海港货物吞吐量超过 1 亿吨,进入世界亿吨级港口行列,2005 年开始货物吞吐量居世界港口第一,2010 年开始集装箱吞吐量居世界第 2 位。2011 年完成货物吞吐量 7.276 亿吨;集装箱吞吐量 3174 万 TEU,集装箱吞吐量也跃居世界港口首位。

(2)自然条件与航道。长江口和黄浦江的潮汐均为正规半日型潮,长江口最大潮差4.6m。长江口被崇明岛分为南支和北支;南支又被长兴岛和横沙岛分成南港和北港;南港又被九段沙分成南槽和北槽。2010 年之前进黄浦江港区的航道一般是南港南槽,疏浚维护水深 7m,吃水 9.5m 的船需乘潮进港,4 ~5 万吨级船可在长江口外绿华山水域减载后进港。长江口深水航道治理工程选择南港北槽为深水航道,1998 年 1 月一期工程正式开工,2000 年 7 月一期工程交工验收,水深达到 8.5m。2005 年 4 月二期工程建设完成,航道水深超过 10m。2010 年 3 月 14 日,三期工程交工验收,水深 12.5m,全长 92.2km,底宽 350 ~400m 的双向航道全线贯通。

黄浦江内航道水深为 8 ~10m。杭州湾航道维持自然水深,经扫海后设航标灯。

(3)港区设施。上海港公共装卸生产码头分布于黄浦江两岸、长江口南岸和洋山深水

港区。

黄浦江港区主要有张华浜码头、军工路码头、共青路码头、朱家门码头、民生路码头、新华路码头、高阳路码头、大达码头、开平码头、吴龙码头；长江口港区包括宝山矿石码头、罗泾煤码头、外高桥一～五期集装箱码头；洋山深水港包括一～三期工程，一期工程由5个集装箱泊位的港区工程、总长31.5km六车道的东海大桥和芦潮港配套辅助区三个部分组成，二期、三期工程分别为4个和7个集装箱泊位。一期工程码头可停靠6000TEU集装箱船，同时兼顾8000TEU集装箱船；二期工程可停靠7～10万吨级集装箱船，兼靠15万吨级集装箱船；三期工程可停靠15万吨级集装箱船。

外高桥和洋山深水港区集装箱码头的建设大大提升了上海港作为国际集装箱枢纽港的地位，上海港集装箱吞吐量的飞速发展，是这两个港区一大批现代化集装箱码头建成投产的直接结果。2008年，外高桥和洋山深水港区集装箱吞吐量分别占上海港全港的55%和30%。本书附录二、三分别介绍外高桥集装箱码头和洋山深水港区建设的技术创新。

2. 大连港(Port of Dalian)

中国东北地区最大的综合性海港。位于38°55′44″N，121°39′17″E，辽东半岛南端的大连市，濒临黄海大连湾(图6-2-3)。

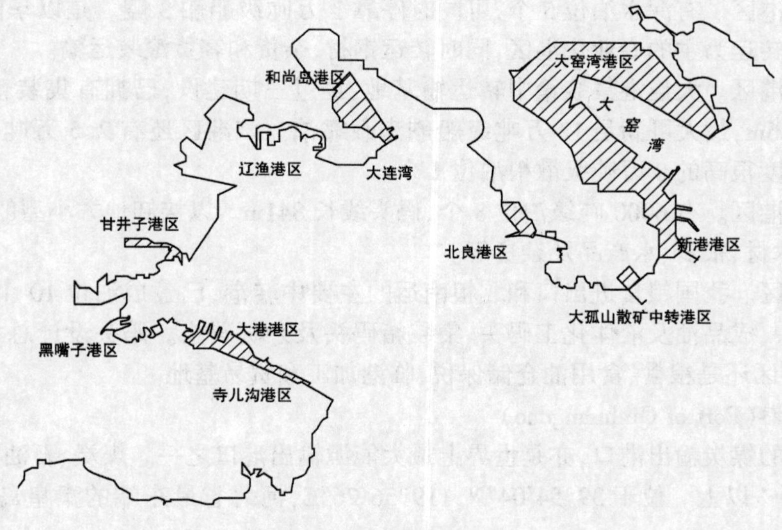

图6-2-3　大连港港区分布

(1)发展简况。19世纪以前，大连港口就是中国交通海外的重要口岸。1898年沙皇俄国强租旅大后，1899年宣布大连港为自由港，并开始建商港。1905年日本占领大连，继续扩建码头。1945年苏联红军接管大连港，1951年交还中国。1960年对外开放。经过扩建和新建，到2006年年底，大连港有装卸生产泊位191个，其中万吨级以上泊位73个，最大泊位为30万吨级，另有万吨级浮筒泊位3个，铁路专用线146.1km，输油管线88.6km。2011年大连港完成货物吞吐量3.37亿吨，居世界第9，其中外贸吞吐量10672万吨；集装箱吞吐量640万TEU。港口集疏运除原油全部靠管道运输外，其余货物的93%靠铁路、7%靠公路疏运。

(2)自然条件与航道。大连港潮汐属混合型半日潮。大连湾平均潮差2.1m，中部为旋转流，西南部和东北部为往复流；大窑湾平均潮差2.41m，潮流为往复流。港池内波高0.6～

1.0m。冰冻对船舶航行靠泊无影响。自外海进入大连港的船舶,必须经过大三山水道,水深13~42m。各港区航道有:大港航道(-10m)、甘井子航道(-8.6m)、新港航道(-17.5m)、大窑湾航道(-13.5m)、寺儿沟一栈桥航道(-9.4m)、寺儿沟二栈桥航道(-9.5m)、大连湾航道(-9.5m)。全港共有防波堤12座,总长8082m。

(3)港区设施。大连港公共装卸生产码头分布于8个港区。

①寺儿沟港区。有栈桥式码头4座,使用码头线长1082m,装卸生产泊位6个,水深6~9m,其中万吨级以上泊位4个,均为成品油专用码头。另有铁路专用线长8089m。

②大港港区。有突堤式码头4座、顺岸码头3座,装卸生产泊位22个,其中万吨级泊位9个,码头线长5110m,前沿水深6.9~12.1m。主要经营内贸集装箱、客运滚装和物流配送业务,向港城一体化的新型港区发展。

③甘井子港区。有钢栈桥式码头1座,装卸生产泊位3个,其中万吨级以上泊位2个,以出口煤炭、水泥、硬质沥青为主的专业化港区,同时转运出口玉米和担负船舶航修任务。

④鲇鱼湾港区。有30和10万吨级栈桥式原油码头各1座,栈桥式成品油码头2座,30万吨级矿石码头1座。原油码头是我国第一座开敞式离岸码头,由靠船墩、系船墩和装卸平台组成。

⑤和尚岛港区。有深水泊位5个,可同时停靠3万吨级船舶3艘。是以华能电厂和市内用煤及危险品转运为主的专业化港区,同时转运钢材、杂货和客货滚装运输。

⑥大窑湾港区。大连港集装箱中转运输基地,经过三期建设,已拥有集装箱专用泊位13个,水深12~16m,最大可满足12万吨级船舶满载靠泊。该港区还有2.5万吨级杂货泊位2个和现代化程度很高的8万吨级散粮泊位1个。

⑦黑嘴子港区。有6000吨级泊位8个,码头线长841m。以接卸地方小型船舶为主,主要货种为钢材、木材、粮食、水产品及杂货等。

⑧北良港区。我国粮食进出口和北粮南运的主要中转港,已建成泊位10个,包括粮食码头、植物油码头、成品油及液体化工码头、集装箱码头及杂货码头。码头设计总吞吐能力达到2800万吨。港区还是粮食、食用油仓储保税、临港加工和贸易基地。

3. *秦皇岛港*(Port of Qinhuangdao)

中国最大的煤炭输出港口,亦是世界上最大能源输出港口之一。煤炭、石油吞吐量占全港总吞吐量的90%以上。位于39°54′04″N,119°36′26″E,河北省最东端的秦皇岛市,南临渤海(图6-2-4)。

(1)发展简况。秦皇岛港历史悠久,古称碣石港。1898年辟为通商口岸。1897~1914年,建成码头2座,泊位7个。1962年,建成乙码头深水泊位2个。1973~1975年,建成原油码头一期工程2个泊位和甲码头2个泊位。20世纪80年代初至2006年,又先后建成原油码头二期工程及煤炭一期、二期、三期、四期、五期工程及20万吨级矿石码头。至2006年,全港共有泊位52个,万吨级以上装卸生产泊位42个,最大泊位能力为20万吨级。其中,煤炭泊位17个,石油、燃油泊位6个,矿石码头1个,杂货泊位8个,集装箱泊位3个,散粮泊位和散货灌包泊位各1个;港口综合设计通过能力2.23亿吨。2011年,秦皇岛港完成货物吞吐量2.877亿吨。

(2)自然条件与航道。秦皇岛港港湾内风浪小、水深大、不冻不淤。潮汐是以日潮为主的

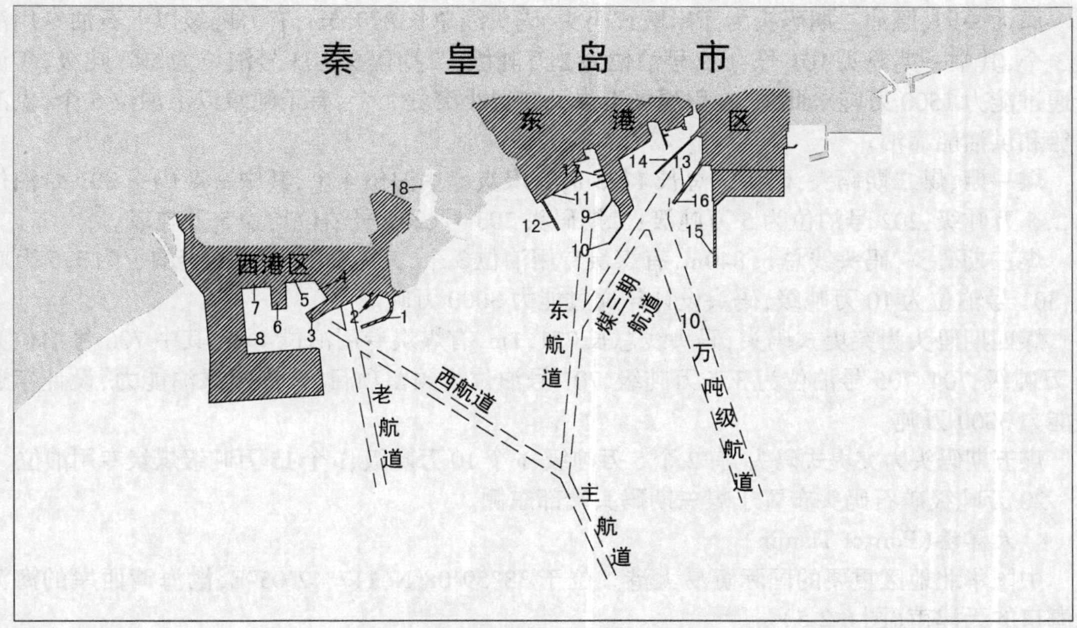

图 6-2-4　秦皇岛港港区分布

1-大码头；2-小码头；3-甲码头；4-乙码头；5-丙码头；6-丁码头；7-戊码头；8-己码头；9-油一码头；10-油二码头；11-煤一码头；12-煤二码头；13-煤三码头；14-煤四码头；15 -煤五码头；16-20 万吨矿石码头；17-工作船码头；18-新开河港区码头

不规则的混合潮型，平均潮差 0.7m 左右，潮流为往复流。冰况对船舶航行和港口装卸生产无影响。港口航道包括：主航道（－13.5m，双向航道）、东航道（－12.8m，双向航道）、西航道（－12.0m，单向航道）、老航道（－9.5m，单向航道）、煤三期航道（－13.0m，双向航道）、10 万吨级航道（－16.5m 单向航道，计划近期加深以满足 20 万吨级船舶出入）。

（3）港区设施。港口以新开河为界，分东西两大港区。

①西港区。包括大码头、小码头和甲、乙、丙、丁、戊、己码头，以杂货进出口为主。

大码头有 4 号 ~7 号散杂泊位 4 个，其中 5 号 ~7 号泊位为 1 万吨级；码头线总长 562.1m。

小码头以客运为主。

甲码头有 14 号和 15 号泊位，均为 3.5 万吨级散杂货通用泊位；码头线总长 463.4m。

乙码头有 8 号和 9 号泊位，均为 1.5 万吨级煤炭专用泊位；码头线总长 400m。由第三港务公司经营。

丙码头有万吨级以上泊位 4 个，其中 10 号泊位为 2.5 万吨级集装箱专用泊位，11 号泊位为食油泊位，12 号泊位为散粮专用泊位，13 号泊位为件杂货泊位；码头线总长 967.7m。

丁码头有万吨级以上泊位 2 个，其中 18 号泊位为件杂货泊位，19 号泊位为散货（如化肥、水泥等）灌包专用泊位；码头线总长 410m。

戊、己码头为集装箱作业区，码头前沿最大水深 16m。

②东港区。包括原油一期、原油二期、煤一期、煤二期、煤三期、煤四期和煤五期码头，以能源输出为主。

原油一期、原油二期码头为离岸墩式码头，码头线总长879.5m，有万吨级以上石油专用泊位3个，其中一期码头101号、102号泊位为2万吨级，二期码头103号泊位为5万吨级，年设计通过能力1500万吨。此外，在引堤的近岸处布置小突堤3个，有千吨级以下泊位6个，供港作船和供油船靠泊。

煤一期、煤二期码头，码头线总长1123m，有煤炭专用泊位4个，其中一期码头201号泊位为2.5万吨级，202号泊位为5万吨级；二期码头203号、204号泊位均为5万吨级。

煤三期码头，码头线总长840m，有煤炭专用泊位3个，其中302号、303号泊位为3.5万吨级，301号泊位为10万吨级，码头设计年通过能力3000万吨。

煤四期码头为突堤式码头，码头线总长771.1m，有煤炭专用泊位4个，其中706号泊位为10万吨级，704、705号泊位为3.5万吨级，707号泊位为预留项目，未形成靠泊能力，设计年通过能力3000万吨。

煤五期码头为突堤式码头，有2个5万吨级、1个10万吨级、1个15万吨级煤炭专用泊位。

20万吨级矿石码头布置于煤三期码头端部东侧。

4. 天津港(Port of Tianjin)

中国华北地区重要的国际贸易大港。位于38°59′08″N，117°42′05″E，渤海湾西岸的海河入海口的天津市(图6-2-5)。

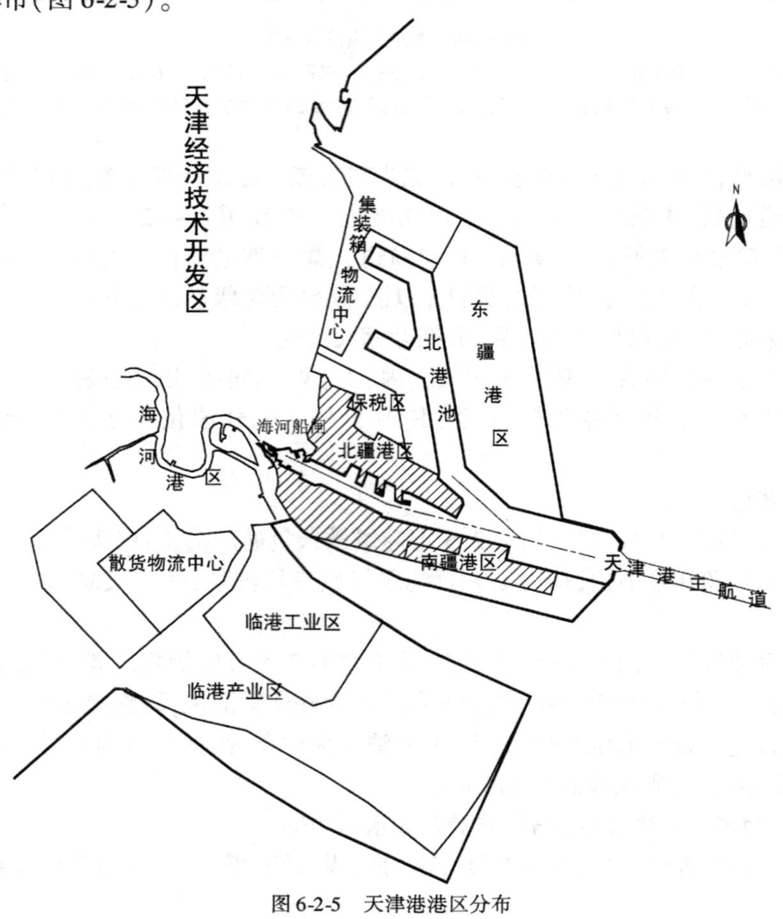

图6-2-5　天津港港区分布

(1)发展简况。公元705年(唐朝神龙元年)天津军粮城处已建港口。1861年辟为通商口岸。1888年开辟塘沽港区。1939～1945年,日本为掠夺华北煤炭资源曾修建了塘沽新港、船闸和船坞等工程。至1948年年底,天津港共有中小泊位15个。自1951年国家决定修复和扩建天津塘沽新港后,几经扩建,到2006年年底,全港共有装卸生产泊位119个,其中万吨级以上泊位65个。天津港主要进出口货种是煤炭、钢铁、矿建材料、盐和粮食等。2011年天津港完成货物吞吐量4.534亿吨,集装箱吞吐量1159万TEU,货物吞吐量居世界港口第4位,集装箱吞吐量居世界第11位。

(2)自然条件与航道。天津港潮汐属不正规半日潮型,有日潮不等现象,低潮显著;平均潮差2.47m,最大潮差4.37m;港内潮流为往复流,潮流方向与航道方向一致。天津港主航道长44km,2000年前为5万吨级航道,2000年后相继完成了15万吨级、20万吨级、25万吨级航道建设,航道有效宽度已达315m,航道水深达－19.5m,所有进入渤海湾的大型船舶都能入港。正在进行的航道拓宽三期工程结束后,其宽度将达到765m,满足第五代、第六代集装箱船、10万吨级散货船双向航行。海河航道长39.5km,可通行5000～7000吨级船舶。天津港南防波堤长7.55km,北防波堤长7.17km,口门宽1300m。在港池的最西端建有海河船闸,闸室长180m,宽21m,闸底标高－5m,可通过吃水6m以下的船舶。

天津港建于淤泥质海岸上,地势平坦,是中国最大的吹填成陆的港口。随海河各支流水库的修建和河道的整治,以及1958年建成的海河挡潮闸,泥沙淤积明显减少,被国家鉴定为轻淤港口。

(3)港区设施。天津港公共装卸生产码头分布于北疆、南疆、东疆和海河港区,全部码头岸线长度20.4km。

①北疆港区。共有泊位68个,其中万吨级以上泊位47个,包括码头前沿水底高程－15.2m以上集装箱泊位18个,最大可接卸15万吨级集装箱船;万吨级和2万吨级件杂货及散货泊位14个,前沿水深9～12m;3.5万吨级谷物泊位2个,有现代化散粮接卸设备一套,总容量为6万吨的散粮筒仓14个;万吨级专用客运泊位3个,客运站主体建筑及附属房屋面积15万平方米。

②南疆港区。共有泊位16个,其中,30万吨级原油、20万吨级矿石泊位各1个,15万吨级散货泊位3个,5～7万吨级煤泊位5个,5万吨级原油泊位1个,3.5和5万吨级焦炭泊位各1座,1.5万吨级成品油泊位3个。

③海河港区。位于塘沽区海河的北岸,有3000～6000吨级泊位9个,千吨级泊位6个。

④东疆港区。规划建设为人工填筑的半岛,位于港区的东北部,西接天津经济技术开发区,南临主航道。港区南北长11km,东西宽3km,总面积33.5km^2。规划的天津港东疆港区包括现代化的集装箱码头作业区、物流加工区、港口配套服务区“三大区域”;具有码头装卸、集装箱物流、商务办公、生活居住、休闲旅游等“五大功能”。自2006年开工建设以来,东疆港区建设项目以超常规速度进展,吹填造陆已完成25km^2。码头区6个10万吨级专业集装箱泊位投产运营,邮轮母港将于2010年6月竣工,物流园区二期保税区封关运作在即;配套服务区的游艇休闲中心,东部公共区沙滩扩建提升工程等一批项目即将建成。

5.青岛港(Port of Qingdao)

中国山东半岛上最大的港口。位于36°04′00″N,120°19′05″E,胶州湾东南部的青岛市(图

6-2-6)。是重要的能源输出港,煤炭、石油吞吐量占全港总吞吐量的40%以上。

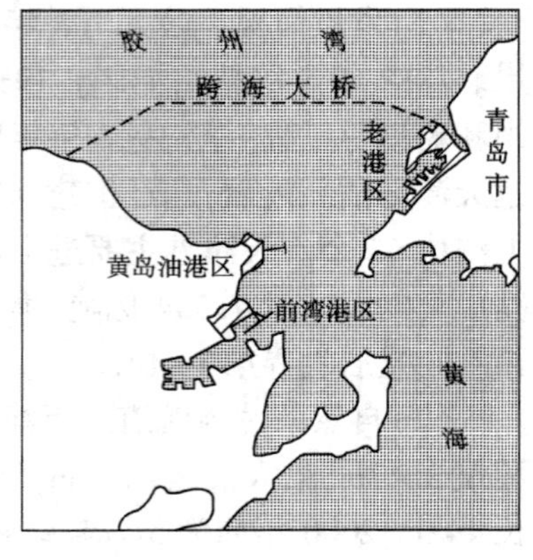

图6-2-6 青岛港港区分布

(1)发展简况。春秋战国时期即有海港。1892年建成第1座人工栈桥码头。1898年德国侵占胶州湾,次年在现大港港址建港。1904年胶济铁路竣工,青岛港成为水陆联运枢纽。1922年由中国政府收回。中华人民共和国成立后,从1954年开始对原港口设施进行技术改造。20世纪60年代在大港建成机械化码头、客运码头;70年代在黄岛建成5万吨级原油码头,并扩建了客运码头;80年代又建成了8号码头;90年代建成前湾港区。到2006年年底,港口共有码头14座,泊位72个,其中装卸生产泊位46个;拥有30万吨级原油码头、25万吨级矿石码头、中国大陆最大的集装箱码头和现代化的10万吨级煤炭专用码头。2011年,青岛港完成货物吞吐量3.723亿吨,集装箱吞吐量1302万TEU,均居世界港口吞吐量的第8位。

(2)自然条件与航道。青岛港系海湾港口,潮汐为正规半日潮型,潮流为往复流。港口水域分外港和内港,内港是指大港、中港、小港及黄岛油码头的水域,外港为太平角到象嘴连线以内的水域。

外海航道主航道长约45km,水深15m以上。黄岛油二期开辟了20万吨级新航道。胶州湾内共有6条主要湾内航道,可满足2万吨级船舶不乘潮、5万吨级船舶乘潮进出。

(3)港区设施。青岛港下辖老港区、黄岛油港区、前湾港区。2009年5月又启动了胶州湾以外的董家口新港区建设。

①老港区位于青岛市区,有突堤式码头7座,装卸生产泊位主要分布于1、2、4、6、7、8号码头。货物品种众多,包括煤炭、矿石、木材、成品油、散粮和杂货、集装箱等货物专用泊位以及客运码头。

②黄岛油港区有30万吨、20万吨级原油和12万吨液体化工泊位各1个,还有2万吨级和5万吨级原油泊位各1个,1000吨级成品油泊位2个。30万吨级原油码头泊位长520m,在结构上预留可停靠45万吨级超级油船的条件,是目前我国最大的原油码头。

③前湾港区是青岛港综合运输核心港区,以国际集装箱干线运输为主,同时承担青岛港铁矿石上岸、煤炭下水等大宗干散货运输服务,兼顾钢铁等杂货运输,全面开展港口综合物流、专项物流、商贸、信息、综合服务等现代化服务功能,形成现代化的大型国际化综合深水港区。本港区拥有可停靠15000标准箱船舶的集装箱码头,可停靠30万吨级船舶的矿石码头,可停靠10万吨级船舶的现代化煤炭码头。并创造了每小时装卸381自然箱的世界集装箱装卸的最高纪录。本港区现有集装箱码头泊位11个,正在建设的前湾四期工程共规划建设10个集装箱深水泊位,泊位设计水深最大为20m,码头前沿配备前伸距70m、起重量100t的双吊具集装箱桥吊,堆场配备电动轨道场桥,整个集装箱码头实施信息化、数字化控制运作,是当今世界最先进的顺岸集装箱码头。

6. 宁波港(Port of Ningbo)

位于29°52′54″N,121°33′24″E,浙江省东北部的宁波市(图6-2-7)。浙江省沿海最大港口。

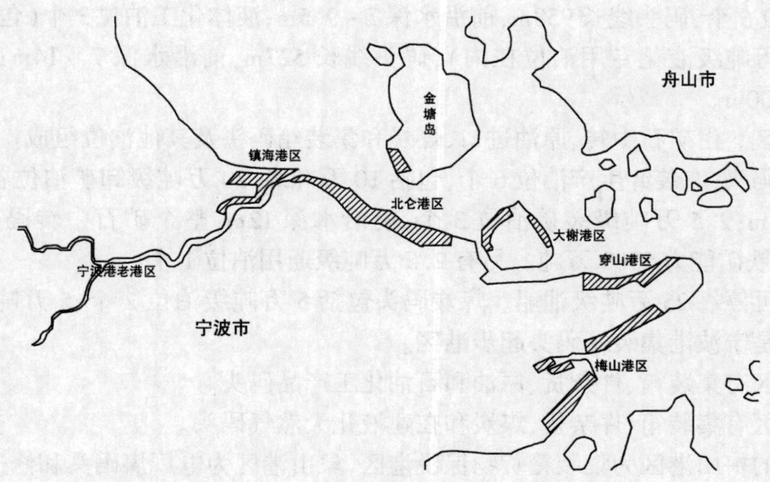

图 6-2-7　宁波港主要港区分布

(1)发展简况。宁波港对外贸易历史悠久,春秋战国时期已是海运重要口岸。1844 年根据不平等的《南京条约》辟为通商口岸之一,在今宁波市区甬江北岸辟为对外商埠。到 1949 年,宁波港仅有一些小船泊位。为了改变港口落后面貌,除宁波老港区外,于 20 世纪 70 年代后又先后新建了镇海和北仑两个新港区。到 2006 年年底,全港共有 500 吨级以上装卸生产泊位 132 个,其中 1 ~5 万吨级泊位 28 个,5 ~25 万吨级泊位 17 个,包括 10 万吨级和 20 万吨级进口矿石中转泊位、25 万吨级原油泊位、5 万吨级国际集装箱泊位、5 万吨级煤炭泊位及 5 万吨级通用泊位、5 万吨级液体化工专用泊位。2005 年,宁波-舟山港整合。2011 年,宁波-舟山港完成货物吞吐量 6. 934 亿吨,居世界港口第 2 位,集装箱吞吐量 1469 万 TEU,居世界第 6 位。本节仅介绍宁波港。

依托良好的深水资源,宁波港是我国大陆铁矿石、原油、液化产品中转储存基地和华东地区主要的煤炭中转储存基地。

(2)自然条件与航道。镇海港区和宁波老港区为河口港,北仑港区为海峡港。潮汐属正规半日潮型。甬江涨落潮流速一般为 1 ~2kn,甬江排洪时落潮流速可达 2. 5kn。北仑港区受风浪和涌浪影响,台风时涌浪较大。

宁波港进港航道有 3 条。其中,南航道自北仑到虾峙门,20 万吨级以下船舶可自由通航,30 万吨级船舶可候潮进港。北航道自甬江口到长江口灯桩,候潮可通航 2. 5 万吨级船舶。甬江自三江口至招宝山可通航 3000 吨级船舶;招宝山至甬江口可通航万吨级船舶,2 万吨级海轮可乘潮进港。

(3)港区设施。宁波港公共装卸码头分布于甬江、镇海、北仑、大榭、穿山港区。此外,还有规划发展的梅山、象山和石浦港区,是集内河港、河口港和海港于一体的多功能、综合性的现代化深水大港。

①甬江港区(老港区)。位于宁波市区甬江沿岸。有 500 ~5000 吨级客、货运泊位 16 个,码头线长 1160m,其中千吨级以上泊位 10 个,前沿水深 4. 5 ~5. 5m。主要为水上客货运输服务。该港区正在实施老港区功能转换。

②镇海港区。有装卸生产泊位 14 个。其中煤炭泊位 3 个,码头线长 300m,前沿水深 7 ~

9.5m;杂货泊位6个,码头线长958m,前沿水深7~9.5m;液体化工泊位3个(包括万吨级液化专用泊位和5万吨级液化专用泊位在内),码头线长527m,前沿水深7~14m;车客渡泊位2个,码头线长100m。

③北仑港区。由矿石中转、原油进口、煤炭和集装箱码头及其他泊位组成。

矿石中转码头,有装卸生产泊位6个,包括10万吨级、20万吨级卸矿泊位各1个,前沿水深18.2~20.5m;2.5万吨级装矿泊位3个,前沿水深12m;整个矿石中转码头的码头线长1361m,年吞吐铁矿能力5500万吨。另有2.5万吨级通用泊位1个。

原油码头可停靠25万吨级油船。煤炭码头包括5万吨级泊位2个、5万吨级通用泊位1个。北仑港区是宁波港集装箱码头起步港区。

④大榭港区有集装箱、件杂货、原油和石油化工产品码头。

⑤穿山港区有集装箱、件杂货、煤炭和在建液化天然气码头。

规划发展的梅山港区为集装箱货物保税港区,象山港区为电厂煤码头和修造船厂码头,位于象山港区以南的石浦港区为修造船厂码头和后备发展港区。

宁波港现有集装箱专用泊位21个,集中于北仑和大榭港区,现已扩展到穿山港区和舟山港金塘港区。一半以上已经投入运行泊位水深在17m以上,配有多台最大外伸距达65m的集装箱装卸桥和配套齐全的大型集装箱堆场,可满足1万标准箱以上的超大型集装箱船作业要求。此外还有一批在建和规划泊位。

7. 深圳港(Port of Shenzhen)

中国最大的特区港口。位于22°27′~22°28′N,113°52′~113°54′E,与香港、澳门及珠海市均在25n mile范围内(图6-2-8)。

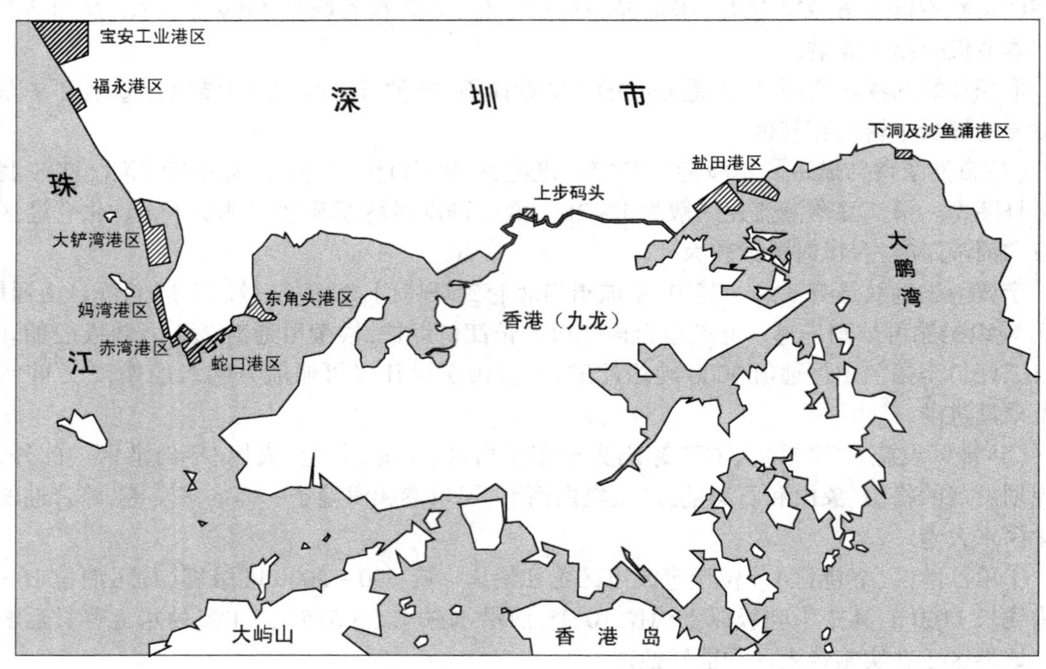

图6-2-8　深圳港港区分布

(1)发展简况。1980年前,深圳市只有一个小型内河码头。建立经济特区后,经过多年的建设和发展,至2006年年底,深圳港共建成500吨级以上泊位131个,其中经营性泊位81个,万吨级以上泊位57个。2011年,深圳港完成货物吞吐量2.232亿吨,集装箱吞吐量2257万TEU,集装箱吞吐量居世界港口的第4位。

(2)自然条件与航道。深圳港潮汐属不规则半日潮,平均潮差1.36m。其中大鹏湾是中国重点建设的四大深水良港之一,湾内水深12~14m。

深圳东部港区依托大鹏湾,以天然航道为主,其中盐田码头航道水深14m,可满足6000TEU集装箱船进出。深圳西部港区除妈湾港区外,均需开挖人工航道,其中蛇口新航道设计水深10.7~12.5m,赤湾航道水深10.6m,凯丰码头航道水深13.5m,妈湾航道水深10m,东角头航道水深4m。

(3)港区设施。深圳港有蛇口、赤湾、盐田、妈湾、大铲、福永、沙鱼涌、东角头、内河等港区。

①蛇口港区。中国当代历史上第一个由企业投资兴建的公用型港区,可接卸10万吨级散杂货船。拥有2个突堤式码头,码头线长3557m,泊位33个,其中万吨级以上泊位7个,万吨级以下中、小泊位10个,客运泊位16个。主要经营散装化肥、散粮、集装箱及客运,年设计货物通过能力1500万吨、旅客吞吐能力500万人次。

蛇口港区的集装箱码头,拥有5万吨级的集装箱泊位2个,码头线长650m,前沿水深14.5m;有集装箱装卸桥6台,其中2台为超巴拿马型;设计吞吐能力55万TEU。

②赤湾港区。由中国南山开发(集团)有限公司建设。拥有大中型泊位21个,码头线长2998m;年吞吐能力900万吨,集装箱吞吐能力60万TEU。主要经营散杂货、集装箱;其中化肥接卸量占全国的10%左右,是中国最重要的化肥中转港之一。

③盐田港区。由深圳盐田港集团有限公司规划建设。已建成一期、二期和三期工程,建成集装箱泊位9个,在建三期扩建工程还将建设装箱泊位6个。一期和二期5个泊位为5万吨级,三期工程4个泊位为10万吨级码头。

④妈湾港区。由深圳南油(集团)有限公司开发建设,已建成2000吨级以上件杂货、煤炭、油气品码头11个,其中3.5~5万吨级深水泊位6个。

⑤大铲湾港区。是2004年以来深圳西部珠江口内开发的集装箱港区,总规划能力为1000万TEU,其中远洋国际集装箱深水泊位15个,岸线总长约7500m,驳船和沿海支线泊位岸线2400m。规划分四期建成,一期码头建设远洋集装箱泊位5个,岸线长1830m,全部按靠泊15万吨集装箱船设计,前沿底高-18.0m,2009年6月,5个泊位全部建成。

⑥福永港区。位于深圳机场内,有高速客运泊位2个和千吨级货运泊位2个。

⑦沙鱼涌港区。为深圳市对台贸易口岸。有5000吨级泊位1个,2000吨级泊位5个。

⑧东角头港区。有千吨级泊位3个,码头线长240m,主要从事件杂货和集装箱装卸运输。

⑨内河港区。由皇岗码头和上步码头组成。其中,皇岗码头有500吨级泊位5个,主要装卸基建材料。上步码头有200吨级泊位6个,主要装卸沙、水泥及散杂货。

8. 广州港(Port of Guangzhou)

中国华南地区的综合性主枢纽港。位于23°06′N,113°36′E,珠江三角洲的广州市郊(图6-2-9)。

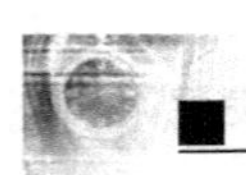

(1)发展简况。公元前200年的秦汉时代就已成为中国南方对外贸易的门户。唐代至清代的1000多年间,除南宋和元朝外,该港是中国对外贸易的首港。鸦片战争前是中国唯一对外开放口岸,最早与西欧商人进行贸易。1842年成为五口通商之一。辛亥革命后,孙中山先生在其《建国方略》中提出在老广州港的下游黄埔建设南方大港的主张。1937年建成顺岸码头,长400m,并浚深通海航道;1948年第二期工程建成长1250m的码头和仓库,成为可靠泊万吨级以下海轮的港口。中华人民共和国成立后,广州和黄埔两港分别成立港务局,并大量改建、新建码头泊位。1987年12月,两港合并,组成新的广州港。到2006年,全港有装卸生产码头泊位474个,其中万吨级作业以上泊位57个,万吨级作业锚地36个(最大可装卸30万吨级船舶),万吨级浮筒11个。2011年,广州港完成货物吞吐量4.315亿吨,集装箱吞吐量1423万TEU,分别列世界港口第6位和第7位。除集装箱以外,港口进出口主要货种为煤炭、石油、钢铁、化肥、粮食、木材等。

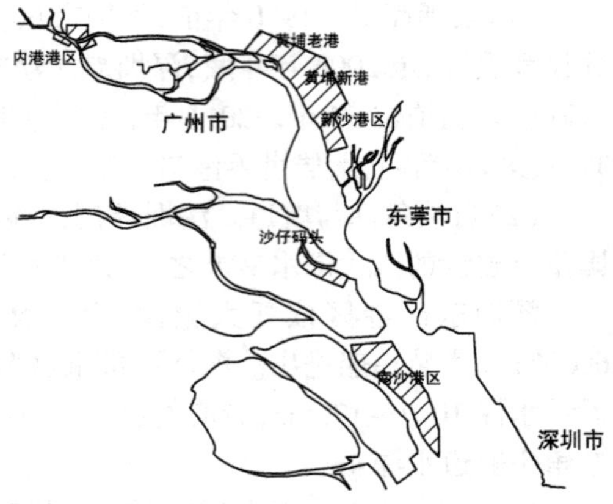

图6-2-9 广州港港区分布

(2)自然条件与航道。广州港地处珠江三角洲河网地区,地势平坦。潮汐属不正规半日潮型,虎门以内港区的潮流为往复流,流速1.2~2.5kn,洪水期最大流速达3~4kn。夏秋季有台风,风力一般6~9级。

1996~2000年,通过实施航道一期工程,广州港出海航道由-9m浚深至-11.5m;2004年开始至今,实施广州港出海航道二期工程使航道浚深至-13m,底宽160m,满足5万吨级船舶通航;2007年12月7日,南沙港区出海航道拓宽工程正式竣工交付使用,南沙港区至珠江口段出海航道拓宽到255m,满足5万吨级船舶双向通航。

广州内港区出海航道分为南航道和东航道,其中南航道是主航道,水深4.5~7m。

(3)港区设施。广州港下辖内港(广州)区、黄埔港区、新沙港区、南沙港区和虎门外港区五大港区。

①内港港区。包括河南码头、芳村码头、新风码头、黄沙码头、客运码头等。河南码头和芳村码头,有装卸生产泊位22个,码头线长1757.4m,前沿水深4~8m。主要装卸件杂货和集装箱。

客运码头分布于洲头嘴、大沙头、西堤。此外,在黄埔也有一处客运码头,有客运生产泊位18个,码头线总长1172m。

②黄埔港区。包括老港区和新港港区,其中新港港区有新港码头、西基码头、集装箱码头。

黄埔老港区,有码头泊位27个,码头线长2911.52m。其中,万吨级泊位10个,5000吨级泊位1个,1000吨级泊位11个,万吨级作业锚地4个;港池水深9m。主要装卸煤、矿石及其他散杂货。

新港码头,有2~3.5万吨级装卸生产泊位8个,港作船码头6个,码头线长1630.7m;珠江口三门岛有30万吨级船舶作业锚地1个,大屿山有5~15万吨级船舶作业锚地3个,二虎、泥洲头、大濠洲有作业锚地10个。主要装卸石油、散粮、散肥、件杂货等货物。

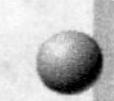

西基码头,华南地区最大的煤炭装卸专业化码头之一,有3.5万吨级深水泊位2个和装船岸线长为400m的内河码头,有铁路线与广深线相连,码头年设计接卸能力为400万吨。

集装箱码头,有3.5万吨级泊位6个,港池水深12.5m。

③新沙港区。已建成3.5万吨级深水专业泊位7个,码头线长2420m,前沿水深12m,包括煤、矿专业泊位,散化泊位和散粮专业泊位。散粮专业泊位配备了卸船能力为800t/h的夹皮带式卸粮机2台、卸船能力为400t/h的真空吸粮机1台,全流程采用输送能力为1000t/h的气垫皮带机。

④南沙港区。南沙港区的建设是广州港从内河港向海港跨越的需要。以前广州港的港区主要集中在黄埔及新沙,是一个内河港,距离国际主航道115km,航道水深11.5m,与当前航运市场的大型化、深水化、专业化趋势不相适应。南沙港区离国际主航道较近,仅60km,水深15.5m,南沙港区的建设使广州港成为真正意义上的海港。南沙港区一期工程4个5万吨级多用途泊位于2004年9月竣工投产,二期工程6个5万吨级集装箱专用泊位于2007年9月建成,三期工程规划于2010年建成6个10万吨级集装箱专用泊位。此外还将建设粮食、散货、汽车滚装和30万吨原油码头。

⑤虎门外港区。广州港重点水转水过载码头区。

9. 香港港(Port of HongKong)

著名的国际贸易港口,世界三大天然深水良港之一。位于22°30′N,114°20′E,广东省东南部、珠江口外东侧、香港岛和九龙半岛之间(图6-2-10)。

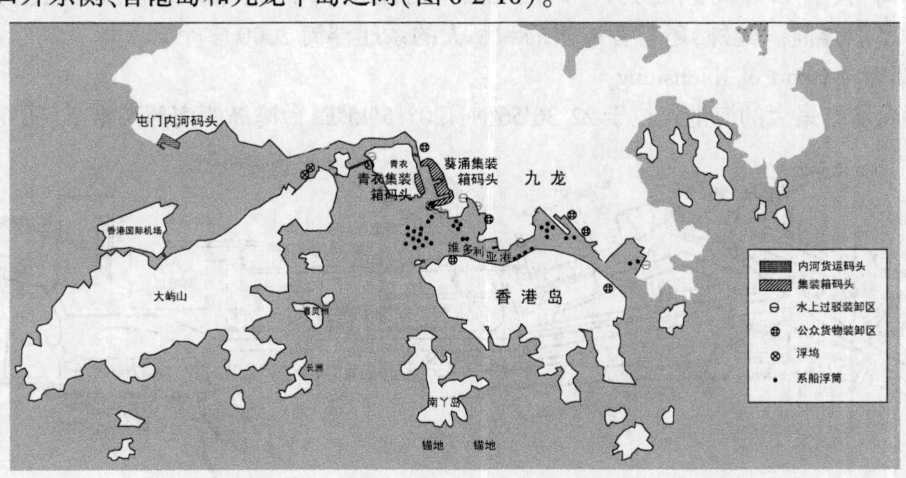

图6-2-10　香港港港区及海域分布

(1)发展简况。香港港为自由港,背靠大陆,面临南海,是远东航运中心,有100多条航线通往世界各港口。沿珠江可上溯至广州、梧州等港口。香港有1200km公路和34km铁路,经公路和广九铁路可通往中国内地。20世纪60年代中期,香港港开始利用杂货码头装卸国际集装箱,并步入快速发展的轨道。1970年在维多利亚港区西北部新界岸侧兴建第1个集装箱码头。1986年香港港成为仅次于鹿特丹港的世界第2大集装箱港,以后一直保持前列,1987至2003年期间曾多次位居第一。2011年,香港港完成货物吞吐量2.774亿吨,集装箱吞吐量2438万TEU,集装箱吞吐量居世界第3位。

(2)自然条件与航道。香港港由3个海湾、2个避风塘组成,港口水域5200公顷,最宽9.6km,最窄1.6km,吃水12m的船舶可随时进出港口。香港维多利亚港湾水域条件优良,港区面积60km^2,宽度在1.2~9.6km之间,水深超过10m,最深处达14.5m,不冻不淤。港口设置航标290个,许多航标都装有雷达反射器。

(3)港口设施与客货运作业。港区分布于香港仔、青山(屯门)、长洲、吉澳、流浮山、西贡、沙头角、深井、银矿湾、赤柱(东)、赤柱(西)、大澳、大浦、塔门和维多利亚等,共15个。

港口设施包括集装箱码头、内河码头和系泊浮筒三类。集装箱码头主要接卸远洋集装箱船,内河码头承担客运、近海和珠江三角洲沿岸集装箱与一般货物装卸,系泊浮筒进行海上过驳倒载作业,也可系泊待靠码头的船舶。

葵涌和青衣集装箱码头位于维多利亚港区西北部,设计通过能力1900万TEU,每年完成全港集装箱吞吐量的70%以上。两码头有9个泊位,深水岸线总长7694m,占地面积279公顷。码头管理先进,集装箱船的装卸时间平均仅13.2h,且港口费率全世界最低。集装箱码头堆场存储与作业效率不断提高。单层仓库两侧带长悬臂屋顶的货台,可全天候作业;多层货运站大大提高堆场利用率。仓库的货仓全部用闭路电视、红外线摄影自动监视,能同时迅速启动所有消防设施;集装箱管理计算机控制系统进行计划安排,对每个装卸环节进行连续追踪。

香港港采用系船浮筒进行船舶过驳倒载作业在世界港口装卸作业中独具特色。此项作业在香港称为"中流作业",单艘集装箱船海上过驳倒载作业周期仅2.7天。全港有72个远洋船系船浮筒,其中44个可系泊137~183m长的船舶,28个可系泊长137m以下的船舶。57个为台风时系船浮筒。此外,还有香港当局和私人的系船浮筒2000多个。

10. 高雄港(Port of Kaohsiung)

中国台湾省最大的海港。位于22°36′56″N,120°15′45″E,台湾岛西南部高雄市(图6-2-11)。

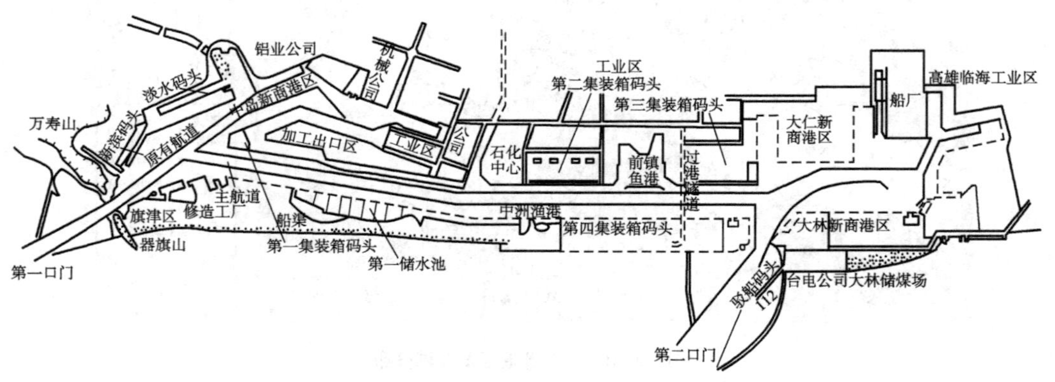

图6-2-11 高雄港港区分布

(1)发展简况。高雄港于1863年以安平港的辅助港的地位正式开港。1908年开始扩建。1939年时,建有千吨级码头泊位20多个,太平洋战争期间遭受严重破坏。1945年后逐步恢复。1956年起,高雄港转入扩建振兴时期。至1999年,港口共有生产性公用码头泊位111个。

高雄港外贸主要出口砂糖、水泥、盐、香蕉和胶合板等;主要进口原油、化肥、矿石、原木、机械等。高雄港货物吞吐量在1亿吨以上,集装箱吞吐量曾连续7年蝉联世界第三,2009年完成集装箱吞吐量858万TEU。

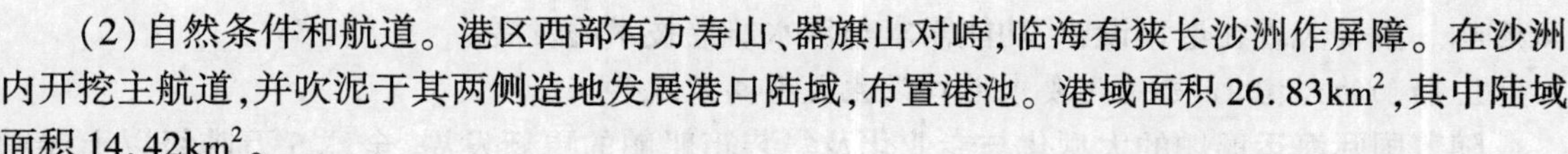

(2)自然条件和航道。港区西部有万寿山、器旗山对峙,临海有狭长沙洲作屏障。在沙洲内开挖主航道,并吹泥于其两侧造地发展港口陆域,布置港池。港域面积 26.83km^2,其中陆域面积 14.42km^2。

航道全长 18km,设有两个航道口门,第一口门位于西北端,水深 10.5m;第二口门位于西南端,于 1975 年开辟,水深达 16m,口门宽约 300m,可通行 10 万吨级船舶。

高雄港的集装箱集疏运,在岛内以公路和铁路为主,中转以海运为主。

高雄地区 6~9 月为台风期,雨量集中,年平均降雨量 1882mm。雾天每年不超过 10 天。

(3)港区设施。高雄港是由商港区、公共码头、加工出口区、工业区及大型企业等组合在一起的综合性港口。发展最快的是集装箱码头,全港有集装箱码头 5 座,已建成 27 个泊位,码头线总长为 8081m。高雄港有以下港区:

①蓬莱港区。码头线长 1566m,前沿水深 9m。

②盐城港区。码头线长 1252m,前沿水深 4.5~9.0m。

③岭涯港区。码头线长 1318m,前沿水深 5~9m。

④中岛港区。码头线长 6472m,前沿水深 4.5~10.5m。其中包括第一集装箱码头,有集装箱泊位 4 个,码头线长 848m,前沿水深 10.5m,配置装卸桥 3 台。

⑤前镇港区。码头线长 1926m。其中包括第二集装箱码头,有集装箱泊位 4 个,码头线长 1204m,前沿水深 12m,配置装卸桥 9 台。

⑥小港港区。码头线长 1591m。其中包括第三集装箱码头,有集装箱泊位 3 个,码头线长 1072m,前沿水深 14m,配置装卸桥 10 台。

⑦中兴港区。全部为集装箱泊位,即第四集装箱码头,有集装箱泊位 8 个,码头线长 2533m,前沿水深 14m,配置装卸桥 19 台。

第一~四集装箱码头年设计总吞吐能力约 500 万 TEU。

⑧大仁商港。正在建设中的第五集装箱码头。规划建设水深 13m 以上的集装箱泊位 8 个,其中水深 15m 的泊位 3 个,可接卸第 6 代集装箱船,年设计总吞吐能力 350 万 TEU。至 1999 年底,该码头已建成 7 个泊位。其中一期工程于 1995 年完成,建成 75~77 号集装箱泊位。二期工程的 78 号泊位于 1998 年 12 月启用,码头长度 328m;79 号泊位于 1999 年 5 月建成,并对外营运;80、81 号泊位于 1999 年底竣工,2000 年对外营运。79~81 号 3 个泊位的码头线长 795m,配置装卸桥 8 台,门机 24 台,年设计吞吐能力 100 万 TEU。

高雄港还有散货泊位 10 个,杂货泊位 24 个,粮食泊位 4 个,石油专用泊位 10 个,其他专用泊位 10 个。为了适应钢铁、炼油、造船等重工业的发展,工矿企业在港内还建有 10 万吨级矿砂码头、石油码头、大型煤码头、液化天然气码头,以及 100 万吨级大型干船坞。此外,在港外还设置了可系泊 25 万吨级油船的单点系泊设施 2 个。

第三节　港工技术的发展

一、现代港口与港工技术发展趋势

20 世纪 60 年代以来,世界经济和海运的持续增长对港口建设和港工技术发展产生了深刻影响。主要表现在港口设施、功能需求与深水筑港技术的发展。

1. 船舶的大型化、专用化要求港口设施大型高效现代

随着国际海运船舶的大型化与专业化及集装箱船舶的更新发展，全球5万吨级以上船舶的营运量已明显地超过50%，油船和散货船所要求的水深更大。新建集装箱码头普遍要求按10万吨级设计，矿石、原油码头达到20、30万吨。海港水深显著增大，要求15m或更大水深，原有海港改建或扩建也要求水深增大为12.5m以上。相应地，进港航道也要求增深。港口的发展也要求运输装卸设备向现代化发展。实现高效与快速装卸，是港口生存的必要条件，机械化、自动化、现代化成为装卸和附属设施的主流。同时注重提高港口的综合能力与效率，实现码头、库场、疏运能力的平衡。

出口矿石和煤炭卸车由单车翻车机发展为双车、三车，最多达4车的旋转车钩不摘钩翻车机，每翻一次周期约120s，每小时可卸料6000～7200t。此外，也采用底开门自卸车，一列车36车皮20min可卸完。装船机效率由过去几百吨/小时发展到上千吨/小时，最大可达6000～8000t/h。散货卸船有抓斗卸船、链斗卸船和连续式自卸船等多种方式，每小时能力达3000t左右。集装箱泊位的年通过能力最高达到100万TEU左右。

2. 经济全球化要求港口功能多元化

港口的多功能化是当前国际上港口与城市共同发展的一种新趋势。在一些发达国家，随着科技、经济、通讯和管理手段的现代化，使城市发展和港口发展趋向统一。对港口而言，由单纯集疏运中心发展成为港口和城市的统一体、多种运输方式的连接体和多种经济形式的集合体。它的概念已从原来的运输枢纽发展到具有加工、换装、转运、商业、金融、通信、会议、旅游等多种方向的功能。

对我国港口而言，经济结构的战略性调整，要求港口充分发挥综合运输枢纽作用；区域经济社会协调发展，要求港口充分发挥内引外联的作用；可持续发展战略，要求港口进一步转变发展方式；港口深水岸线稀缺性非常明显，是国家宝贵的资源，深度开发与有效利用成为必然；随着改革开放的进一步深化，港口对国家经济安全的重要性日益突出，成为体现国家竞争力的重要战略资源。

3. 深水筑港使得港口工程技术难度加大

近年来我国原有港口几乎全部开发新港区，港口设计船舶吨位不断提升，经济的发展要求在资源条件难于满足建港需要的地区新建港口的趋势充分显示了这一特点。港口选址从历史上“选择建港条件优越地点建港”发展到“按需建设”，不得不在条件恶劣的地区新建港口码头，突出表现在码头远离海岸，需要建在远离海岸的外海。如洋山港区连接码头作业区与辅助作业区的大桥长达31.5km，曹妃甸港区引堤达18km，黄骅港码头离岸11km，如东的洋口港区离岸16km。深水建港面临一系列复杂技术难题需要审慎处理：工程泥沙涉及如何应对粉细沙海域的骤淤；高流速高含沙海区如何处理码头航道布置；外海开敞式码头系泊安全和营运作业方式；软土地基、岩石地基的深水码头结构形式；高效机械化自动化设备的选型与设计；软土地基的处理；粉细沙淤积物的疏浚技术等。

4. 港口建设周期显著缩短

目前一个相当规模机械化大型港区完成填海造陆、地基加固、建筑物施工、设备设计、制造及调试运行的港口建设全过程的总工期由过去的4～5年缩短为2年左右，快速施工的组织如

何满足这种通常条件下几乎无法实现的工期要求，是一个极大的难题。港口建设由计划经济转向市场经济模式，在投资大幅度增加的条件下如何筹措资金，保证项目的财务效益和社会效益，也是深水建港面临的难题。

二、新世纪我国港口航道工程技术的创新成就与待研课题

我国的港口航道工程建设技术伴随港口事业的发展走过了60年的历程，技术进步和创新贯穿全过程。1989年以来交通部基建管理司、交通部水运司和交通部先后组织编撰的《水运工程技术四十年》、《中国水运工程建设技术》、《水运工程技术创新文集》，分时期全面检阅了我国港口航道工程建设技术成就，提供了丰富的工程实例。受发展阶段和外部环境条件的影响，港口工程建设技术发展也有潮涨潮落。自1972年提出“三年改变港口面貌”口号到20世纪末，我国在新港区和新港址选择，大型深水泊位建设，新型水工建筑结构的研究与使用，港口工程软土地基处理，深水航道开发，大型、新型船坞的建设，提高港口水工建筑物使用寿命等方面取得了长足进步。

进入21世纪以来，共完成水运工程科技研发项目1200余项，获得200多项国家和省部级科技进步奖。其中，《新一代港口集装箱起重机关键技术研发与应用》、《长江口深水航道治理成套技术》两项成果荣获国家科技进步一等奖，《上海外高桥集装箱码头建设集成创新技术研究》等成果荣获国家科技进步二等奖；获得国家专利近300项；获得国家级勘察设计、工程咨询等各类奖项374项，其中詹天佑大奖11项，鲁班奖6项，国家级优秀设计金质奖、银质奖、铜质奖多项。

我国水运工程技术创新的主要成就可归结为以下六个方面：

1. 初步形成了沿海大型专业化码头建设成套技术

围绕煤炭、原油、集装箱、矿石等为代表的大型现代专业化码头的建设，在地基处理、水工建筑物设计与施工、疏浚技术、装卸工艺等方面均取得了重大技术创新，初步形成了大型专业化码头建设成套技术。

(1)结合我国实际，成功开发了多种有效的地基处理方法，其中真空预压法、爆炸挤淤法居世界领先水平。这些地基处理方法在洋山深水港区、广州南沙港区、天津港、大连大窑湾港区、宁波北仑港区等大型港口建设中得到广泛采用，并取得显著成效。

(2)成功研发了水下基床抛石整平机械化施工工艺、大型沉箱出运、海上远距离拖运和安放工艺、疏浚与吹填施工新工艺等，大大提高了施工质量和效率，满足了国家重点工程的建设需要，部分工艺与技术已达到世界先进水平。

(3)自主创新开发了半圆型沉箱导堤结构、插入式大圆筒结构、大型桩式柔性靠船结构、插入式箱筒型基础结构及施工工艺等，突破了复杂自然条件建港技术瓶颈，为复杂环境条件下的港口建设提供了有力的支持。

(4)大型专业化码头装卸工艺不断创新，船时效率不断提高。集装箱码头船时效率已达每小时565标准箱，泊位年通过能力平均113万TEU的世界领先水平；大型矿石卸船码头船时效率已超过7000t/h，大型煤炭装船码头船时效率已超过8000t/h，翻车机卸车系统效率达到7200t/h，均已达到世界先进水平。

此外，在消化吸收国外先进技术基础上，我国还成功建设了琼州海峡与烟大铁路轮渡码

头、广东深圳 LNG 码头、大连大窑湾商品汽车码头等特种类型码头。

2. 基本掌握了大型、高效港口机械装备核心技术

我国的港口机械装备工业经历了从引进、消化吸收到国产化的艰辛历程，目前已进入拥有自主知识产权和掌握核心技术的新阶段。以振华港机产品为代表的中国港口机械装备技术处于世界领先地位，产品已进入世界 50 多个国家和地区，占有世界集装箱岸桥和场桥市场七成以上的份额，中国品牌已获得世界港口界的普遍认可。上海港外高桥自动化无人堆场系统，在集装箱自动化作业工艺和设备、自动防摇、自动识别、自动定位、堆场智能控制等方面进行了富有成效的创新实践。

目前，我国港口的岸边装卸设备已能满足 1 万标准箱集装箱船和 20 ~ 30 万吨级散货船的装卸作业需要。大型高效岸边集装箱起重机单机平均装卸效率达每小时 50 标准箱以上，双 40 英尺、双 40 英尺双小车岸边集装箱起重机等新型设备技术渐趋成熟。大型散货专业化码头单机作业效率明显提高，煤炭装船效率、矿石卸船效率、原油卸船效率均已达到世界先进水平。

3. 攻克了大型深水航道建设部分关键技术

长江口深水航道治理工程是巨型复杂河口航道整治技术应用的典型案例。该工程的总体治理方案、半圆型沉箱等轻型重力式结构、专用施工设备及施工工艺等形成了多达 74 项的创新技术，均属世界首创。目前，该工程已通过国家竣工验收，航道水深已加深至 -12.5m，通航尺度大幅度提高并维持稳定。

广州港 -13m 出海深水航道、湛江港 25 万吨级航道、天津港 25 万吨级航道和连云港 7 万吨级航道先后扩建成功，位于粉沙淤泥质海岸的黄骅港外航道一期工程整治成功，巩固和提升了这些港口的主枢纽地位。

4. 内河水运工程技术取得重大进展

(1) 内河通航建筑物技术创新成绩显著。三峡船闸采用四区段等惯性输水系统，连续两级船闸运行的设计水头差达到 45.2m，标志着我国在高坝通航技术方面取得重要突破。闽江水口枢纽 2 × 500t 全平衡式垂直升船机的成功建设，填补了我国大型垂直升船机建设的空白。在通航建筑物的平面布置、水工结构和船闸输水形式等方面也有许多创新。

(2) 内河大水位差码头建设取得新进展，开创性地采用了高桩梁板直立式码头结构，装卸工艺采用了岸边集装箱起重机，丰富了内河码头建设技术。内河港口机械装备品种逐渐丰富，性能、质量迅速提高。特别是针对内河大水位差码头推出了双悬臂桥式起重机、轻型轮胎龙门吊、浮式装卸桥和新型缆车等一系列新型、高效的装卸设备，大大提高了内河港口的作业效率，促进了内河航运的发展。

(3) 初步形成了山区河流航道整治成套技术，为长江上游泸渝段、西南水运出海通道中线、赤水河河口段等航道治理提供了技术支持；在平原河流的航道整治方面开发了新型固化材料和多种生态型护坡结构。

5. 广泛应用和提升信息化技术

沿海港口电子数据交换系统、集装箱智能化生产管理系统、大型专业化散货码头装卸自动化控制系统、船闸自动控制系统等得到较为广泛的应用；开展了内河数字化航道示范工程，数字化内河航道建设取得初步进展；港口、航道建设已开始采用卫星定位、遥感、智能化动态监

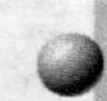

控、工程管理信息化等技术。这些信息化技术的应用与提升，显著提高了水运工程建设质量和管理水平。

6.基础性研究取得重大进展

（1）设计理念和方法有了较大提升。工程设计中以人为本、人与自然相和谐、可持续发展、全寿命周期成本等理念越来越得到重视和贯彻。勘测、规划、设计过程中广泛采用了计算机辅助设计和电子海图测量系统，大大提高了勘测设计的质量和效率。

（2）水运工程建设技术标准体系逐步完善。水运工程建设技术标准体系先后经过了三次修订，基本满足了不同时期工程建设的需要。

（3）特殊条件下的泥沙运动规律研究取得重大进展。在数学模型和物理模型相结合的复合模型研究、河口海岸和岛群泥沙运动规律研究、适航水深应用技术研究等方面相继取得了突破性进展，达到了国际先进水平。

（4）新材料应用研究取得进步。抗盐污染高性能混凝土的应用使海洋环境下水工建筑物使用年限达到50年以上；钢结构防腐、土工织物、模袋混凝土等新材料的广泛应用，确保了工程质量，加快了工程施工进度，降低了工程成本。

技术创新有力支撑了我国水运建设的快速发展，基本满足了国民经济快速增长的需求。我国大陆沿海港口相继建成投产的各类生产性泊位，实现了岸线利用的集约化与高效化。内河航道通航条件的持续改善，船舶平均吨位的提高，货运量和货物周转量的增长，使得内河航运运量大、运价低、耗能小、占地少、投资低和环境友好等优势得到了进一步发挥，内河航运在综合运输体系中的地位和作用得到了巩固。

在上述成就的基础上，面对新世纪水运工程建设发展，应该围绕以下“四大关键技术”继续攻关。

（1）“资源节约型、环境友好型”的水运工程关键技术。

①大型化、智能化、专业化港口机械装备与工艺技术开发。在加强集装箱、大宗散货装卸技术研发的同时，注重特种货物装卸技术创新。在加强沿海大型码头装备高效化、大型化的同时，注重中小码头经济灵活的装备与工艺技术创新。在继续关注效率和成本的同时，要注重装备与工艺的节能、环保、安全的技术创新，尤其是港口生产过程中的节能减排和减少港口污染技术。

②推进交通运输一体化技术发展，提高港口综合通过能力的关键技术研究。重点研究现代综合物流技术、交通运输一体化技术标准等，为实现一体化运输提供必要的技术支撑，逐步实现运输方式间的无缝衔接和零距离换乘。研究提高车船、船船直取比例的措施，提高港口系统能力和效率。

③内河航运节地、节能、改善环境的优势发挥研究。制定完善内河航运发展规划，促进水资源的合理开发和综合利用；研究以航运为主的流域综合利用技术；研究扩大内河通航能力措施。在节地、节能、改善环境研究方面实现技术突破，不断总结经验，逐步推广，建设资源节约型、环境友好型的内河水运工程。

④水运工程环境保护关键技术研究。重点研究海洋、河流环境中的生态影响预测模型及恢复技术；疏浚土的综合利用技术；减少运输设备、陆域吹填、工程爆破、外海抛泥对环境影响技术；环境污染物“零”排放技术等。

(2)复杂自然条件下建设重大水运工程的关键技术。

①沿海大型专业化码头建设成套关键技术的开发研究。要针对我国沿海港口码头吨级结构仍不甚合理、吞吐能力仍显不足、主要港口航道仍不能完全适应船舶大型化需求的现状,应继续加大沿海大型专业化码头建设成套技术研究和开发的力度,重点研究在风暴潮、波浪、水流等复杂环境下港口及航道减淤防冲措施、大型开敞式码头泊稳条件、船舶靠离泊及航行的安全控制措施、超大型码头和外海防护建筑物新型结构、老码头改造的技术、沿海深水航道和大江、大河出海航道选线的重大原则与方法,以及邮轮、游艇码头的设计标准等。

②内河基础设施建设关键技术研究。抓好内河水运建设示范工程的实施,加强渠化河流通航建筑物及航道治理关键技术研究;开展航道整治建筑物新结构、新材料研究,航道生态护岸、船舶大型化和航行速度提高引起船行波对护岸影响研究,以及长江黄金水道治理关键技术研究等。积极探索我国在水资源约束环境下实现高等级航道的关键技术。

③大型施工装备研制与施工新工艺开发。针对外海大型码头新结构,研制或开发大型步行式海上升降施工平台以及高效率施工工艺。

进一步开展空间信息应用技术、全球定位系统、遥感技术、智能化监控技术在港口建设和航道治理施工中的应用研究等。

大力推进现代疏浚技术研究,加大大型化、高效化、环保化疏浚设备引进、开发力度。

(3)信息化、智能化应用与提升的关键技术。

在水运工程建设、管理中广泛应用与提升信息技术、控制技术、通信技术和空间技术等,不断提高水运工程信息化程度,实现港口及内河高等级航道的数字化。重点开发智能航运系统、内河综合信息服务系统、数字化港口系统、现代物流管理系统等,提高水运工程的建设、运行和养护水平。

促进港口与其他运输方式、政府监管部门、工商企业、物流服务企业之间的信息融合,逐步实现实时、可靠的信息交互,拓展港口功能,增强港口服务能力,促进港口运输加速融入现代物流体系。要结合国家科技支撑计划项目“现代港口物流服务示范工程”开展好相关工作。

(4)水运工程基础性与通用性关键技术。

①以信息化全面推进水运工程勘测、设计手段的现代化。在勘测、规划、设计、施工中,开发应用信息化技术、计算机辅助设计系统、地理信息系统、全球定位系统、遥感技术等,实现方案优化、并行设计、协同设计、智能设计和虚拟设计。

②加强特殊自然条件港口工程的泥沙运动规律研究。研究在粉砂质海岸、群岛区、辐射沙洲等特殊海岸建港时泥沙运动的特性及规律。研究泥沙回淤、泥面冲刷机理和港口航道淤积、冲刷预报方法等。

③重视新型混凝土及结构健康诊断技术的研究与开发。重点研究环保耐久型混凝土技术,研究不同混凝土在外海环境下的失效过程和结构寿命预测技术,建立水运工程结构多参数健康评价体系和耐久性预警系统,开发针对不同条件的结构修复材料施工工艺。

附录

附录选编说明：为展示新世纪我国港口航道工程技术创新成就，从更广阔的视野了解港口航道工程技术进步，从交通部编撰的《水运工程技术创新文集》一书选取了介绍长江口深水航道治理、上海港外高桥港区现代集装箱码头建设集成创新技术、洋山深水港、山区河流航道整治、湘江航运开发株洲航电枢纽建设等5篇技术创新总结文献作为附录。为节省篇幅又便于读者了解项目全貌，转载时仅选录项目概况与创新成果，并补充了部分相关资料、公式符号说明以及外高桥港区码头分布、洋山深水港码头分布、湘江航运开发现状与规划、株洲航电枢纽布置图。《水运工程技术创新文集》一书于2007年12月由人民交通出版社出版。

附录一　长江口深水航道治理工程成套技术

交通运输部长江口航道管理局

一、概况

长江口三级分汊，四口入海（附图1-1），各入海汊道均存在天然水深远较其上、下游浅的“拦门沙”，拦门沙滩顶自然水深为5.5～6.0m。治理工程前，北支已逐渐淤浅，只能通航小船；北港和南槽为6.0m水深的自然航道；北槽通过疏浚维持7m通航水深（附图1-2），年维护量约为1200万立方米，吃水9.5m（相当于1.5万吨级）的船舶平均一天也只能乘潮通过15艘

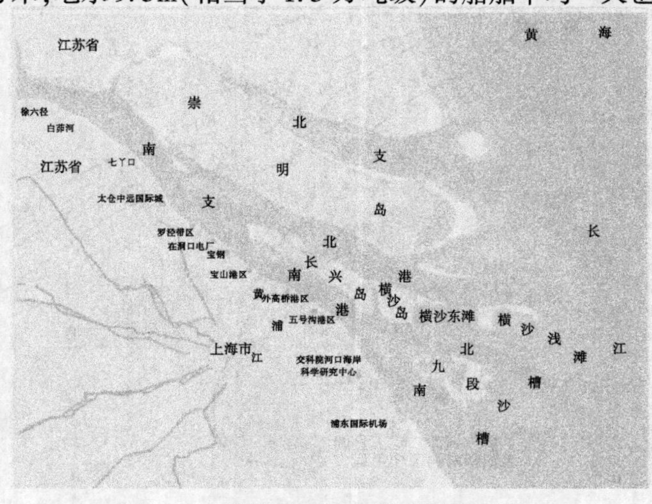

附图1-1　长江口形势图

左右，远远不能满足上海港及南京以下110多个万吨级以上泊位船舶的进出需求，成为长江下游诸港和上海港海上运输的瓶颈。

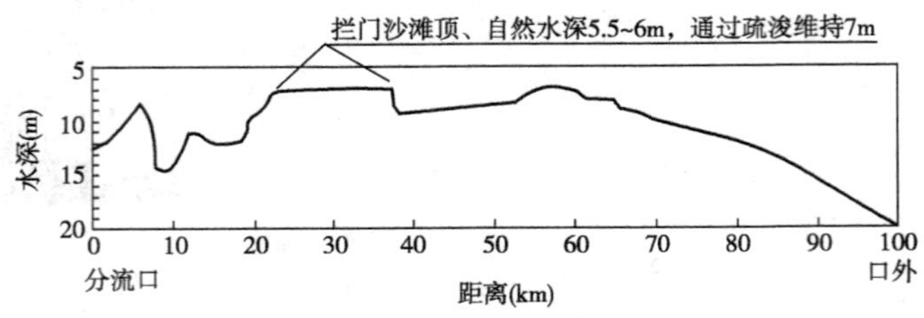

附图1-2 工程前北槽河床高程的纵向变化

为了实现党的十四大提出的“以浦东开发开放为龙头，进一步开放长江沿岸城市，尽快把上海建成国际经济、金融、贸易中心，带动长江三角洲和整个长江流域地区经济的新飞跃”战略决策，打通拦门沙，建设长江口深水航道势在必行。上海航道局、南京水利科学研究院和华东师范大学等单位从1958年就开始了研究工作，一大批专家学者从不同学科专业角度进行了长期的联合研究，提出了“在长江口总体河势基本稳定的条件下，可以选择北槽先期进行工程治理”的科学论断；制订了“利用落潮优势流、实施中水位整治、稳定分流口、采用宽间距双导堤加长丁坝群，结合疏浚工程”的总体治理方案。

1997年，国家批准实施长江口深水航道治理工程（附图1-3）。工程计划分三期实施，使航道水深分期增深至8.5m、10m和12.5m，满足第三、四代集装箱船全天候进出长江口，第五、六代集

附图1-3 长江口深水航道治理工程平面布置示意图

装箱船和10万吨级散货船及油船乘潮进出长江口的需要。各阶段的建设规模见附表1-1。

长江口深水航道分阶段建设规模 附表1-1

实施阶段		一期工程		二期工程		三期工程	合计
		计划	实际	计划	实际		
分流口	潜堤(km)	3.20	3.20				3.20
	南线堤(km)	1.60	1.60				1.60
	堵堤(km)	0.73	0.73				0.73
南导堤(km)		20.00	30.00	28.077	18.077		48.077
北导堤(km)		16.50	27.89	32.70	21.31		49.20
丁坝(座/km)		6/9.17	10/11.19	18/20.51	14/18.9		19/30.09
护堤	丁坝(km)		0.5				0.5
	促淤潜堤(km)				8.087		8.087
航道水深(m)		8.5		10		12.5	12.5
航道底宽(m)		300		350/400		350/400	350/400
航道长度		51.77		73.45	74.471	92.2	92.2
疏浚量(10^4m^3)		4496	4071	7365	5921	17208	
工期(年)(a)		3	1998.1~2001.9	3	2002.2~2005.6	4	10
投资(亿元)		32.55	30.85	63.37	57.11	47.6	135

面对“茫茫无边的江面,冲淤不定的沙洲,动荡变化的河势”(钱正英,1997),本工程的项目法人——长江口航道建设有限公司(现交通部长江口航道管理局)动员组织了国内一流的科研、设计、施工和监理队伍,坚持走技术创新之路,依靠严格的科学管理,使一、二期工程均提前实现目标水深,完成了总体治理方案中总长达141.484km的整治建筑物的建设,建成水深10.0m、宽350/400m、长74.471km的双向航道,疏浚土方9103万立方米。一、二期工程质量优良,一期工程已获得2005年度国家优质工程金质奖。工程交工后,8.5m和10.0m水深的航道均实现了100%的通航保证率。(编者注:2010年3月14日,长江口深水航道三期治理工程通过交通运输部的验收。从东海到上海外高桥码头,打造出一条水深12.5m、全长92.2km、底宽350~400m的双向航道。)

在这一我国史无前例的水运工程建设中,从建筑物的结构形式到施工工艺,从主要施工装备到管理理念和模式,处处贯穿着创新的精神,形成了大量的创新成果。

二、创新成果

长江口深水航道治理工程成套技术的创新多达74项,其中对本工程贡献较大或技术含量较高的较重大创新有39项。74项中属原始创新的49项,集成创新19项,引进、消化、吸收后再创新6项。已获发明专利1项(另已受理1项),获实用新型专利12项。已获省部级以上各类工程和科技成果奖励27项。以下是对其中部分创新成果的简要介绍。

1.试验研究技术的创新

窦国仁院士首次建立了径流、潮流、波浪和盐水等多种复杂因素共同作用下的长江口全沙(悬沙和底沙)数学模型,对各期航道回淤量及分布,以及强潮、大洪水相遇等特殊不利条件下航道的骤淤作出了预报;在大型潮汐河口物理模型中,成功实现了动床冲刷试验、悬沙淤积

试验，并独创河口外旋转流场模拟技术；在数、物模研究中，成功解决了符合疏浚工况的“随淤随挖”方式的模拟试验技术；在攻克地基软粘土在波浪作用下软化这一全新技术难题时，天津大学首次解决了在室内动三轴试验中模拟波浪的试验方法；在大型现场试验中，天津港湾工程研究院首创了利用固定测斜仪组监测全断面地表沉降的方法。

2. 整治建筑物结构形式及设计方法的全面创新

对整治建筑物的结构形式及相应的设计方法作了全面的创新。提出了“具有高抗浪能力，对地基承载力要求低的轻型重力式结构”的设计思想。全部堤段均铺设了新型护底软体排，采用新型堤身结构的堤段总长度达 92.594 km，占全部堤坝总长 141.484 km 的 65.44%。新型堤身结构包括袋装砂堤心斜坡堤、充砂半圆体、半圆型沉箱、新型空心方块斜坡堤，解决了在长江口深水航道治理工程特殊困难的堤段建设整治建筑物这一关键技术难题。

针对国内水运工程界首次遇到的地基土在波浪作用下的软化问题，对二期工程含易软化土层的总长 16.971km 的堤段创造性地提出并采用了对近表层软粘土作有限加固，以提高其抗软化能力的工程措施，其中 3.48km 的堤段在国内首次采用结构底面增设橡胶阻滑板。使用橡胶阻滑板作为抗地基土动力软化的一项工程措施而提出，设计思想与日本用于增大抗滑阻力有重大差别。

3. 水上施工装备和施工工艺的全面创新

在国内首次建立了大范围长基线 GPS 控制网和高程异常网，开发了无验潮水下地形测量技术。解决了在长江口开阔水域三维定位测控的关键技术。

开发应用了全套水上施工大型专用作业船及施工工艺。一、二期工程中开发应用的大型专用作业船(机)共 6 类，27 艘(台)。大量新装备及配套新工艺的开发，极大地促进了水运行业的技术进步，困扰我们几十年的抛石基床机械化整平得以实现，彻底取消了潜水员作业；软体排铺设工艺及设备、排水板打设船、半圆沉箱安装船，使长江口工程中关键技术难题得到解决。

创造性地改进大型挖泥船技术，提升了我国疏浚装备能力。相继将两艘舱容量为 6500m^3 的带边抛功能的自航耙吸式挖泥船改造成为舱容量达 9300m^3 的自航耙吸船，大幅提高了装舱施工效率；并在国际上首次大胆提出并成功地将二艘二手货船改造成为舱容量达 12000m^3 左右的自航耙吸船。

4. 工程管理的创新

采用“代案”招标，优选新型结构，为施工企业提供技术创新的平台；开展方案竞赛，促进设计创新。一期整治建筑物工程采用邀请设计施工联营体以代案投标的招标方式，使工程的创新需求转化为设计单位的创新热情，中标的两种结构方案均是新型结构。一种是袋装砂堤心斜坡堤；一种是半圆型混合堤。

采取激励措施，引导施工企业自主创新。为鼓励施工企业研制适合本工程特点和施工条件的大型单工序高效专用作业船，一期工程招标时承诺，各标段的施工企业若为本工程研制专用设备，建设单位将无偿补贴 1500 万元，得到所有投标企业的积极回应。一期工程开工不久，一批世界首创的大型专用作业船(如软体排铺设船、基床抛石整平船)即研制完成。

工程实现了法制化、标准化、信息化管理。结合本工程实际，制定和完善了 7 项专项技术标准，实现了对工程安全、质量、工期和投资的有效控制。

实施严格科学的动态管理。始终坚持“以确保整治效果和建筑物稳定为目标，以现场监测成果为依据，以科研试验为手段，适时优化设计施工方案”。

附录二 上海外高桥集装箱码头建设集成创新技术

上海国际港务(集团)股份有限公司 中交水运规划设计院有限公司

上海港外高桥港区一期多用途码头于1994年开始运营,1998年改造成为专业集装箱码头。此后上海港开始了大规模建设集装箱码头的历程,至2004年12月25日,外高桥五期码头靠泊第一条大型集装箱班轮。工程建设者用短短21个月的时间,在长江口南岸又建成一座大型现代集装箱码头。外高桥港区已建有15座大型集装箱专业泊位(附图2-1),无论从建设规模,还是从建设速度来看,都是世界一流的。其背后的支撑是科学技术的进步,尤其是技术集成和创新发挥了关键的作用。

集成创新是随着科学技术的迅猛发展和市场需要的快速变化而逐渐演化形成的一种创新模式,它通过技术集成、知识集成和组织集成过程的不断升级,把当今世界的许多新知识、新技术创造性地集成起来,在各要素的结合过程中,注入创造性的思维,以满足发展的需要。

附图2-1 外高桥港区码头分布图

一、集成技术创新

1. 总体设计创新

规划设计理念是开展设计工作基本思路的源泉,是设计成果先进性的决定因素。现代集装箱港口总体设计规划要有先进性,设计理念要有前瞻性。

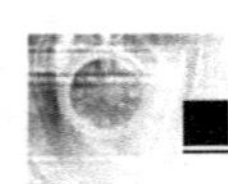

纵观世界港口发展趋势，集装箱港口功能正在由传统的货物运输中心向物流服务平台发展，向集国际商品、资本、信息、技术等于一身的资源配置型港口发展，港口物流服务也在不断扩展新的领域。外高桥集装箱港区规划设计充分考虑了上述因素，主要体现在具有较强的可持续发展观点，用规模经济的观点整合港口资源，制定港口规划。

（1）采用了全新的功能横断面布置模式。总体设计采用了全新的现代集装箱港区功能横断面布置模式。典型断面布置如附图 2-2 所示。其设计创新主要体现在：

①布置第三代港口，拓展港口物流服务的空间，为延伸港口产业链创造了基础性条件。

②体现“自然、人与港口”和谐的主题，配置绿地，从港口环境的视角反映和谐、健康、高品质、多样化工作空间，从经济视角象征生机、无污染、可持续发展，丰富了港口气质。

③布置了最经济、高效率、适应大小船作业、内河驳船转运的码头前沿作业地带。

④提供充足的堆场平面箱位。

（2）创立了高效运行的生产能力不平衡配置模式。总体设计创建了通过能力 1000×10^4 TEU 量级集装箱港区的科学布置与港口高效率运行的生产系统能力不平衡配置模式。

①选择船舶不误潮时作为港口高效率运行的控制节点。系统能力设计以 100% 发挥码头装卸能力为各系统通过能力的匹配原则，即：$P_{信息} > P_{疏} > P_{堆场} > P_{码头}$，可最大限度降低港口生产随机性对码头装卸效率的影响，有利于保证大型集装箱船不误潮时。

②科学地开发水域、岸线、陆域资源，为港区可持续发展创造适度空间条件。优选码头前沿位置，保持河口岸滩深槽稳定，使码头港池内基本上无维护性疏浚量；有机疏散泊位组，减少与港区周边的冲突；填滩造地，保证足够的陆域纵深，形成人工环境与自然环境相和谐的港区。

③港城融合，港区扩展时空发展有序。依据河口自然条件和城市发展规划，有机地将泊位组规划为集装箱码头一、二、三、四、五期，分布在高桥嘴和 5 号沟两个区域，并随运量增长有序建设，形成 15 个标准泊位，通过能力达 1000×10^4 TEU 量级。

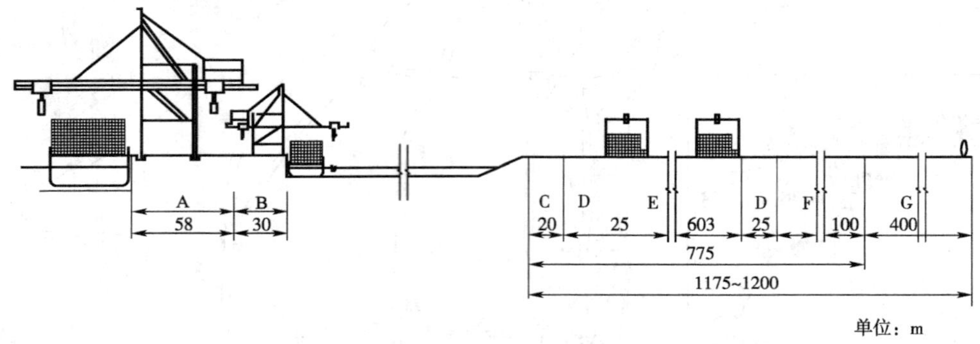

附图 2-2　全新的现代集装箱港区功能横断面布置模式

A-码头前沿作业地带（停船吨级：载箱量 250～7200TEU；泊位组岸线 900m，通过能力 210～240 万 TEU/年泊位组，或 32.2～35 万 TEU/100m 岸线）；B-内河驳船码头前沿地带（停船吨级：载箱量 36～250TEU；岸线 180～200m，通过能力 10～12 万 TEU/年）；C-防洪通道、绿地、岸坡减负带（多种功能集合。一地三用）；D-港内道路（港内主干道宽度 15～30m）；E-集装箱堆场（泊位组 900m 岸线，15200 平面箱位，通过能力 290～320 万 TEU/年）；F-绿地、公共地下管网（一地两用）；G-辅建区、港口物流园区

2. 设计手段创新

信息技术的飞速发展为不断改进集装箱码头的设计手段提供了有力工具。为了适应集装

箱运输快速发展、船舶大型化、码头作业高效化等需求,在外高桥五期集装箱码头设计中,引进了虚拟仿真技术,建立了集装箱码头虚拟仿真模型。这个模型比在四期设计阶段采用的数字仿真模型能更全面地反映集装箱生产作业系统的全过程。

集装箱码头虚拟仿真模型可反映系统主要行为特征的变量与系统结构参数之间的关系,采用排队论,从概率统计的角度分析和优化港口装卸工艺系统的过程性能,并对系统的动态特性进行描述。在外高桥五期集装箱码头设计中,利用该模型进行了以下研究工作。

(1)集装箱堆场装卸工艺研究。以码头通过能力为主要评价指标,进行了综合分析、评价。为集装箱堆场采用轮胎式龙门起重机方案提供了依据。

(2)船舶柔性靠泊系统研究。本项研究对比分析了船舶柔性靠泊和按固定泊位靠泊的码头通过能力,提出了外高桥五期集装箱码头推荐方案的极限通过能力和合理通过能力。这项工作也为集装箱码头泊位组、设计船型组、码头岸线利用率等新概念积累了一定素材。

(3)码头前沿装卸区不同码头面宽度研究。外高桥港区集装箱码头均为栈桥式码头,码头宽度的确定既要满足生产营运的需要,又不能建得过宽,造成浪费。在外五期码头设计中,采用虚拟仿真模型对三种码头面宽度(50m,54.5 m 和 58 m)进行了仿真试验研究。通过对集装箱码头的宽度不同时,集卡在岸桥下的等待时间、排队数及集卡在码头前沿的滞留时间等因素的研究、分析, 以及对集装箱船舶在港停时等的影响分析,为码头宽度方案的决策提供了依据。

(4)堆场区道路交通量分析。堆场是码头运输货物的中转站,在码头系统中主要起调节和缓冲作用。为了解拟建码头在未来营运时堆场道路的交通流量情况,分析论证设计方案中堆场道路主尺度的合理性,选择典型工况对外五期集装箱码头总平面布置推荐方案进行了仿真试验和分析,为分析、确定堆场道路的主尺度提供了依据。

集装箱码头的生产系统各环节集成仿真,应用于设计方案的评价和决策,在我国尚属首次。在设计中引入虚拟仿真技术的意义在于可以提高对集装箱码头设计方案的评价水平,同时提升了设计阶段选择设计方案的决策科学性。

3. 工程技术创新

外高桥集装箱码头建设中,在快速地基加固技术、半刚性基层沥青铺面结构应用于集装箱港区道路以及聚丙烯纤维混凝土的应用等方面取得了突破。

(1)大面积粉细砂吹填成陆快速地基加固技术。为解决港区陆域饱和疏松细砂地基和浅层欠固结吹填软土层的地基加固问题,在不同区域实施了振动碾压法、无填料振冲法、低能量强夯联合降水法等地基加固施工新技术,满足了集装箱港区地基的技术要求。

(2)半刚性基层沥青铺面结构在集装箱港区道路的应用。我国集装箱码头港内道路与堆场一般采用混凝土大板或混凝土联锁块铺面结构,没有采用沥青铺面的工程经验。外高桥集装箱港区道路沥青铺面结构的应用研究借鉴了高等级公路、机场跑道沥青铺面结构设计、施工的研究成果,就沥青铺面材料、结构厚度计算、拉剪应力验算、搭接处理、排水方案、施工工艺与质量控制等提出了系统的和具有创造性的设计方法,为工程应用提供了依据。

(3)聚丙烯纤维混凝土在集装箱码头面层上的应用。码头面层裂缝是港口工程建设需要解决的难题之一,在外高桥港区集装箱码头的建设中,通过分析对比采用了掺加长度 38mm,掺量为 1kg/m 的国产聚丙烯纤维方案。有效地减少了码头面层混凝土裂缝,提高了混凝土的

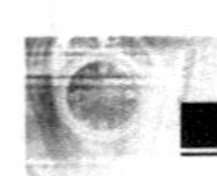

耐久性。

(4)带攀梯防冲板鼓型橡胶护舷的发明。为满足外高桥港区集装箱码头停靠大型集装箱船舶作业,同时也停靠长江驳船作业,满足不同水位期间有关人员上岸所用爬梯的安全性,发明了带攀梯防冲板鼓型橡胶护舷,具有攀登功能,不易被靠泊船只撞坏,使用安全可靠,同时也满足大型船舶防冲需要。

4. 生产管理创新

外高桥集装箱码头建设的核心是要提升港口集装箱处理能力,促进集装箱码头核心竞争力的提高。数字化的生产管理系统创新技术基本涵盖了港口集装箱作业的全过程。

(1)实时生产指挥系统。外高桥集装箱码头运用智能化模糊控制理论,融合现场操作和管理人员的智慧和经验,自主开发了先进的集卡全场智能调控软件,根据作业线需求的优先级,兼顾路程就近原则,自动给集装箱卡车发布动态调配指令,在不同的时间段为不同的作业线服务,使系统的整体装卸作业能力有了较大提高。

外高桥集装箱码头的闸口管理也从传统的人工校对转变为无人管理。闸口系统作为整个信息系统的有机组成部分,采用计算机学科相关领域最先进的技术,创新性地将各分支技术整合,形成先进的、高度集成的、高度自动化的道口识别放行系统,并与码头生产管理系统实现无缝结合,推动了信息管理标准化的进程,极大地提高了作业效率。

(2)生产评价决策系统。建立集装箱码头生产多级优化管理系统,以系统的评价、优化及决策为目标,建立了4类14项生产评价指标,通过对码头各指标的评价,不断地根据码头实际作业能力和作业效率,对码头生产流程与状况提出完善措施和指导意见,进一步加强了信息流通和管理的有效性。正确的评价也大大提高了作业人员的作业积极性和作业效率。该系统还具有预防式管理功能,即设定临界值并进行趋势分析。

(3)客户服务系统。EDI系统已成为运用比较成熟的技术。EDI系统主要是将与集装箱运输相关的各个环节,其中包括职能监督部门(如海关、商检)、外轮代理、船公司、货代、码头以及在集装箱流转过程中提供特殊性服务的部门或公司,形成一个独立的信息网络,使相互传送的信息可以安全、准确地到达目标部门。

5. 装备技术创新

(1)双40英尺岸桥。外高桥五期工程成功开发和应用了世界第一台双40英尺岸桥,它不同于单起升机构的双40英尺吊具,具有适应工况更多、起升更平稳、效率更高的优点。与新型双小车岸桥相比,双40英尺岸桥的理论生产率要高25%左右。

(2)轮胎式集装箱龙门起重机新型防摇技术。外高桥五期工程使用的场桥上首次应用了8绳双向防摇技术,增加了大车方向的防摇功能,大大减小了小车方向的晃动值,缩短了对箱时间,从而提高了作业效率和设备的安全性能。

(3)新型起重机状态监测和管理系统。在外高桥五期工程的12台岸桥和48台场桥上均配置了新型起重机状态监测和管理系统,将起重机操作、地面控制管理以及公司层面的操作放在同一个网络系统中,使各有关方及时了解工作状况和进度,具有管理、设备监测和故障诊断等综合功能,提高了码头的管理效率。

(4)无线数字集群通信。外高桥五期工程采用了TETRA单站集群的语音调度系统,将TETRA系统在我国的应用领域拓展到了港口行业。

(5)大型设备防风锚碇装置。外高桥港区的大型机械选用了新型防风锚碇装置,采用了主动车轮马达轴上制动器+从动轮上的车轮制动器+新型锚碇装置+防风系固装置的多重保护方式,提高了设备在阵风及台风情况下的安全性。

(6)自行式防汛钢闸门。外高桥港区首次开发应用了自行式防汛钢闸门,解决了大跨度高强钢闸门的结构形式、大荷载长距离无轨自动纠偏,驱动形式及行走机构,多点油缸液压系统及闸门密封等技术问题,提高了闸门的运行效率。

(7)自动监控系统。雨水泵站计算机自动监控系统、照明自动监控系统和供配电自动监控系统,显著提高了这些副主系统的运行效率和可靠性。

6.项目管理创新

在工程建设中开发和建立了工程项目信息管理系统。应用计算机技术和网络通信技术,将数据管理、事务处理、统计分析、多媒体信息处理、工作流程管理、远程数据传输等集成于系统平台,通过信息化应用,支持工程指挥部办公系统电子化,辅助项目管理决策,提供工程项目合同执行、工程进度和质量的动态管理,提升了工程指挥部精简高效的管理水平。

在工期紧迫和工程质量确保优质必须得到有效控制的前提下,通过同步流水作业、关键线路目标推进、交叉施工的有机结合组织实施等,将工程建设的时效性体现在工程进度管理中,创造了20个月完成外高桥五期这样一个规模宏大、技术含量高、管理复杂的港口工程建设任务的奇迹。与此同时,将工程质量管理贯穿于工程决策、工程设计、工程招标、工程材料采购、工程施工、工程产品保养、工程验收等七大环节和文明工地建设之中,努力确保工程建设质量上台阶。

在工程建设管理中,应用量清价定、银行保函、过程审价等创新性的管理方法,确保工程建设近百亿元的巨额资金安全运行,使工程投资得到有效控制。

二、外高桥集装箱码头的现代化水平

外高桥集装箱码头的建成推进了上海港集装箱吞吐量的快速增长,从而为推动上海港在世界集装箱吞吐量大港排行榜地位从1998年的第十位上升到2007年的第二位,发挥了关键性的作用。外高桥集装箱码头的集成创新技术对推动全国港口同类码头的建设具有很好的借鉴作用。

1.码头基本参数比较

集装箱码头向着深水和大型的方向发展。目前世界最大型集装箱船舶总长度超过340m,世界主要集装箱港口的码头单泊位岸线长度均已超过300m,外高桥码头单泊位岸线长度为300~350 m,已经达到世界先进港口的水平,15个专业化集装箱泊位,均能满足国际干线班轮的靠泊要求。

陆域纵深尺度是反映港口适应快速发展、拓展功能与推进环保对策的前瞻性的重要尺度。欧美等国港口土地资源相对丰富,欧洲主要港口的集装箱码头纵深一般是在500~700 m之间,北美主要港口的集装箱码头纵深更长一些,一般在750~1200 m之间,与欧美国家相比,亚洲主要港口的陆域资源普遍有限,早期建设的集装箱泊位纵深大多不超过400m,上海港外高桥四期及五期码头陆域纵深达到了1250 m,超过欧洲和北美国家的水平。

水深条件也是集装箱码头的重要参数。香港、新加坡、盐田等港为天然深水良港,自然水

深均超过 -14 m,经过简单疏浚,航道及泊位水深达到或超过 -15m,能够满足 8000TEU 集装箱船舶全天候靠泊的要求,欧美地区港口最大水深基本也都在 -14m 以上,能够满足 6000TEU 船舶正常进出。外高桥集装箱各码头泊位设计水深在 -14.2 ~ -12m,受到长江口航道水深 -10.5m限制,大型集装箱班轮需乘潮进出,水深条件与其他主要国际集装箱港口存在一定差距。

2. 码头设施比较

从单泊位配备岸桥台数来看,欧美人力成本相对较高,码头装卸桥配备较少,欧洲港口的单泊位配备岸桥在 2 ~3 台之间,北美港口单泊位配备一般仅有 2 台岸桥;而亚洲主要港口的配备相对较多,单泊位的岸桥配备一般为 3 ~4 台,外四期外五期的单泊位岸桥配备已达到 4 台,根据生产发展需要,未来岸桥配备将继续有所增加。

目前,世界主要集装箱港口均配备有先进的集装箱装卸桥,很多集装箱码头配备的岸桥外伸距超过 55m,可以满足 22 列排位的集装箱船接卸要求。外高桥四、五期配备岸桥的外伸距达到 63m,起重量达到 61t,是世界上外伸距最大的岸桥之一,可以满足目前乃至未来更大集装箱船舶的装卸要求。

3. 生产效率比较

由于欧美等国码头资源相对富裕,因此其机械效率普遍不高,岸桥作业效率一般为 25 ~ 28move/h。亚洲主要集装箱港口吞吐量增长迅速,而岸线资源较为紧张,港口生产十分繁忙,其岸桥作业效率很高,香港葵涌 H1T 码头岸桥作业效率平均为 34move/h,深圳盐田港区在 32move/h左右,外高桥码头的单机效率平均为 28move/h,已达到国际先进水平行列。

社会集卡在港回转时间(进大门到出大门时间)是世界主要集装箱港口考核运营效率的主要指标之一。世界各主要港口集卡在港回转时间一般均控制在 25 ~30min/次之内。外高桥码头集卡在港平均回转时间达到 18min/次,远远高于国际先进港口的效率水平。

4. 泊位能力比较

由于港口自然条件与需求发展速度上的差异,欧美港口的能力普遍较为富余,欧洲港口单泊位实际吞吐量一般不超过 40×10^4TEU/年,北美港口不超过 30×10^4TEU/年,2003 年深圳盐田港区单泊位实际完成的集装箱吞吐量创造了 100×10^4TEU/年的最高纪录;香港葵涌码头平均单泊位集装箱吞吐量为 65×10^4TEU/年左右;亚洲主要集装箱港口的单泊位吞吐量一般均在$(50\sim65)\times10^4$TEU/年之间。外高桥集装箱码头的 2006 年单泊位吞吐量达到 102.3×10^4TEU/年以上,单泊位完成量已超过国际先进水平。

世界主要集装箱港口每百米岸线的吞吐量,亚洲港口一般在$(16\sim22)\times10^4$TEU 之间,而欧美港口则为 5 ~11 万 TEU,2006 年外高桥二、三期集装箱港区百米岸线的吞吐量达到了 33.3 万 TEU。

附录三　洋山深水港外海建港技术

洋山同盛港口建设有限公司

一、概述

洋山深水港区工程开创了我国建港史乃至世界建港史上在高流速、高含沙量海域,离大陆

30km 的外海孤岛建设大型集装箱港区的先例。工程建设自然条件之复杂、工程量之大、工期之短、施工经验之少、外海施工依托条件之差、技术难度之高，在我国乃至世界建港史上实属罕见。工程建设突破了外海深水开敞水域港口工程设计、科研、施工、勘察多项关键技术难题，丰富了港口工程技术，形成了外海深水、开敞水域孤岛建设大型港口工程设计、施工成套技术，全面提升了我国筑港技术水平。

洋山深水港工程从 2002 年 6 月开工建设以来，相继建成投产了一期工程、二期工程共 3km 岸线的 9 个大型集装箱泊位。2006 年一期工程港区完成集装箱吞吐量 323 万 TEU，第一年即超过设计能力 46% 以上，实现了安全、高效的营运。

洋山深水港码头分布图如附图 3-1 所示。

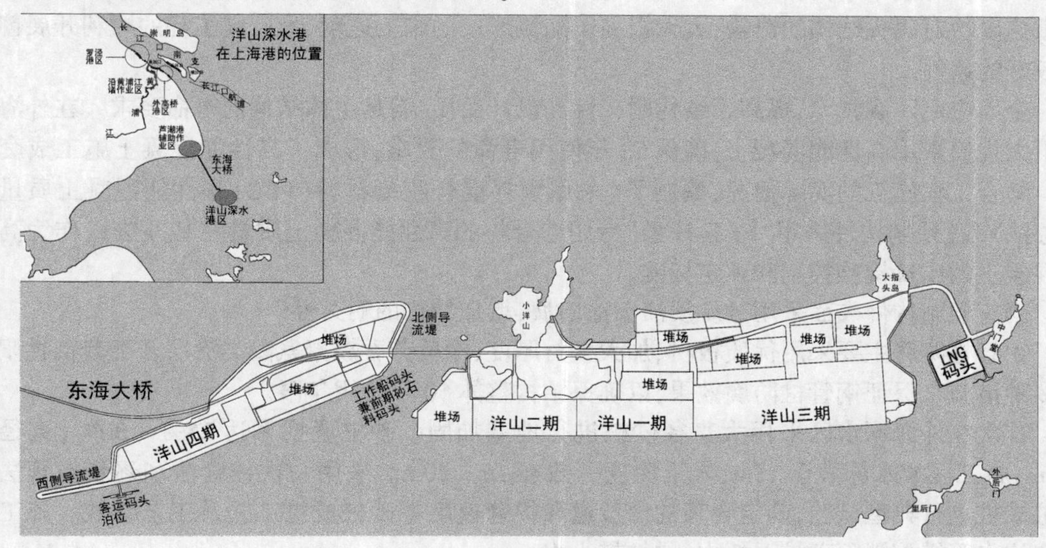

附图 3-1　洋山深水港码头分布图

二、创新成果

1. 高流速、高含沙量、岛群海域建港关键技术

首次在国内多岛屿、多汊道、高流速、高含沙量三类海区大规模同步运用星站差分双频 GPS 定位系统、声学多普勒流速剖面仪（ADCP）测流技术、多波束测深声纳系统等技术。较好解决了外海勘察船舶高精度定位，潮位的比降、相位、潮差和潮时差异，高浑浊度水体对声波吸收和衰减等技术难题。

运用“综合模拟型”的研究方法，模拟研究工程海域方案实施前后的潮流变化特征、泥沙运动变化过程。大范围嵌套数学模型为物理模型提供边界条件，潮流和泥沙物理模型首次采用四面开放模型边界，两种模型互为验证、互为结合、互为补充。建立了具有自主知识产权的潮流、泥沙、波浪等多因素结合的海洋动力模型试验体系。

采用物理模型、数学模型、遥感技术分析、泥沙特性理论研究和外海实测资料汇总分析等方法和手段，研究洋山深水港区海域潮流场、泥沙场运动变化规律，优化了港区平面布局设计和工程建设方案，提出了岛群间淤泥质港口的平面布置基本原则，提升了我国外海港口建设泥沙问题研究的理论水平。

依靠科学试验、现场监测、专家论证等方式，形成了“封堵汊道、归顺水流、减少淤积、安全靠泊”的洋山深水港区平面形态布置的总体原则，开创了我国乃至世界建港史上，在高含沙、强潮流海域成功建设大型港口的先例，积累了丰富的岛礁群周边深水岸线资源开发经验。

2. 外海深水码头及接岸结构关键技术

首次采用斜顶桩板桩承台新结构，解决了深厚软土地基上回填25m以上砂土对码头结构的影响以及陆域施工与码头施工同时进行的问题。采用斜顶桩板桩承台结构替代陆域形成的挡土围埝作为接岸结构，有效阻隔后方高填土产生的地基变形对码头结构的影响，解决了后方加载速度快对码头结构的影响，大大提高了陆域形成的施工速度，为后续工程的顺利开展创造了较好的条件。

全面应用防腐技术，提高了结构耐久性和设计品质，满足主体结构的寿命要求。在外海环境下大规模采用高性能混凝土，确保50年使用寿命的要求，形成了高性能混凝土施工成套技术。结合工程施工的实际情况，编制了《采用预拌混合胶凝材料(PBC)高性能混凝土质量控制办法》和《预制构件采用“海工H型”专用掺合料的高性能混凝土质量控制办法》，作为高性能混凝土的质量检验控制和评定标准。

码头预制构件表面采用硅烷浸渍喷涂防腐，增加结构的耐久性。

钢管桩防腐主要采用优质板材、加大板材厚度、涂覆芳香族聚氨酶类涂层及配套牺牲阳极等多种措施来保证钢管桩防腐效果，以确保结构整体50年使用年限。

首次在外海深水区采用大直径砂桩进行地基加固。砂桩置换率达25% ~30%，直径为1.0m，施工区域水深大于15m，入土深度一般在15 ~20m。采用一次拔管法和逐步拔管法对砂桩成桩进行典型试验，确定合理的灌沙量和拔管速度等砂桩成桩工艺及工艺参数。施工时采取注水等措施消除砂桩浮托力，增加贯入力。

首次大面积采用直径1.5m的钢管桩。结合试桩确定桩长、沉桩控制标准、桩的承载力。开发国内一流的打桩船设备，随船配备最先进的DM-125柴油锤、自主研发的“海工工程GPS远距离打桩定位系统”，定位精度达5cm。

码头结构大批量采用大直径嵌岩桩以及采用人造基床稳桩技术。该技术安全可靠，工艺简单，减少大型船机的使用，避免水下作业，便于控制施工工期，经济节约。

首次在外海深水(20m以上)区域，结合内棱体的设计，开创了深水倒滤层铺设技术和软体排铺排技术。解决了水深达20多米且横流的作用下，在斜坡上铺排和铺设倒滤层的技术难题。针对斜坡上铺排容易产生下滑、横流作用下排体容易产生翻折的现象，研制了合理有效的排头固定技术，保证了排头横向尺度、减少了横向收缩，同时选择合适的铺排时机并采用排体纵向加筋和压排技术，有效防止了排体的翻折。

自主研发了无验潮水下地形测量系统，该系统具有高精度、自动化程度高、成图形式多样、成图形象直观便于施工控制等优点，为实现实时动态质量监控和信息化的高效管理起到了关键作用。

3. 外海深水筑堤造陆关键技术

首次采用外海深水大型软体排铺设施工技术。对专用大型铺排船的锚机设备和泥浆泵充灌系统进行改进,软体排铺设 GPS 定位监控系统进行升级和优化,实现 200m 长度的大型软体排在铺设过程中的实时动态定位监控,有效解决了深水、流急条件下排体受水流外力作用下的破损和设计要求 2m 搭接等问题,保证了工程质量和进度。

首次开发并应用深水袋装砂抛填施工技术。研发应用了翻板侧翻抛袋、吊机网络抛袋、吊装预制大砂袋等多种施工技术和工艺,加快了工程进度,确保了工程质量,袋装砂堤心筑堤技术有效解决了粉细砂回填成陆区的防漏砂难题。

新建、改造大型耙吸挖泥船,实现高强度集中抛砂工艺应用于高回填量成陆工程。当抛填区水深不足 8m 时,大型耙吸船无法抛砂施工,抛砂改为艏喷和艏吹。该工艺为国内大型吹填成陆工程首次采用。

填补了深厚吹填粉细砂地基无填料振冲密实加固技术的空白。通过国内外类似工程的比较、地质条件的分析、理论计算、离心机模拟试验、颗粒流程序模拟以及施工现场试验,创立了适合于粉细砂地基的无填料振冲法双点共振施工工法。

4. 深水航道关键技术

推荐最为适合、经济的大型深水航道进港航线,确定合理的航道尺度,满足大型集装箱船舶安全通行的需求。

通过对水流、风、波浪、底质、开挖难度、开挖工程量、回淤以及航行安全和泥土处理等全面调查分析,经综合比选和评估,确定了一条航程短、工程量小、转向点少、航线顺直的进港航线;利用船舶模拟操纵试验成果,对船舶航迹带的宽度、船舶航行下沉量等数据进行量测,并采用包络线法对航迹带进行统计分析,经计算和比对确定合理的航道宽度与水深。

对疏浚区的回淤机理进行科学判断,设计淤强取值合理可信。根据现场实际观测资料,基本印证了"进港主航道开挖后主要为悬沙淤积"和"台风和寒潮引起的大风浪可能造成挖槽较一般情况下大的回淤,但不会出现大规模骤淤"的基本结论。

应用计算机辅助决策系统,实现疏浚施工精细化。将利用传感器测试、自动控制、DGPS定位系统、计算机和网络信息等技术集成运用于计算机辅助决策系统,实现了耙吸挖泥船主动疏浚、精细施工,大大提高了挖泥船的施工质量和精细程度,减少了超挖工程量。

导航系统性能指标优越,覆盖范围为国内同类工程之最,助航航标链系统完整、可靠。各雷达站有足够的雷达重叠覆盖区,可靠性高。较好解决了雷达、AIS 目标融合、对外开放接口以及移动终端获取信息方式等新技术,实现了 MIS 与 VTS 间、MIS 与海事局、港口管理部门之间的数据交换。

附录四　山区河流航道整治关键技术

交通运输部天津水运工程科学研究院

"山区河流航道整治关键技术研究"通过 11 个单位约 150 名科技人员的共同努力,取得了丰富的研究成果,取得了一批具有创新性的研究成果。

一、主要研究成果

在山区河流航道整治技术上取得了重大研究成果,解决的关键技术问题大致可分为三类,

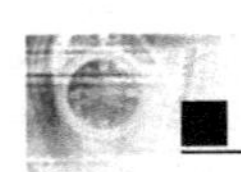

第一类为较全面、系统的成套技术，包括石质急流滩、石质汊流滩、沙卵石滩、支流河口和日调节电站下游航道整治技术，其典型工程实例如附图 4-1、附图 4-2 所示；第二类为计算方法和分析方法；第三类为专项技术，包括散抛石坝防冲毁措施、土工织物在山区河流航道整治中的应用和山区河流水面线计算软件等。

附图 4-1　汉江航道整治顺坝工程

附图 4-2　赤水河河口淤沙段治理工程淤沙碍航情况

二、技术创新点

对山区河流中各种类别的滩险以及支流河口、日调节电站下游河段的航道整治技术进行了全面研究，形成了成套创新技术，特别是在支流河口整治技术、日调节电站下游滩险整治技术、石质汊流滩整治技术、整治水位确定方法、整治线宽度二维计算、一坝整治短过渡段浅滩坝位确定方法、坝头局部冲刷坑预测方法、通航汊道分流量和锁坝高度的确定方法、散抛石坝的水毁机理和防毁措施、沙卵石位置函数、泡水成因和泡高计算、水面线计算改进方法和计算软件、消滩水力指标计算、反映床沙位置特性的泥沙起动流速公式及泥沙推移质输沙率公式、泥沙矢量输移公式、三维河流泥沙数学模型、电站下游不满足设计航深延续距离的估算公式、乘峰通航的调度计算公式、流速安全系数的概念、丁坝坝头块石稳定结构的计算公式、坝体渗流条件下丁坝回流长度计算公式等方面实现了全面创新。

1. 整治线宽度二维计算方法

为解决整治线宽度一维计算式存在的问题，从输沙平衡原理出发，经推导，得到准二维的关系如下：

$$h_{2i} = a_i^{\frac{12}{43+14m}} \left(\frac{q_{2i}}{q_{1i}}\right)^{\frac{12(3+m)}{43+14m}} h_{1i} \left(\frac{d_{1i}}{d_{2i}}\right)^{\frac{12(4m-7)}{43+14m}} \tag{1}$$

式中，h_{2i}和h_{1i}分别为整治前后各垂线的水深。公式(1)给出h_{2i}与整治前后各垂线的单宽输沙率比值a_i、整治前后各垂线的单元流量q_{1i}和q_{2i}和整治前后的床沙平均粒径d_{1i}和d_{2i}的关系，计算参数m由断面平均流速与泥沙止动流速的比值确定。

2. 坝头局部冲刷坑预测方法

丁坝建成后，坝头水流分离点附近的流速增大，河床的卵石受冲而逐渐形成冲刷坑，当冲刷坑的流速达到起动流速时，冲刷坑不再冲深而达到稳定状态，由此可得极限冲刷深度

$$h = [q_1 + \Delta q / 4.6 d^{1/3}]^{6/7} \tag{2}$$

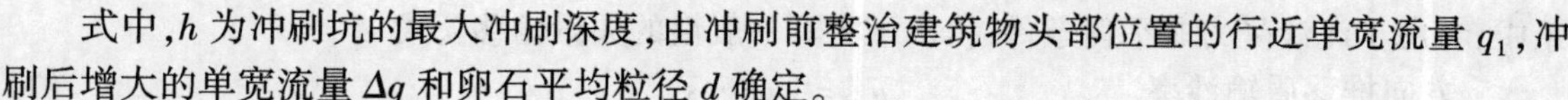

式中，h 为冲刷坑的最大冲刷深度，由冲刷前整治建筑物头部位置的行近单宽流量 q_1，冲刷后增大的单宽流量 Δq 和卵石平均粒径 d 确定。

3. 泡水的泡高计算

分析研究表明，影响涌泡高度（泡高）的主要因素是障碍物过水断面的水流雷诺数 Re、水力半径 R、水面比降 J 以及障碍物相对尺度 L/B。根据水槽试验得到了顺直河段中各种边界条件下的泡高统一式

$$h = K_0 Re^{\alpha} J^{\beta} (L/B)^{\gamma} R \tag{3}$$

式中，h 为泡高，即所测断面泡水最高水位减去平均水位的值；Re 为突嘴断面的水流雷诺数；J 为水面比降；L 为突嘴的突出宽度；B 为河道的宽度；K_0 为系数；α、β、γ 为指数；系数和指数均由试验取得。

4. 反映床沙位置特性的泥沙起动流速公式及泥沙推移质输沙率公式

通过研究，提出了反映床沙位置特性的非均匀沙分组起动流速公式为

$$U_{\mathrm{Ci}} = 1.15(H/d_{\mathrm{i}}^*)^{1/6}\sqrt{\frac{\gamma_{\mathrm{s}}-\gamma}{\gamma}gd_{\mathrm{i}}^*}\left[1+10\frac{v}{d\sqrt{(\gamma_{\mathrm{s}}-\gamma)gd_{\mathrm{i}}^*/\gamma}}\right]^{1/2} \tag{4}$$

式中，i 为某粒径组，d_{i}^* 为非均匀沙等效粒径，其他符号与一般起动流速公式符号相同。

反映床沙位置特性的非均匀沙推移质输沙率公式如下：

$$\Phi = 11.2\left(\frac{1}{\Psi}-0.03\right)^{4.4}\Psi^{2.9} \tag{5}$$

式中：

$$\Phi = \frac{q_{\mathrm{si}}}{\gamma_{\mathrm{s}}P_{\mathrm{i}}}\left(\frac{\gamma}{\gamma_{\mathrm{s}}-\gamma}\right)^{1/2}\left(\frac{1}{gD_{\mathrm{i}}^3}\right)^{1/2}\zeta^{1/2};\ \Psi = \frac{(\gamma_{\mathrm{s}}-\gamma)}{\tau_0}D_{\mathrm{i}}\zeta$$

式中，τ_0 为河床床面切力，$\tau_0 = \gamma hs$；γ_{s}、γ、D_{i}、h、s 分别为床沙密度、水密度、粒径组粒径、水深和能坡；P_{i} 为床沙中 i 粒径组床沙所占比例；ζ 为粗化程度影响参数，q_{si} 为 i 粒径组单宽输沙率。

通过分析和水槽试验，提出了一套计算推移质粒配百分数的通式

$$p_{\mathrm{i}} = \frac{\left(1-\left(\frac{d_{\mathrm{i}}}{d_{\mathrm{c,max}}}\right)^{\alpha_1}\left(\frac{d_{\mathrm{m}}}{d_{\mathrm{c,max}}}\right)^{\alpha_2}\right)\cdot p_{0\mathrm{i}}}{\sum_{i=1}^{m}\left(1-\left(\frac{d_{\mathrm{i}}}{d_{\mathrm{c,max}}}\right)^{\alpha_1}\cdot\left(\frac{d_{\mathrm{m}}}{d_{\mathrm{c,max}}}\right)^{\alpha_2}\right)\cdot p_{0\mathrm{i}}}\times 100\% \tag{6}$$

式中，p_{i} 为推移质中 d_{i} 级颗粒所对应的粒配百分数；$p_{0\mathrm{i}}$ 为原始床沙中 d_{i} 级颗粒所对应的粒配百分数；d_{m} 为床沙的平均粒径；m 为原始床沙级配中、以最小粒径级所对应的组数为 1 起算的、推移质最大粒径 $d_{\mathrm{c,max}}$ 所对应的颗粒的分组数。α_1 和 α_2 均为待定指数，一般取正实数。根据 α_1、α_2 的不同取值，从式(6)可以得到不同的计算方法。

5. 推移质泥沙矢量输移公式

经对起动模式及输移关系的分析研究，在矢量分析中，增加了上举力，在二维泥沙输移关

系中,考虑了泥沙受力非平衡条件,得出了更具一般性的矢量输移公式

$\vec{s}$ 方向推移质输沙率 $$\vec{q}_{ps} = V_{ps}\xi \cdot \vec{s} \tag{7}$$

$\vec{k}_t$ 方向推移质输沙率 $$\vec{q}_{pt} = V_{pt}\xi \cdot \frac{\vec{k}_t}{|\vec{k}_t|} \tag{8}$$

式(7)、(8)所采用的坐标系统如附图 4-3 所示。式中,$\vec{s}$ 为沿水流切应力 $\vec{\tau}_b$ 方向的单位矢量,$\vec{k}_t$ 为垂向向下单位矢量 $-\vec{k}$ 在河床床面切向的分量;V_{ps}、V_{pt} 为泥沙运动速度 $\vec{V}_p$ 在 $\vec{s}$ 和 $\vec{k}_t$ 方向的分量(标量);ξ 为推移层厚度。

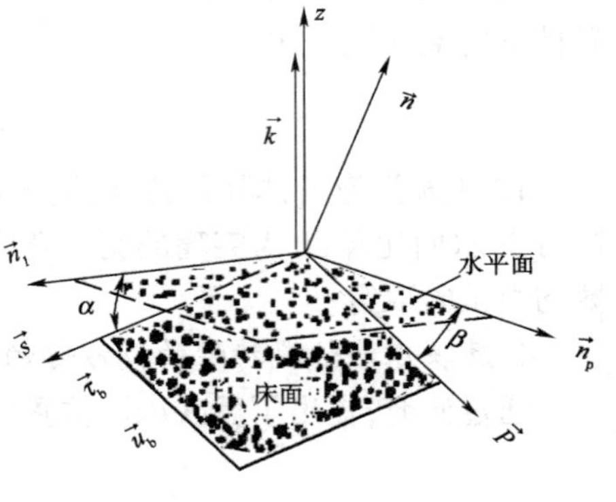

附图 4-3 泥沙矢量输移公式坐标体系

6. 乘峰通航的调度计算公式

利用电站日调节非恒定流形成的波峰通航的计算方法如下:

船舶上行区间船舶运行相对速度为

$$u = \frac{x_1 - x_2}{t_3 - (t_2 \sim t_3)} = u_c - u_b \tag{9}$$

船舶下行区间船舶运行相对速度为

$$u = \frac{x_2 - x_1}{(t_2 \sim t_4) - (t_1 \sim t_3)} = u_c + u_b \tag{10}$$

式中,u_b 为船舶静水航速;u_c 为水流速度。船舶上行,从 x_2 逆流向 x_1 运行,起航时间为 $t_2 \sim t_3$,停航时间为 t_3,其最大允许运行时间为 $t_3 \sim t_2$;船舶下行,从 x_1 顺流而下至 x_2,起航时间为 $t_1 \sim t_3$,停航时间为 t_4。

7. 坝体渗流条件下丁坝回流长度计算公式

航道整治建筑物丁坝坝体渗流后的坝下游回流区长度计算公式为

$$\frac{l}{D} = \frac{C_0^2 \dfrac{H}{D} \ln\left(\dfrac{A}{A - A'} \dfrac{Q - Q_\Phi}{Q}\right)}{0.2884 + 0.0683 C_0^2 \dfrac{H}{D} \ln \dfrac{B}{B - D}} \tag{11}$$

式中,l 为非淹没丁坝渗流后回流长度;D 为丁坝坝长;C_0 为整治前无因次谢才系数;H 为整治前断面平均水深;A 为整治前河道过水面积;A' 为丁坝阻水面积;Q 为总流量;Q_Φ 为丁坝坝体渗流量;B 为河宽。

附录五 湘江株洲航电枢纽通航工程关键技术

湖南湘江航运建设开发公司

一、概述

湘、资、沅、澧四水分别发源于南岭山地和贵州高原东部,纵贯湖南全境,会聚于洞庭湖,构

成以四水为骨干,洞庭湖为总枢纽的庞大水网,总称洞庭湖水系。四水中最大的湘江发源于广西临桂县海洋山西麓海洋坪的龙门界,至兴安以灵渠分水与漓江沟通,兴安以下始称湘江,入湖南东安县,经零陵纳潇水,茭河口纳春陵水,衡阳会蒸水和耒水,衡山纳洣水,湘潭纳涟水和涓水,长沙会浏阳河,新康纳沩水,在湘阴县濠河口分左右两支汇入东洞庭湖。

湘江干流全长856km,流域面积94660km^2,沿途接纳大小支流1300余条,年水量达$722 \times 10^8 m^3$。湘江流域东、南、西三面均为山地,大体作盆地状,向北倾斜,干支流皆源于两侧山地。南面南岭山地及东南面罗霄山脉海拔在1000m以上,个别山峰在1700m以上;西面与资水的分水岭海拔多在500m以下;北面长沙以下为冲积平原,为湘资三角洲的一部分,海拔均在400m以下。

萍岛以上为湘江上游,主要流经石灰岩地区,河谷狭窄,河床比降大,河宽100多米。萍岛至衡阳之间的弯曲河段为湘江中游,长约290km,干流河宽250~600m;两岸丘陵起伏,局部盆地与峡谷交替出现。茭河口的上、下江段多卵石沙滩,滩潭相间,水流较缓。衡阳以下为下游,由南向北纵贯湖南省东部,沿岸一般地势平缓,浅丘散布,河谷展宽至500~1000m,有的区段可达3~5km,沿途支流众多,水量逐段增大;河中洲滩相续。湘阴濠河口以下为湘江尾闾部分,河道分流,港汊纵横,干流分为左右两支,右支沿湘阴城西侧而下,左支向西到刘家坝,再折向东北至临资口与资水洪道汇合,又东北至芦林潭与右支相会,自成深泓,经磊石山入东洞庭湖,再由城陵矶入汇长江。

根据湘江航运发展规划,衡阳至城陵矶439km河段按千吨级航道建设。一期工程株洲至城陵矶257km河段于1989年开始整治,至1994年基本达到Ⅲ级航道标准。二期工程大源渡航电枢纽于1995年12月兴建,至2000年全面建成投入运用,衡阳至大源渡河段达到Ⅲ级航道标准。株洲航电枢纽工程2002年开工建设,2007年全面建成后,衡阳至城陵矶439km千吨级航道建设完成。湘江航运开发示意图见附图5-1。

株洲航电枢纽位于湘江干流下游上段,上距大源渡航电枢纽96km,下距株洲市24km,是以通航为主,兼顾发电、给水、灌溉等水资源综合利用的航电枢纽。枢纽坝址位于湘江空洲顺直分汊河段,坝区河段河床质大多由沙卵石组成,特别是空洲洲头、左汊右洲边、右汊出口右边滩,河床覆盖层厚,粒径级配较宽。预计在枢纽一、二期围堰施工期和枢纽建成运用后的河床将发生剧烈变形,下引航道口门区及其过渡段航道可能会发生泥沙淤积,船舶进出船闸困难,限制枢纽通航功能的发挥。通航是该枢纽的主要功能,存在平面布置、船闸引航道口门区及连接段航道整治、施工期坝区河段河床变形、导流和导沙工程相互协调等方面的关键技术需要研究解决。株洲航电枢纽布置图见附图5-2。

二、创新成果

1. 微弯分汊河段航电枢纽平面布置原则

(1)首先必须满足通航条件;

(2)平面布置宜采用集中布置方式;

(3)电站、船闸应异汊靠河岸布置;

(4)布置船闸一汊的岸线必须满足上、下引航道要求的直线长度,在凹岸主汊道不能满足时,船闸可布置在凸岸副汊;

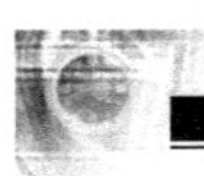

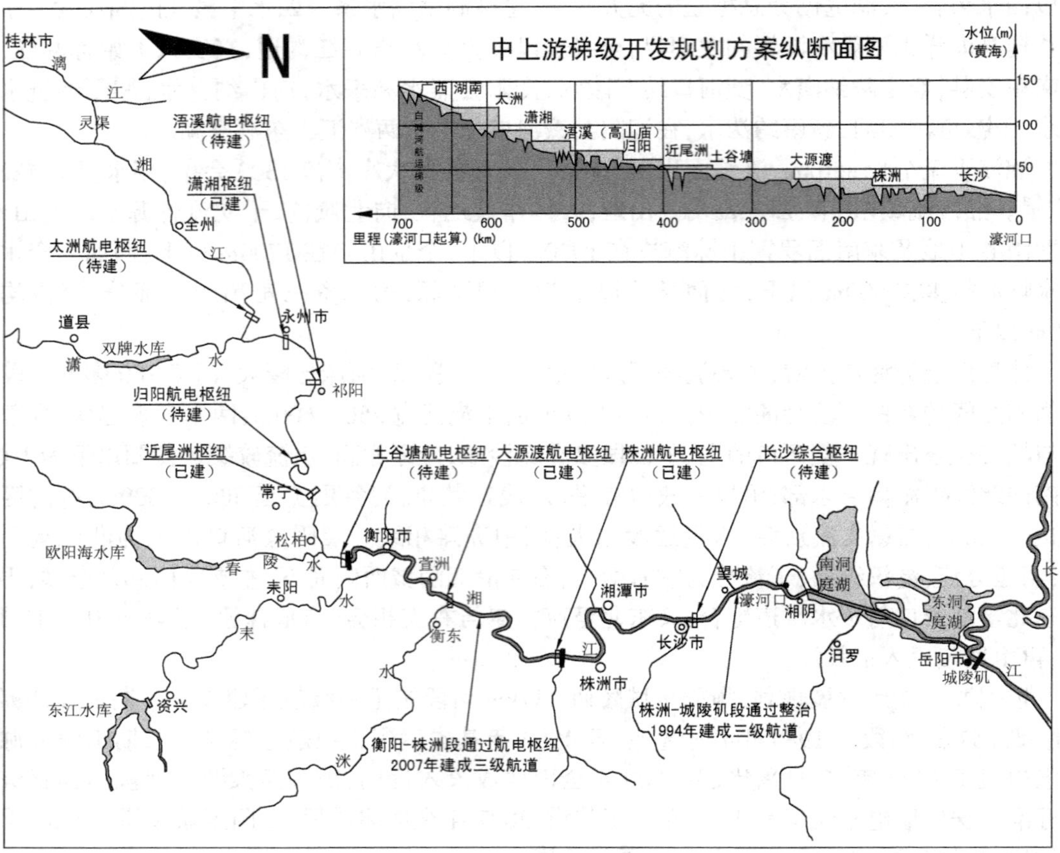

附图 5-1　湘江航运开发示意图

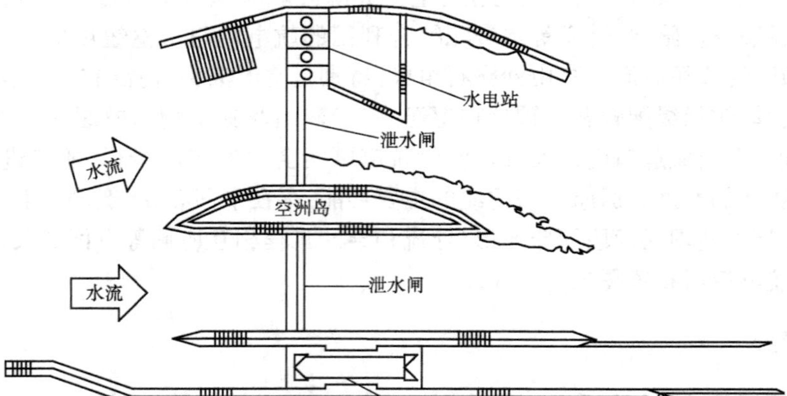

附图 5-2　株洲航电枢纽布置图

(5)枢纽布置应尽可能减少对原始河道平面形态的破坏,保持江心洲原貌;

(6)枢纽正常运转后,在河床变形较为剧烈的流量级,两汊的分流比应与天然情况接近;

(7)应考虑建筑物整体美观、对称协调;

(8)施工互相干扰小、枢纽运用方便；

(9)有利于船闸提前使用和电站提前发电；

(10)工程投资合理。

2. 船闸引航道口门区及连接段航道整治技术

(1)上游引航道导流堤堤头走向宜采用外挑型，研究表明，在导流总长度相同条件下，外挑型口门区水流条件优于直线型。

(2)具有江心洲的分汊河段，当下游引航道口门区位于汇流段，江心洲尾应建岛尾顺坝，顺坝的方向与洲尾的走向一致时通航水流条件最好，方向偏左偏右对下游引航道通航条件都是不利的。

(3)对于斜向水流流速较大的连接段航道，船舶航线在大、小流量不一致时，导流丁坝坝顶高程以复式最佳。这里“复式”是指沿丁坝轴线做成台阶，一般两级，即根部高一些，前端低一些。

3. 船闸引航道口门区导流与导沙工程相互协调关系

(1)口门区仅设置导流墩时，口门区航道淤积量较大；

(2)在导流墩与导堤轴线平行布置的基础上增加拦沙坎，口门区航道淤积量减小，但由于局部跌水而造成河床淘刷和泥沙堆积；

(3)导流墩与导堤轴线斜交布置导沙效果较好，但口门区水流紊乱，对船舶航行不利；

(4)在口门区运用导流墩与导沙坎相结合的方法能较好地解决导流与导沙之间的矛盾，保持航道稳定。

参考文献

[1] Gregory P. Tsinker, Ph. D., P. E. Handbook of port and harbor engineering. Chapman & Hall,1997.

[2] Г. Н. 斯米尔诺夫,等著. 吴德镇,译. 港口与港口建筑物. 北京:人民交通出版社,1984.

[3] 中国大百科全书总编辑委员会. 中国大百科全书:土木工程卷. 北京:中国大百科全书出版社,1987.

[4] 中国大百科全书总编辑委员会. 中国大百科全书:交通卷. 北京:中国大百科全书出版社,1986.

[5] 中国大百科全书总编辑委员会. 中国大百科全书:大气科学、海洋科学、水文科学卷. 北京:中国大百科全书出版社,1987.

[6] 中国交通年鉴社. 中国交通年鉴. 2009,北京:中国交通年鉴社,2009.

[7] 中国港口年鉴编辑部. 中国港口年鉴. 2009 年,上海:中国港口杂志社,2009.

[8] 水运技术词典编辑委员会. 水运技术词典. 北京:人民交通出版社,2000.

[9] 龚崇准. 中国水利百科全书:航道与港口分册. 北京:中国水利水电出版社,2004.

[10] 左东启. 中国水利百科全书:水力学、河流及海岸动力学分册. 北京:中国水利水电出版社,2004.

[11] 中华人民共和国交通部. 中国沿海港口图集. 成都:成都地图出版社,1993.

[12] 交通部基建管理司. 水运工程技术四十年. 北京:人民交通出版社,1996.

[13] 交通部水运司. 中国水运工程建设技术. 北京:人民交通出版社,2003.

[14] 中华人民共和国交通部. 水运工程技术创新文集. 北京:人民交通出版社,2007.

[15] 交通部水运司,中国水运建设行业协会. 水运工程建设相关法律法规汇编. 北京:人民交通出版社,2007.

[16] 中华人民共和国交通部. 工程建设标准强制性条文(水运工程部分). 北京:人民交通出版社,2003.

[17] 教育部高等学校水利学科教学指导委员会. 高等学校水利学科本科指导性专业规范,2009.

[18] 全国勘察设计注册工程师(港口与航道工程)专业管理委员会. 注册土木工程师(港口与航道工程)执业资格考试复习辅导材料. 北京:人民交通出版社,2003.

[19] 全国一级建造师执业资格考试用书编写委员会. 港口与航道工程管理与实务. 北京:中国建筑工业出版社,2007.

[20] 全国一级建造师执业资格考试用书编写委员会. 港口与航道工程管理与实务复习题集. 北京:中国建筑工业出版社,2007.

[21]《港口与航道土木工程师实务手册》编写组. 港口与航道土木工程师实务手册. 北京:机械工业出版社,2006.

[22] 交通部第一航务工程勘察设计院. 海港工程设计手册(中). 北京:人民交通出版社,1997.
[23] 交通部第一航务工程勘察设计院. 海港工程设计手册(上). 北京:人民交通出版社,2001.
[24] 交通部第一航务工程局. 港口工程施工手册(上、下). 北京:人民交通出版社,1994.
[25] 交通部第三航务工程勘察设计院. 码头新型结构. 北京:人民交通出版社,1999.
[26] 严恺. 海港工程. 北京:海洋出版社,1996.
[27] 严恺. 海岸工程. 北京:海洋出版社,2001.
[28] 薛鸿超. 海岸及近海工程. 北京:中国环境科学出版社,2003.
[29] 梁应承. 长江三峡、葛洲坝水利枢纽通航建筑物总体布置研究. 北京:人民交通出版社,2003
[30] 钮新强,宋维邦. 船闸与升船机设计. 北京:中国水利水电出版社,2007
[31] 中交水运规划设计院. 现代集装箱港区规划设计与研究. 北京:人民交通出版社,2006.
[32] 王海平. 港口发展战略与规划,天津人民出版社,2005.
[33] 王海平. 港口经济科学发展谈,天津人民出版社,2008.
[34] 于汝民. 港口规划与建设. 北京:人民交通出版社,2003.
[35] 洪承礼. 港口规划与布置. 北京:人民交通出版社,2005.
[36] 邱驹. 港工建筑物. 天津:天津大学出版社,2002.
[37] 韩理安. 港口水工建筑物. 北京:人民交通出版社,2008.
[38] 程昌华,刘晓平,唐寿鑫. 航道工程学. 北京:人民交通出版社,2001.
[39] 王任林. 交通运输地理. 北京:人民交通出版社,2008.
[40] 邹俊善. 现代港口经济学. 北京:人民交通出版社,1997.
[41] 罗福午. 土木工程(专业)概论. 武汉:武汉理工大学出版社(武汉工业大学),2001.
[42] 刘济舟. "九五"期间我国港口工程的科技发展. 水运工程,2001,10:5-9.
[43] 刘济舟. 装卸工艺与管理科学是港口工程的龙头.《新世纪水利工程科技前沿》(2005 院士论坛论文集). 天津:天津大学出版社,2005.
[44] 天津港务局港务设施处. 港口港务设施管理实务指南. 天津:天津人民出版社,2003
[45] 肖大选. 我国港口建设技术发展趋势. 水运工程,2008,1:1-2.
[46] 谢世楞. 海港防波堤工程的发展趋势. 第九届全国海岸工程学术讨论会论文集. 北京:海洋出版社,1999.
[47] 谢世楞. 90 年代我国防波堤设计进展. 水运工程,1999,10:11-17.
[48] 范期锦. 长江口深水航道治理工程的创新. 中国工程科学,2004,6(12):13-26.
[49] 范期锦,高敏. 长江口深水航道治理工程的设计与施工. 人民长江,2009,40(8):25-30.
[50] 牛恩宗,王玥葳,马德堂. 防波堤结构的创新. 水运工程,2009,1:16-22.
[51] 郄禄文,谢世楞. 削角直立式防波堤可靠度分析,海洋工程,2005,23(2):1-10.
[52] 李炎保,蒋学炼,刘任,等. 防波堤损坏特点与其成因的关系,海洋工程,2006,24(2):67-75.
[53] 李炎保,马青山,蒋学炼. 防波堤风险分析研究框架,海洋通报,2006,25(1):16-23.

[54] 蒋学炼,李炎保.联合效用理论与风险量化的防波堤决策模型研究,海洋通报,2009,28(1):65-74.

[55] 陈一梅,张东生.卫星遥感在港口、航道工程中的应用回顾与展望.水运工程,2001,10:10-14.

[56] 李炎保.港口工程与科技和社会进步.中国港湾建设,2001,5:15-19.